KB266504

시와 술과 차가 있는
중국 인문 기행
5

시와 술과 차가 있는
중국 인문 기행 5

초판 1쇄 발행 / 2026년 3월 30일

지은이 / 송재소
펴낸이 / 염종선
책임편집 / 정편집실 · 박주용
조판 / 박아경
펴낸곳 / (주)창비
등록 / 1986년 8월 5일 제85호
주소 / 10881 경기도 파주시 회동길 184
전화 / 031-955-3333
팩시밀리 / 영업 031-955-3399 편집 031-955-3400
홈페이지 / www.changbi.com
전자우편 / human@changbi.com

ⓒ 송재소 2026
ISBN 978-89-364-8125-4 03910

* 이 책 내용의 전부 또는 일부를 재사용하려면
  반드시 저작권자와 창비 양측의 동의를 받아야 합니다.
* 책값은 뒤표지에 표시되어 있습니다.

중국 인문 기행
中 國 人 文 紀 行

5

송
재
소
지
음

창비

중국 인문 기행의 이번 답사지는 섬서성(陝西省) 일대이다. 면적은 205,624평방킬로미터, 2024년 말의 상주인구는 39,530,000명이다. 섬서성은 '중화 민족의 요람'으로 불릴 만큼 역사가 깊은 곳이다. 흔히 중국의 '4대 중심'을 거론하곤 하는데, 정치의 중심이 북경, 경제의 중심이 상해, 무역의 중심이 광동성이라면 역사문화의 중심이 곧 섬서성이라 할 수 있다.

역사문화의 중심지답게 섬서성에는 3,500여 곳의 고적(古跡)이 있는데 그중에서 전국중점문물보호단위, 즉 국보급 문물이 270곳이나 된다. 섬서성의 성도(省都)인 서안(西安)만 하더라도 주(周), 진(秦). 한(漢), 수(隋), 당(唐) 등 중국 13개 왕조의 도읍지로 풍부한 문화유산을 가지고 있어서 아테네, 로마, 카이로와 함께 세계 4대 고도(古都)의 하나로 손꼽힌다.

섬서성에는 '세계 8대 기적'이라 일컬어지는 진시황 병마용(兵馬俑)과

한 무제(漢武帝)의 무릉(茂陵), 당 태종(唐太宗)의 소릉(昭陵), 당 고종(唐高宗)과 무측천(武則天)의 건릉(乾陵)을 비롯한 고대 제왕릉 72기가 있으며, 당 현종(唐玄宗)과 양귀비의 로맨스가 서려 있는 화청지(華淸池), 왕유(王維)의 시로 유명한 향적사(香積寺), 제갈량이 최후를 맞은 오장원(五丈原), 신석기 시대 앙소문화(仰韶文化)의 촌락 유적인 반파 유지(半坡遺址), 비림(碑林)박물관, 법문사(法門寺) 등등 수없이 많은 유적이 산재해 있다.

나는 1989년 처음으로 서안을 방문한 이래 지금까지 다섯 번 이곳을 다녀왔다. 마지막으로 갔던 때가 2019년 5월이었다. 그해 연말에 '코로나19'가 유행하여 몇 년간 중국 여행을 하지 못하다가 여행 규제가 풀리자 2023년 말에는 내가 몹쓸 병을 앓게 되었다. 이제는 영영 중국 땅을 밟지 못하겠다는 생각이 들었다. 그러다가 2025년경에 병세가 약간 호전되었기에 담당 의사의 허락을 받고 그해 5월 다시 중국 여행길에 올랐는데 그때 다시 찾은 곳이 서안을 비롯한 섬서성 일대였다. 이번 『중국 인문 기행』 제5권은 2025년 답사 때의 동선을 따라서 서술했다.

나는 매년 두세 차례 중국을 다녀왔는데 코로나19와 나의 건강 때문에 가보지 못한 지 6년 만에 다시 찾은 곳을 섬서성으로 정한 데에는 그만한 이유가 있었다. 우선 서안을 비롯한 섬서성 일대는 여러 번 갔지만 다시 가보고 싶을 만큼 매력적인 곳이다. 그래서 내가 쓰고 있는 『중국 인문 기행』의 제5권을 섬서성 편으로 하여 시리즈를 마무리하고 싶었던 것이다. '시리즈를 마무리하고 싶다'고 말한 것은 건강상의 이유로 더이상 이 기행을 집필하기 어렵겠다는 생각이 들었기 때문이다. 사람의 일은 알 수 없는 것이어서 혹시 제6권을 쓸 수 있다면 하늘의 도움이라 여기겠다.

이 책의 구성은 1권부터 4권까지의 구성과 별반 다르지 않은데 '중국 차'에 관한 부분은 획기적으로 달라졌다. 이번 책에서는 차 전문가인 김세리 박사에게 특별히 부탁하여 '차의 사계절'을 수록하는 행운을 얻었다. 옥고(玉稿)를 보내준 김 박사에게 감사한다. 그리고 성균관대학교 동아시아학술원 미래가치연구소의 김영죽 박사에게도 고마운 뜻을 전한다. 늘 나를 도와주고 있는 김 박사는 중국어에도 능통하여 이번에도 난해한 백화문(白話文)의 해독에 많은 도움을 주었다.

정편집실의 유용민 대표에게 특별히 고마운 마음을 전한다. 유 대표는 변함없이 중국 인문 기행 시리즈를 편집해오면서 이제는 거의 전문가의 경지에 오른 듯하다. 유 대표는 책의 전체적인 구도를 잡아주고 관련 사진을 찾아서 알맞은 곳에 삽입해줄 뿐만 아니라 내가 미처 보지 못한 점까지 내용적으로 보충해주었다. 그리고 중국 인문 기행 시리즈를 계속 발행해준 창비의 염종선 대표와 실무를 맡은 박주용 팀장에게도 이 자리를 빌려 감사의 뜻을 전한다.

2026년 3월

지산시실(止山詩室)에서

송재소

시와 술과 차가 있는
중국 인문 기행 5 |섬서성 편|
中 國 人 文 紀 行

차 례

陝西省 ──

섬서성

섬서성 지도
황릉현
동천시
소릉
주공묘
건릉
관거병 무덤
위남시
동관현
대당 진왕릉
법문사
주릉
화산
보계시
소무 묘
무릉
오장원
미현
홍평시 함양시
서안서
남전현
양귀비 무덤
상락시
한중시
안강시
서안 시내 지도
홍문연 유지
진시황제릉 박물관
병마용
화청지
시안성벽
대명궁 유지
실크로드 군조
회족거리
반파유지
고루
종루
서안비림박물관
흥경궁
천복사
대자은사
대당 불야성
대당 부용원
향적사
수륙암
흥교사

주나라의 문왕과
무왕을 찾아서

2025년 5월 22일(목) 9시 40분에 인천공항을 이륙한 대한항공 KE 811편이 11시 20분(현지 시간) 섬서성(陝西省, 산시성) 서안함양국제기장(西安咸陽國際機場, 시안 셴양 국제공항)에 착륙했다. 서안공항은 서안시 서북쪽의 함양(咸陽)에 위치해 있고, 서안 도심에서 약 27킬로미터 떨어져 있다. 서안공항은 1991년 개항한 이래 세 차례의 확장 공사를 거쳐 지금은 T1, T2, T3, T5 등 4개의 터미널을 갖춘 대규모 공항으로 발전했다. 무슨 이유인지 모르지만 터미널 명칭에서 T4는 빠져 있다. 2025년 2월에 개항한 T5 터미널은 연간 8,300만 명을 수용할 수 있다고 한다.

우리를 맞은 가이드는 50대 초반의 김서광(金曙光). 입국 수속을 마치고 12시 45분에 공항을 떠나 공항 근처의 '공항 대주점'에서 점심을 먹은 후 주릉(周陵, 함양시 위성구渭城區 주릉진周陵鎮)으로 향했다. 주릉이 공항 근처에 있기 때문에 제일 먼저 찾은 것인데 가는 도중에 '주문로(周文

路)’‘주릉진(周陵鎭)’이라 쓰인 표지판이 눈에 띄어 이곳이 옛 주나라의
수도였음을 알려주었다.

주릉은 서주(西周, 기원전 1046~기원전 771) 시대 초기의 왕과 신하들의
무덤이 있는 곳이다. 이곳의 주요 왕릉은 주나라를 세운 문왕과 무왕의
능이다. 이외에도 이 일대에 성왕(成王), 강왕(康王), 공왕(共王)의 능이 있
고 또 신하들인 태공(太公, 강태공), 주공(周公, 문왕의 아들, 무왕의 동생), 노공
(魯公, 주공의 아들)의 무덤도 있다. 이들 무덤 앞에는 청나라 건륭 연간에
섬서 순무(陝西巡撫) 필원(畢沅)이 쓰고 세운 비석들이 서 있다. 이 비석들
에는 각각 ‘주 성왕릉(周成王陵)’‘주 강왕릉(周康王陵)’‘주 공왕릉(周共王
陵)’그리고 ‘제 태공지묘(齊太公之墓, 제나라 강태공의 묘. 주나라 건국의 공신
으로, 제나라 땅을 하사받고 제후로 봉해짐)’‘원성 주공지묘(元聖周公之墓, 원성
주공의 묘. 원성은 ‘대성인‘이라는 뜻인데 역사적으로 주공과 공자 2인에 붙여진 명
칭)’‘노공 백금지묘(魯公伯禽之墓, 노공 백금의 묘. 주나라 건국의 공신인 주공의
아들로, 노나라 땅을 하사받은 주공 대신에 노나라를 다스림)’이라 쓰여 있다. 주
공에 대해서는 뒤에 「공자의 멘토 주공을 모신 사당」에서 자세히 서술한
다. 우리는 이 중에서 문왕릉과 무왕릉만 보기로 했다.

주나라의 발상지와 도읍지

주(周)나라의 시조는 요(堯) 임금의 신하로 농경의 신이라 일컬어지는
후직(后稷)이다. 후직의 12대손 고공단보(古公亶父)가 본거지를 섬서성의

주나라 문왕 초상　주나라 창건의 교두보를 마련한 인물로, 주 왕조를 창업한 무왕의 아버지이다. 문왕은 무왕과 함께 중국 유학에서 성인으로 추앙받는다.

기산(岐山, 주나라의 발상지로, 보계시 기산현에 있음) 아래로 옮기고 그곳에 도읍을 정했다. 이 고공단보의 손자가 문왕(文王)이다. 문왕의 성(姓)은 희(姬), 이름은 창(昌)으로 은(殷)나라 주왕(紂王) 때 서쪽 제후들의 우두머리 격인 서백후(西伯侯)에 봉해져 주족(周族)을 이끄는 수령이 되었다.

훗날 문왕이 되는 서백후 희창(姬昌)은 은나라의 마지막 왕인 주왕의 폭정과 향락으로 민심이 이반된 것을 보고는 은나라를 토벌하기로 결심했다. 이에 강태공(姜太公)이라는 탁월한 군사 전략가를 발탁한 후 병사들을 훈련시켜 주위의 부족들을 차례로 정복하고 마지막으로 숭국(崇國)을 멸망시킨 후에 지금의 서안 서쪽 교외의 풍수(灃水) 연안〔西岸〕에 도읍을 정하고 풍읍(豐邑)이라 이름했다. 이렇게 그는 훗날 주나라 창건의 교두보를 마련하고 향년 97세에 병사했다.

은나라를 멸하고 주 왕조를 창업한 것은 그의 아들 무왕(武王)이었다. 무왕은 문왕의 둘째 아들로 이름이 발(發)이었다. 무왕은 부친의 유훈을 받들어 강태공과 주공의 보좌를 받으며 은나라를 멸하고 황하 유역의 서쪽과 동쪽의 넓은 영토를 차지하여 천하 통일의 대업을 이루었다. 그리고 풍수(灃水)의 동쪽 호경(鎬京, 지금의 서안)에 주나라의 도읍을 정했다. 지금 우리나라 사람들의 이름에 많이 쓰이는 '호(鎬)' 자를 '호경 호'라 하는데 '호경'이 바로 이 주나라의 도읍지 이름이다. 이로써 고대 왕조 주나라는 중국 역사에서 지금의 서안 일대에 수도를 세운 여러 국가 중에서 첫 번째 나라가 되었다. 그리고 천자가 친족과 공신들에게 토지를 나누어주고 그 땅을 다스리게 하는 분봉제(分封制)를 시행하는 등 국가 통치 체계를 새롭게 정비해나갔다. 이후 문왕과 무왕은 중국 유학에서 성인으로 추앙받았다.

문왕·무왕은 중국 '예(禮)의 뿌리'

주릉(周陵) 입구의 대문 양쪽 기둥에 다음과 같은 글귀가 전서(篆書)로 쓰여 있다.

　　禮易之根 (예역지근)　　예와 역의 뿌리
　　文武聖地 (문무성지)　　문과 무의 성지

주릉(周陵) 대문 대문 양쪽 기둥에 '예역지근(禮易之根) 문무성지(文武聖地)'라 쓰여 있다. 문왕과 무왕이 중국의 예(禮)와 역(易)의 뿌리이고, 이곳이 문(文)과 무(武)의 성지라는 뜻이다.

예(禮)는 좁게는 인간의 행동 규범을, 넓게는 한 시대의 법규와 제도인 전장(典章) 제도를 가리키는데, 예에 관한 고대 중국의 대표적인 전적(典籍)은 『주례(周禮)』 『의례(儀禮)』 『예기(禮記)』이다. 이 중에서 『주례』가 가장 우위에 있다. 역(易)은 『주역』을 가리키는데 『주역』의 작자에 대해서는 정설이 없어, 복희씨(伏羲氏), 문왕, 주공이 작자로 거론된다. 그러므로 "예역지근"은 문왕과 무왕이 중국의 예와 역의 뿌리라는 의미이다. "문무성지"는 이곳이 '문(文)'과 '무(武)'의 성지라는 뜻과 함께 문왕과 무왕이 묻힌 성지라는 뜻도 포함하고 있다.

대문을 들어서면 빽빽한 측백나무 숲에 나 있는 신도(神道)가 이어지고 양쪽에는 '서주왕계표(西周王系表)' '주왕선세세계표(周王先世世系表)' 등이 새겨진 비석들이 놓여 있다. 신도가 끝나는 곳에 문왕방(文王坊)이라 쓰인 패방(牌坊)이 나타난다. 문화대혁명 때는 이 패방의 '문왕방(文王坊)' 현판을 '모 주석 만세(毛主席 萬歲)'로 바꿔 달아 홍위병들의 훼손을 모면했다고 한다. 문왕방 현판 뒤에 희루(戱樓)가 있는데 제사 지낼 때 이곳에서 각종 악기를 연주했다고 한다. 희루 다음 건물이 내빈을 접대하는 헌전(獻殿)이고 맨 뒤의 건물이 사당인 대전(大殿)이다.

주릉은 중화 민족의 '조릉(祖陵)'

대전에는 '문치무공(文治武功)'이라는 편액(현판)이 걸려 있고 안에는 중앙에 문왕, 오른쪽에 무왕, 왼쪽에 주공의 소상(塑像)이 모셔져 있다. '문치무공'은 『예기(禮記)』 「제법(祭法)」에 "문왕은 문덕(文德)으로 백성을 다스렸고, 무왕은 무공(武功)으로 백성의 재앙을 제거했다(文王以文治 武王以武功 去民之菑)"라는 구절에서 따온 문구이다. 대전 앞에는 1934년에 장개석(蔣介石, 장제스) 총통이 부인 송미령(宋美齡, 쑹메이링)과 함께 와서 제사 지내고 심은 측백나무 두 그루가 서 있다.

대전의 동서 양쪽 회랑에는 송나라 이후 역대 제왕들이 제사 지내고 세운 비석 40여 기가 놓여 있다. 주로 제왕들이 제사 때 지은 축문(祝文)을 돌에 새긴 것인데 '제주문왕어제축문비(祭周文王御製祝文碑)' 등이다.

주릉 대전(大殿) 문왕(중앙), 무왕(오른쪽), 주공(왼쪽)의 소상이 모셔진 사당이다. '문치무공(文治武功)'이라는 현판이 걸려 있다.

송나라 이후로는 '먼저 주릉에 제사 지내고 다음에 황릉에 제사 지낸다(先祭周陵 再祭黃陵)' '함양에서 주나라에 제사 지내고 곡부에서 공자에 제사 지낸다(咸陽祭周 曲阜祭孔)'라 말할 만큼 이곳을 중요시했다. '황릉(黃陵)'은 중화 민족의 시조라 일컬어지는 황제(黃帝)의 능이다. 한(漢)나라 이후로 중국은 줄곧 주나라의 문왕, 무왕, 성왕, 강왕을 삼황오제(三皇五帝)와 같은 반열에 놓고 높이 받들어 공경했다. 민국 시기에는 중화 민족의 시조라 여기는 황제의 능인 황제릉(黃帝陵)과 함께 주릉을 중화 민족의 '조릉(祖陵)'으로 높였다.

주 문왕릉

문왕릉과 무왕릉

대전 뒤에 문왕의 묘가 있다. 높이 11.8미터의 조그마한 언덕으로 묘 앞에 청나라 건륭 연간에 필원이 세운 '주문왕릉(周文王陵)'이라 쓰인 비석이 서 있다. 문왕의 무덤에는 돌계단이 있어 밟고 올라가면 멀리 100미터 전방에 높이 12.3미터의 무왕릉이 내려다보인다. 이 일대를 '주릉(周陵)'이라 한다.

최근에는 이곳의 문왕릉과 무왕릉의 주인이 문왕, 무왕이 아니라는

24

학설이 제기되었다. 복단대학(復旦大學, 푸단대학)의 양관생(楊寬生, 양콴성) 교수에 의하면 중원 지구 최초의 무덤에는 봉분이 없었고, 봉분을 만든 것은 춘추 말기에 시작되었다고 한다. 그러므로 주나라는 춘추시대 이전에 있었기 때문에 문왕과 무왕의 무덤에 봉분이 있을 리 없다는 것이다. 또 어느 교수의 고증에 의하면, 이곳의 문왕릉은 진나라 혜문왕(惠文王)의 무덤이고, 무왕릉은 진나라 도무왕(悼武王)의 무덤이고, 성왕(成王)의 무덤은 한나라 효평황후(孝平皇后)의 무덤이라는 것이다. 근년에 일부 학자들은 주나라 왕릉은 응당 주원 유지(周原遺址, 현재 섬서성 보계시 기산현 경내에 위치함)에 있어야 한다고 주장하기도 했다. '주원(周原)'은 기산(岐山) 일대의 지역으로 고공단보가 이곳으로 옮겨와 도읍을 정한 후 주나라의 정치, 경제, 문화의 중심지 역할을 했던 곳이다.

당나라 장안성과
오늘날 서안성

당나라 장안성의 변천사

본격적인 서안 답사에 앞서 옛 장안성과 지금의 서안성을 개략적으로 살펴본다. 지금 우리가 보고 있는 서안성벽〔西安城墻〕 내의 면적은 옛 당나라 장안성의 10분의 1 정도이다. 당나라 장안성은 수(隋)나라 때의 대흥성(大興城)을 기초로 건설되었다. 대흥성은 황제가 거주하는 대흥궁과 각종 행정기구가 있는 황성(皇城) 그리고 관료와 일반 백성들의 거주지인 외곽성으로 이루어졌는데 당나라도 이 구조를 대체로 이어받았다.

당나라 태조가 618년 당을 건국하고 이곳에 도읍을 정한 후 대흥궁을 태극궁으로 개명하여 사용했다. 이후 태종은 634년에 아버지 태조를 위하여 태극궁 동북쪽에 여름 궁전 영안궁(永安宮)을 짓기 시작했는데 공사가 끝나기 전에 태조가 사망하여 건축이 일시 중단되었다. 이후 영안

궁을 대명궁(大明宮)으로 개명했고, 662년 고종이 중단되었던 대명궁을 중건하고 자신이 거주하던 태극궁으로부터 이곳으로 이주한 후 봉래궁(蓬萊宮)으로 개명했다가 670년에 함원전(含元殿)으로 바꾸었고 705년에 다시 대명궁으로 개명했다. 대명궁은 고종의 이주 이래 당나라 말까지 17명의 황제가 234년 동안 정무를 처리한 당나라의 정치 중심이었다.

한편 현종(玄宗)은 714년 황성 동쪽에 흥경궁(興慶宮)을 짓고 이곳에 거처했다. 이로써 장안성이 완성되었는데 장안성은 태극궁, 대명궁, 흥경궁으로 이루어진 3대 궁성과 황성(태극궁 앞의 행정기구가 있는 곳), 외곽성(일반 백성이 거주하는 지역)으로 구성된다. 외곽성은 모두 110개의 방(坊, 행정구역 단위)으로 바둑판처럼 구획되어 체계적으로 관리되었는데 1방의 면적은 남북의 길이가 500~838미터, 동서의 길이가 550~1,125미터가량 되었다고 한다. 방(坊)은 안인방(安仁坊), 개화방(開化坊) 등 각각 고유한 명칭이 있었고, 여기에 주택과 상가, 각종 종교 사원 등이 들어서 있었다. 그리고 외곽성에는 동쪽과 서쪽에 각 2방 규모의 시장인 동시(東市)와 서시(西市)가 있어 경제 활동의 중심지 역할을 했다. 장안성은 당나라 최전성기에 인구 100만 명이 넘는 세계 최대 규모의 도시 성곽으로 면적이 87.27평방킬로미터에 달했다고 했다. 당나라 궁성 중 태극궁을 서내(西內), 대명궁을 동내(東內), 흥경궁을 남내(南內)라 불렀다.

장안성은 크게 3차례 수난을 겪었다. 첫 번째는 황소(黃巢)의 난 때였다. 875년 난을 일으킨 황소는 880년에 장안성을 침공하여 대명궁 함원전에서 스스로 황제에 즉위하고 국호를 대제(大齊)라 했다. 황소가 입성하는 과정에서 장안성은 많이 파괴되었다. 895년 강력한 절도사 이무정

당나라 때의 장안성 지도

북
중현문
현무문
태액지
대명궁
함원전
광화문
경요문
방림문
서 내 원
단봉문
액정궁
태극궁
동궁
개원문
통화문
황 성
흥경궁
용지
금광문
춘명문
서시
동시
소안탑
연평문
연흥문
대안탑
부용원
곡강지
인화문
명덕문
계하문

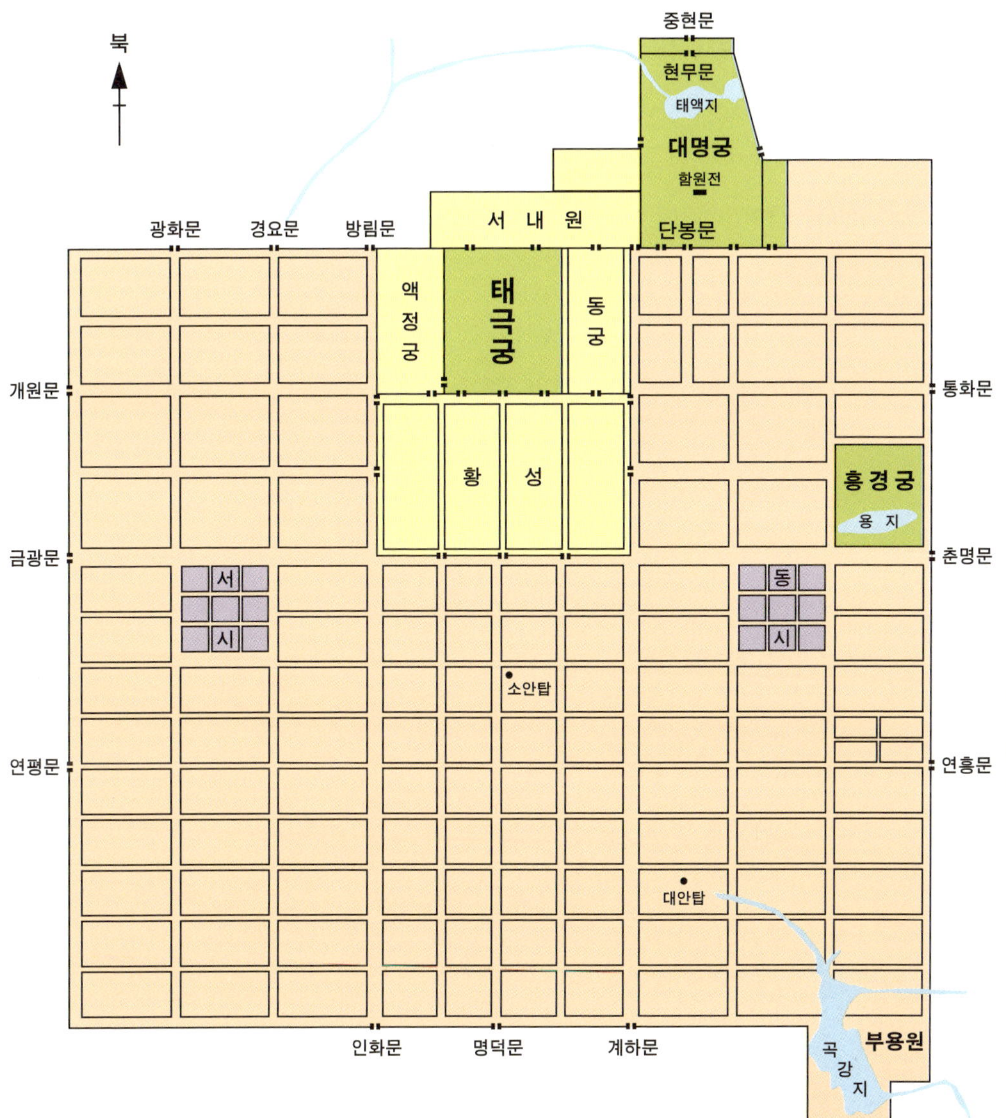

(李茂貞)이 장안성을 파괴한 것이 두 번째였다. 세 번째로 장안성을 철저히 파괴한 자는 절도사 주온(朱溫)이었다. 그는 원래 황소의 부장(副將)이었는데 관군에 투항하여 공을 세웠기 때문에 희종(僖宗)으로부터 주전충(朱全忠)이란 이름을 하사받았다. 주온은 당나라 말기의 혼란을 틈타 야심을 품고, 904년 천도(遷都)를 명분으로 당시 황제인 소종(昭宗)을 겁박하여 낙양(洛陽)에 데리고 가면서 장안성을 철저히 파괴하라고 지시했다.

주온은 낙양으로 간 후 한건(韓建)을 우국군(佑國軍) 절도사로 임명하고 그에게 파괴된 장안성 중건의 책임을 맡겼다. 이에 한건은, 성은 넓고 거주하는 사람이 적어 군사적 방어에 불리하다고 여겨 장안성을 대폭 축소했다. 즉 궁성과 외곽성은 내버려두고 황성만 보존하여 황성의 성벽을 장안성의 성벽으로 삼고 이를 ‘신성(新城)’이라 불렀다. 따라서 황성 이외의 장안성은 폐허로 변했다. 이런 상태가 오대(五代), 송대(宋代)를 거쳐 원나라 때까지 이어졌다.

명나라 때 중건되어 오늘에 이른 서안성

현재의 서안성은 명나라 태조 주원장(朱元璋)의 지시로 1370년부터 1378년까지 8년에 걸쳐 중건한 장안성이 그 토대이다. 이 명나라 때의 장안성은 당나라 말기에 한건이 중수한 신성을 기초로 건설되었다. 다만 기존 신성의 동북 면을 약간 넓혀 전체 면적이 원래보다 3분의 1가량

오늘날의 서안성

확대되었다. 중건된 당시의 동쪽 성벽이 2,886미터, 서쪽 성벽이 2,700미터, 남쪽 성벽이 4,256미터, 북쪽 성벽이 4,262미터였다. 명나라 때부터 이 규모가 지금까지 이어져오기 때문에 현재의 서안성을 '서안 명성장(明城墙)'이라 한다. 이 서안 성벽은 현존하는 세계 최대 규모이며 가장 완벽하게 보존된 시설이다.

주원장에 의해 중건된 장안성은 그후 여러 번의 중수를 거쳤다. 1568년에 지진으로 허물어진 토성(土城)을 벽돌로 바꾸었고 1781년에 또 한 번의 중수가 이루어졌다. 그리고 1983년에 대대적인 중수를 거쳐 현재에 이르고 있다. 현재의 서안성은 높이가 12미터, 상층부의 넓이가 15미터에 달하여 성벽의 두께가 성벽의 높이를 초과한다.

성에는 4개의 성문이 있었다. 동문은 장락문(長樂門)으로, 동쪽에 있는 수도 남경(南京)이 오랜 세월이 지나도록 즐거움을 누리고 쇠퇴하지 않기를 바라는 뜻으로 명명했다. 서쪽의 안정문(安定門)은 서부 변경(邊境) 지역의 안녕을 기원한다는 뜻이고, 남쪽의 영녕문(永寧門)은 남방의 신인 화신(火神)에게 화재가 일어나지 않기를 바라는 뜻으로 이름 지은 것으로 서안성의 성문 중에서 가장 오래되었다고 한다. 북문인 안원문(安遠門)은 북방 소수민족을 회유해서 조정에 귀순시키려는 뜻이 담겨 있다. 현재의 서안성에는 이상 4개의 성문을 포함해서 모두 18개의 성문이 있다.

4개의 성문에는 각각 3개의 건축물이 있는데 제일 안쪽에 성루(城樓)가 있고 바깥쪽에 갑루(閘樓)가 있으며 성루와 갑루 사이에 전루(箭樓)가 있다. 또 성루와 전루 사이에 옹성(甕城)이 있는데 이 모든 구조물은 전쟁 시의 방어를 위해서 만들어진 것이다. 현 서안성벽의 4개의 성문에 이 3중 구조가 다 남아 있지는 않다. 성벽에는 5,984개의 타구(垛口, 외부의 정황을 관찰하고 사격을 할 수 있는 구조물)가 있고, 성 바깥으로 돌출된 98개의 적대(敵臺)가 있는데 말 머리처럼 생겼다고 해서 이를 속칭 마면(馬面)이라 한다. 적대 또한 군사 방어 구조물이다. 이 적대 위에는 적의 움직임을 감시하고 작전을 지휘하는 적루(敵樓)가 있다.

명나라 때 '서안'으로 개명

서주(西周) 시대 서안의 명칭은 풍호(豐鎬)였다. 이는 문왕(文王) 때의 명칭인 풍경(豐京)과 무왕(武王) 때의 명칭인 호경(鎬京)을 합친 이름이다. 기원전 202년에 한(漢)나라 고조(高祖) 유방(劉邦)이 이곳에 도읍을 정하면서 '풍호'를 '장안(長安)'으로 개명했다. 이때부터 장안으로 불리기 시작한 것이다. '장치구안(長治久安)', 즉 '오랫동안 통치하고 영구히 평안하기'를 바라는 뜻이 담겨 있다.

서기 9년 왕망(王莽, 신나라 개국 황제)의 신(新)나라 때 장안을 '상안(常安)'으로 개명했다가 582년에 수나라 문제(文帝)가 이곳을 '대흥성(大興城)'으로 고쳤다. 당나라 때 다시 '장안'이라는 이름을 회복했으나 원나라 때 '안서로(安西路)' '봉원로(奉元路)' 등으로 불리다가 1369년 주원장이 명나라를 건국하고 봉원로를 '서안(西安)'으로 개명했다. 이는 '안정서북(安定西北)', 즉 '서북 지방을 안정시킨다'는 뜻이라 한다. 이후로는 줄곧 서안으로 불렸다.

동쪽 성문 장락문

서안성벽은 기행 6일째 다녀온 곳이지만 이야기의 흐름상 여기에 서술한다. 우리 일행은 장안성 안에서 동문인 장락문(長樂門)을 통하여 성벽 위로 올라갔다. 장락문은 명나라 때 건설된 문으로 장안성의 동쪽 정

장락문(長樂門) 서안성의 동쪽 성문으로, 동쪽의 수도 남경이 오랜 세월이 지나도록 쇠퇴하지 않기를 바라는 뜻이 담긴 이름이다.

문이다. 명나라 말에 농민 반란군 이자성(李自成)이 이 문으로 들어와 서안을 공격했는데 그는 장락문의 편액을 보고 주위의 부관들에게 "황제로 하여금 길이 즐겁도록(長樂) 한다면 백성들은 길이 고통을 받을 것이다(長苦)"라 하니 부관들이 성문을 불태워버렸는데 나중에 다시 중건했다. 또 항일투쟁이 한창이던 때에 국민당 동북군 사령관 장학량(張學良, 장쉐량)이 이 성루에 올라 교도대(敎導隊)와 학병대(學兵隊)를 조직 발표한 것으로도 유명하다. 이후 장학량은 서안사변(西安事變, 1936년 장개석을 서안에 감금시킨 사건)을 일으킨 공적으로 중국 정부로부터 민족 영웅으로

성벽 위의 보행로　길의 폭은 12~14미터로 마차가 다닐 수 있을 정도의 넓이다.

추앙받았기 때문에 현재 장락문 안쪽에 장학량 공관이 보존되어 있다.

　장락문 구역은 사각형 옹성(甕城)의 형태인데 성 안쪽에서 바라보이는 문루(門樓)에 '장락문'이라 쓰여 있고 뒤편에는 '자기동래(紫氣東來)'란 편액이 걸려 있었다. '자기동래'는 한나라 유향(劉向)이 지은 『열선전(列仙傳)』에 나오는 이야기로, 노자(老子)가 함곡관(函谷關)을 지나기 전에 함곡관의 관령(關令) 윤희(尹喜)가 자줏빛 기운(紫氣)이 동쪽에서 오는 것(東來)을 보고는 장차 성인이 지나가리라는 것을 알았는데 과연 노자가 푸른 소(靑牛)를 타고 왔다는 것이다. 이로부터 '자기동래'는 상서로운 일이 일어난다는 뜻으로 쓰였다. 성 바깥쪽 문루에는 '장락각(長樂閣)'과 '욱일승천(旭日昇天)' 현판이 걸려 있었다.

　서안성벽의 높이는 12미터이고 위쪽 폭은 12~14미터, 아래쪽 폭은 15~18미터이다. 성벽 위의 넓은 길은 마차가 다닐 수 있을 정도이다. 지금 성벽 위에는 자전거 대여점이 있어 자전거를 빌려 타고 한 바퀴 둘러볼 수 있다.

실크로드의 기점과 장건의 서역 개척

실크로드 기점

우리는 함양에서 문왕과 무왕을 뵙고 서안 시내로 들어가 실크로드의 기점을 알리는 조각군(彫刻群)으로 향했다. 날씨는 쾌청했다. 가이드의 말에 의하면 어제까지만 해도 며칠 동안 기온이 섭씨 40도를 웃돌았다고 한다. 사실은 45도까지 올랐지만 40도 이상이면 모든 직장이 휴무를 해야 하기 때문에 정부에서 공식적으로는 39도라 발표했다고 한다. 오늘은 기온이 30도 아래로 내려가서 우리 일행은 날짜를 잘 택했다고 덕담을 건넸다.

이곳의 공식 명칭은 '실크로드 군조(絲綢之路群雕)'이다. 실크로드의 기점임을 알리는 조각군은 옛 장안성 서북쪽의 문인 개원문(開遠門) 터에 있다. 실크로드의 기점에 관해서는 여러 견해가 있지만 2014년에 중

대당 서시(西市)박물관　서시 유적지에 세워진 민영(民營) 박물관으로, 실크로드와 관련된 문화와 유물을 중점적으로 소개·전시한다. 당시 국제 시장으로서 세계 최대의 상업과 무역의 중심지였던 장안의 서시는 진정한 의미의 실크로드 기점이라 할 수 있다.

국 정부가 서안을 실크로드의 기점으로 공식 지정하고 이어서 카자흐스탄, 키르기스스탄과 공동으로 신청하여 실크로드가 유네스코 세계문화유산에 등록되었다.

옛 개원문 안쪽에는 서시(西市)가 형성되어 있었다. 장안성에는 두 개의 큰 시장이 있었는데 동쪽의 동시(東市)와 서쪽의 서시가 그것이다. 동시는 국내 시장이고 서시는 국제 시장으로 당시 세계 최대의 상업, 무역 중심지였다. 비단, 도자기 등 이곳의 상품들이 서쪽으로 실크로드를 통하여 멀리 로마까지 팔려나갔고, 서유럽의 향료, 포도, 석류, 호도 등이 역시 실크로드를 통해 이곳으로 모여들었다. 그래서 서시를 당시에 '금시(金市)'라 부르기도 했다. 그러므로 진정한 의미의 실크로드 기점은 서

당나라 시대 낙타를 탄 호인(胡人) **채색 인형**(唐彩繪胡人騎陀俑) 높이 85센티미터, 낙타 길이 76.5센티미터, 대당 서시박물관 소장. 실크로드를 통한 서역과의 교류를 보여주는 당나라 때의 대표적인 도자기 인형(陶俑) 중 하나로, 이 시대에 호인은 보통 '서역(중앙아시아)의 상인'을 지칭하는 말이었다.

시인 셈이다.

그러나 통상적으로 실크로드 기점을 개원문으로 보는 것은, 서시의 상품들이 이 개원문을 통하여 서쪽으로 빠져나갔기 때문이다. 개원문 앞에는 서역으로 직통하는 큰길이 형성되어 있었다. 그리고 옛날에는 개원문 밖에 '입후(立堠)'가 세워져 있었는데 '입후'는 토석(土石)을 쌓아서 만든 일종의 이정표이다. 이 입후에 "서극도구천구백리(西極道 九千九百里, 서쪽 끝까지의 길이 9,900리)"라 쓰여 있었다고 한다. '9,900리'는 서역까지의 상징적인 거리를 나타내는 것이다. 실제로는 개원문에서 로 마까지의 거리가 약 6,400킬로미터라고 한다. 또 개원문 안쪽에는 중국 최초의 기독교 교회인 '경교사(景敎寺)'가 있었다고 한다. 이로 보아 실 크로드는 고대 중국과 서유럽과의 상품 교류뿐만 아니라 종교나 과학기 술, 예술의 교류를 위한 왕래 통로 역할을 했던 것임을 알 수 있다.

서역으로 떠나는 카라반〔隊商〕 조각군

이 역사적인 장소인 개원문 옛터에 1984년부터 실크로드 기점 조각군 을 조성한 것이다. 이 조각군은 장건(張騫)의 서역 개통 2100주년 기념사 업으로, 서안 시 정부가 서안 미술학원 조소계(彫塑系) 주임 마개호(馬改 戶, 마가이후) 교수에게 의뢰하여 3년 만인 1987년에 완성했다. 1987년을 장건의 서역 개통 2100주년으로 본 것이다.

총 길이 60미터, 높이 7미터에 달하는 이 조각군은 760개의 옅은 갈색 의 화강암 석판으로 구성되었다. 이 조각군은 상인이 이끄는 낙타 대열 이 중국의 비단, 도자기, 차엽 등을 가득 싣고 서역으로 떠나려는 장면을 형상화한 것인데, 장안인 3명, 페르시아인 3명, 낙타 14필, 말 2필, 개 3마 리로 구성되어 있다. 맨 앞에는 수염이 텁수룩하고 눈이 깊은 페르시아 사람이 대열을 이끌고 있고, 중간에 낙타를 타고 있는 사람 중의 한 명은

실크로드 기점 조각군 실크로드의 기점인 장안의 개원문 옛터에 1984년 세워졌다. 페르시아 상인이 이끄는 낙타 대열이 중국의 비단, 도자기, 차엽 등을 가득 싣고 서역으로 떠나려는 모습을 형상화한 것이다. '사막의 배'로 불리는 낙타는 실크로드 무역의 핵심 운송 수단이었다.

떠나기가 아쉬운 듯 고개를 돌려 장안을 바라보고 있다. 실크로드는 장안에서 시작되어 돈황을 거쳐 신강(新疆) 위구르의 투르판과 카슈가르 등으로 이어진다.

실크로드에 관해서 더 많은 정보를 얻으려면 서안 시내의 '대당 서시 박물관(大唐西市博物館)'에 가보기를 권한다. 서시(西市) 유적지에 세워진 이곳 박물관에는 대당 서시 십자로 터(遺址)를 비롯해서 그 당시 서시의 모습과 실크로드에 관한 상세한 정보가 담겨 있다. '대당(大唐)'은 당나라를 높여 부르는 말이다.

'동방의 콜럼버스' 장건의 서역 개척

실크로드를 장건(張騫, ?~기원전 114)과 떼어놓고 얘기할 수 없기 때문에 여기서 장건을 소개하기로 한다. 이번 답사 여행은 일정상 장건의 묘소(섬서성 한중시漢中市 성곡현成谷縣에 위치)에 갈 수 없기 때문이기도 하다.

북쪽의 유목 제국인 흉노 문제로 고심하던 한나라 무제는 흉노를 제압하기 위하여 흉노 서쪽에 있는 대월지(大月氏, 지금의 아프카니스탄 부근)와 동맹을 맺기로 결심한다. 먼 나라와 친교를 맺고 가까운 나라를 공략하는 이른바 '원교근공(遠交近攻)' 정책이다. 이에 무제가 대월지에 파견할 사신을 공모한 결과 말단 관리인 장건이 자원해서 발탁되었다. 아무도 가보지 않은 먼 길에 선뜻 나설 인사가 없었던 것이다.

기원전 139년 100여 명으로 구성된 사절단이 장안을 출발했다. 흉노인으로 포로가 되어 한나라에 살고 있던 감보(甘父)가 안내를 맡았다. 그러나 이 사절단의 행로는 순탄하지 않았다. 일행은 흉노 땅을 지나다가 포로로 잡혀 10여 년을 보내면서 장건은 흉노 여자와 결혼까지 하여 아들 하나를 낳았다. 그는 기원전 129년 한나라 장군 위청(衛靑)이 흉노를 정벌하는 틈을 타서 탈출하여 서쪽 대완(大宛, 지금의 우즈베키스탄 동북부)으로 어렵게 들어갔다. 거기서 대완 왕의 호의로 애초에 가려고 했던 대월지로 갈 수 있었다.

그곳에 가보니 그동안 정세가 많이 바뀌어서 대월지는 한나라와 동맹할 의사가 없었다. 애초의 목표를 달성할 수 없었던 장건은 대월지에서 1년여 동안 머물다가 귀국길에 올랐다. 귀국길에서 그는 또다시 흉노에

게 붙잡혔지만 탈출하는 데 성공하여 장안을 출발한 지 13년 만인 기원
전 126년 장안에 도착했다.

장안에 도착한 장건은 무제에게 귀국 보고를 했다. 비록 대월지와 동
맹을 맺는다는 애초의 목적을 달성하지는 못했지만, 장건은 그동안 그
가 보고 들은 서역 여러 나라의 풍물과 사정을 자세히 보고했다. 한혈마
(汗血馬)라는 명마가 대완에서 난다는 것도 장건의 보고를 통해 알게 되
었다. 이에 비상한 흥미를 느낀 무제는 장건에게 고위 관직인 태중대부
(太中大夫)의 벼슬을 내리고 안내를 맡은 감보에게도 봉사군(奉使君)의 작

장건 묘역의 장건 입상

위를 부여했다. 이후 장건은 기원전 123년에 한나라 장군 위청을 따라 흉노 정벌에 종군하여 큰 공을 세우기도 했다. 사막과 초원의 지리를 잘 아는 그가 위청을 효과적으로 도운 결과였다. 이에 무제는 장건을 제후 의 반열인 박망후(博望侯)에 봉했다.

기원전 121년에는 흉노를 정벌하던 중에 군사작전상의 실수를 저질 러 박망후의 작위를 박탈당하고 평민이 되었다. 평민 시절에도 장건은

한 무제에게 불려가서 서역 여러 나라에 대한 정보, 특히 오손국(烏孫國, 지금의 키르기스스탄)에 관해서 많은 이야기를 해주었다. 오손국 이야기를 들은 무제는 기원전 119년에 장건을 중랑장에 임명하고 오손국에 사신으로 파견했다. 역시 오손국과 동맹을 맺기 위함이었다. 기원전 139년에 이어 두 번째 서역 파견이었다. 장건은 오손국과 동맹을 맺지는 못했지만 기원전 115년에 귀국한 그에게 무제는 대행령(大行令)의 벼슬을 내려 구경(九卿)의 반열에 들게 했다. 대행령은 귀순한 이민족의 관리나 종묘 의례, 외국 사절 접대 등을 맡은 관직이다.

장건은 귀국할 때 오손국의 많은 사신을 데리고 와서 양국 간의 교류를 증진시켰으며, 그가 오손국에 갈 때 서역 여러 나라에 파견한 부사(副使)들도 귀국하여 한나라와 서역 여러 나라와의 교류가 확대되었다. 이후 대하국(大夏國, 지금의 아프카니스탄 북부)과도 통상을 여는 등 서역과 빈번히 왕래하며 실크로드가 개창되었다. 그가 이룬 이러한 업적으로 인하여 중국에서는 오늘날 그를 '동방의 콜럼버스'라 부른다.

1987년 서안에 실크로드 기점을 알리는 조각을 세우면서 장건의 서역 개통 2100주년을 기념한다고 한 것으로 보아 아마도 장건이 오손국에서 귀국한 기원전 115년을 본격적인 실크로드 개통의 시작이라 여긴 것이다. 지금 실크로드 기점 조각상 근처에 말을 타고 서역으로 떠나는 장건의 동상이 서 있다.

회족 거리의 맛집과 종루·고루

서안의 중심, 회족 거리

다음 행선지는 종루(鍾樓)와 고루(鼓樓)이다. 일반적으로 중국의 고대 성(城)에는 시간을 알리기 위하여 종루와 고루를 지었는데, 종은 낮 시간을, 북은 밤 시간을 알리는 역할을 한다. 그래서 '신종모고(晨鐘暮鼓)'란 말이 생겼다. '새벽의 종소리, 저녁의 북소리'란 뜻이다.

먼저 우리는 약간의 자유시간을 얻어 회족(回族) 거리를 천천히 걸으면서 구경했다. 이 거리 끝에 고루가 있다. 회족 거리는 회족, 즉 이슬람 교도들의 집단 거주지로 거리 양쪽에는 갖가지 물건을 파는 상점이 즐비했는데 특히 음식점이 많았다. 그중에서도 가장 많은 것은 '뱡뱡면'을 파는 식당이었다. 나는 2018년 이곳에 왔을 때 먹어본 적이 있는데 먹을 만했다. 넓고 긴 면발이 특징인 뱡뱡면은 토마토, 채소 등을 얹은 후 매콤

서안의 회족(回族) 거리 서안의 관광 명소로 음식과 문화의 거리이다. 민속 문화와 이곳 특유의 음식을 체험하기 위해 많은 관광객이 찾아드는 곳이다.

뱡뱡면 서안에 가면 꼭 먹어봐야 한다는 음식 중 하나. 총 56획으로 이루어진 '뱡(biáng)'이라는 한자는 자전에도 나오지 않고 컴퓨터 자판에도 없다.

한 소스와 함께 비벼 먹는 면이다.

거리엔 또 당나라 복장을 한 여인들이 많았다. 우리나라 서울의 경복궁 일대에서 한복을 입은 외국인들을 볼 수 있는데 여기에는 외국인이 아닌 중국인들, 특히 여인들이 당나라 복장을 하고 거리를 누비고 있다. 이들은 머리 모양도 옛날식으로 가꾸고 화장도 옛날식으로 했다. 가이드의 말에 의하면 옷을 빌려 입고 화장을 하는 데에 상당한 비용이 든다고 했다. 당나라 복장의 여인들은 여기뿐만 아니라 서안 시내 관광지 곳곳에서 볼 수 있다.

회족 거리 서쪽 끝에 있는 고루는 명나라 홍무(洪武) 13년(1380년)에 건축되고 1699년과 1740년에 중수되었다. 지상으로부터의 높이는 34미터이다. 누각의 남쪽 처마에 '문무성지(文武盛地, 문과 무가 성한 땅)', 북쪽 처마에 '성문우천(聲聞于天, 소리가 하늘에까지 들린다)'이란 편액이 걸려 있다.

종루의 경운종

고루 좌측에 유명한 만둣집 '덕발장(德發莊)'이 있고 덕발장 옆 지하로 내려가 조금 걸으면 종루로 들어가는 입구가 나온다. 종루 입장은 매우 까다로운 절차를 거친다. 입장료 30위안을 내고 세 번의 검색대를 거쳐야 들어갈 수 있다. 검색대는 마치 공항 검색대처럼 엄격하다. 종루는 장안성의 중앙에 있어서 여기에서는 서안 시내를 한눈에 조망할 수 있다.

종루는 고루보다 4년 늦은 1384년에 완성되었는데 전체 높이가 지상으로부터 36미터이다. 종루의 서북쪽 모퉁이에 커다란 종이 걸려 있다.

고루 남쪽에서 바라본 모습이고, 누각 처마에 '문무성지'란 편액이 걸려 있다.

종루 동서남북으로 뻗은 네 개의 주요 도로가 만나는 서안 시내 중심부에 위치해 있어 종루에 올라 시내를 한눈에 조망할 수 있다.

여기에 있던 종은 원래 당나라 예종(睿宗) 경운(景雲) 2년(711년)에 만들어진 경운종(景雲鐘)이었는데 이 종의 운명이 기구하다. 예종이 외출하여 행궁(行宮)에 머물면서 밤에 노을빛과 상서로운 구름이 가득한 꿈을 꾸고는 길조라 여겨 종을 만들게 했다. 처음엔 이 종을 도교 사원인 경룡관(景龍觀)에 두어서 '경룡관 종'이라 불렸다. 741년에 경룡관을 영상관(迎祥觀)으로 개칭하여 종을 '영상관 종'으로 부르기도 했다. 일반적으로는 경운 연간에 만들었다고 해서 '경운종'으로 불린다. 755년 안녹산의

50

난 때 파괴된 영상관과 종루를 1384년에 지금의 광제가 입구(廣濟街口)
로 옮겨 짓고 경운종을 여기에 걸었다.

장안시가 확장됨에 따라 1582년에 영상관의 종루와 경운종을 광제
가 입구로부터 시내 중심인 현재의 위치로 옮겼는데, 웬일인지 쳐도 소
리가 잘 나지 않았다. 그래서 종을 원래 위치로 돌려보내고 경운종과 비
슷한 복제품을 만들어 걸었다. 경운종은 영상관에 오랫동안 보존되다가
민국 초년(1912년)에 서안 시내의 양보루(亮寶樓)로 옮겨졌다. 이후 항일
전쟁 때 종을 보호하기 위하여 땅에 파묻었다가 신중국 성립 후에 다시
양보루에 걸었다. 그러다가 1953년에 종을 보호하기 위하여 서안 비림
(西安碑林)에 조그마한 정자를 짓고 그 안에 옮겨 보관했다. 지금 서안비
림박물관에 가면 이 경운종을 볼 수 있다. 한편 1582년에 만든 복제품도
역사적 가치가 있다고 여겨 1996년에 이를 소안탑(小雁塔)으로 이전하고
소안탑에 있던 종을 현재의 종루로 옮겼다. 현재 우리가 종루에서 보고
있는 것은 이 종이다.

711년에 만들어진 경운종은 높이 2.47미터, 무게 6톤으로 중국의 1급
문물이다. 맑은 종소리가 수십 리 밖에까지 들리고 종의 조형미가 뛰어
나 당나라 최고의 주조물로 꼽힌다. 그뿐만 아니라 이 종에는 292자의
예종 황제 어필이 새겨져 있다. 황제가 짓고 쓴 명문(銘文)이 새겨진 종은
경운종이 유일하다. 이 명문은 중국 서법사(書法史) 연구에도 중요한 자
료가 되고 있다. 이 종은 현재 '금지출경 전람문물(禁止出境展覽文物)'로
지정되어 있어서 외국에서의 전시를 위한 국외 반출이 금지되어 있다.
그래서 1964년 일본에서 개최된 '세계 명종(名鐘) 전람회'에서는 녹음한

경운종 당나라 예종 황제가 짓고 쓴 명문(銘文)이 새겨진 국가1급 문물로, 현재 서안비림박물관에 소장되어 있다.

종소리와 사진으로 찍은 종의 외형을 제출하여 2등을 했다. 현재 경운종 소리는 서안 방송국의 시간을 알리는 소리로 쓰이고 있고, 중국 중앙 방송국에서 매년 섣달그믐날 밤인 제야(除夜)에 신년을 알리는 종소리로 사용되고 있다. 경운종은 우리나라의 봉덕사종처럼 국민들의 사랑을 받고 있는 신비로운 종이다.

현재 동쪽의 종루와 서쪽의 고루는 200미터 떨어져 서로 마주 보고 있는데, 종루의 서쪽과 고루의 동쪽에 있는 건물들을 철거하여 그 사이에 넓은 광장을 만들어 공원으로 조성해놓았다.

만두 맛집 덕발장

저녁엔 '소육탕포(小六湯包)'라는 이름의 만둣집에서 식사를 했다. 서안의 만두 맛집은 '덕발장(德發長)'이 가장 유명하다. 덕발장은 1936년

52

덕발장의 교자만두　만두 모양이 동물이나 식물, 꽃 등의 형태로 다양하고, 맛과 향도 각기 다르다.

에 개업한 만두 전문식당으로 한 번에 1,200명을 수용할 수 있을 만큼 규모가 크다. 이 집의 만두는 우리식으로 말하면 물만두 또는 찐만두로 318종의 만두를 만드는데 '일교일형 백교백미(一餃一形 百餃百味)'를 자랑한다. 즉 '만두 하나하나 모양이 다르고, 만두마다 맛이 다르다'는 것이다. 실제로 각종 동물이나 식물, 꽃 등 다양한 모양의 만두가 나오고 맛과 향도 다 다르다. 이 만두 만드는 기술은 2010년에 '섬서 비물질 문화유산'에 등재되기도 했으며 각종 대회에서 여러 차례 수상을 한 바 있다. 우리나라의 김대중 대통령도 이 식당을 다녀갔다고 한다.

　이렇게 유명한 식당이지만 그동안 몇 차례 먹어본 나의 경험으로는 소문만큼 맛이 훌륭하진 않았다. 우리와 같은 단체 손님용으로 미리 만들어 놓은 값싼 만두인 듯했다. 우리가 좌석에 앉자마자 계속해서 만두가 나오는데 한 세트가 끝나고 1분도 되지 않아서 다음 세트가 나왔다. 그 많은 사람들에게 이렇게 빨리 만두를 공급할 수 있으려면 내용이 부실할 수밖에 없으리란 생각이 들었다.

덕발장의 주메뉴는 '교자연(餃子宴)'인데 그 종류는 '백화연(百花宴)' '용봉연(龍鳳宴)' '팔진연(八珍宴)' 등으로 다양하고, 만두의 형태와 맛에 따라 '채접비무(彩蝶飛舞, 호랑나비가 날면서 춤춘다)' '어도용문(魚跳龍門, 물고기가 용문으로 뛰어오르다)' '양범만리(揚帆萬里, 일만리 바다에 돛을 올리다)' 등 수없이 많은 상품이 있다. 이런 정식 교자연의 만두는 명성에 걸맞게 맛도 좋고 값도 비쌀 것이다. 중국의 여행사와 덕발장 사이에 모종의 거래가 있었을 것이라 생각하면 단체 손님용으로 나온 만두는 상품(上品)일 리가 없을 것이다.

그래서 이번 여행을 인솔하고 있는 나는 덕발장 말고 다른 만둣집을 강력히 요구했다. 아주 오래전 서안의 어느 식당에서 먹어본 '교자연'이 매우 맛있었던 기억이 남아 있어서였다. 그래서 '소육탕포'에 가게 되었지만 이 집 역시 썩 만족스럽지는 않았다. 다음에는 덕발장에 가서 비싼 값을 치르고라도 제대로 된 교자연을 맛보아야겠다고 생각했다.

저녁 식사를 마치고 호텔로 갔는데 호텔 이름이 특이했다. 'Ur Cove by Hyatt'인데 중국어로는 '逸扉酒店(일비주점)'이란 호텔명 밑에 '凱悅集團旗下品牌(개열집단 기하품패)'라 쓰여 있었다. 호텔은 좋지 않았다. 시설이 전반적으로 좋지 않았을 뿐만 아니라 내가 묵은 방에선 밤새도록 이상한 소리가 나서 잠을 잘 수 없었다. 결국 우리는 호텔을 바꾸었다. 귀국 후에 인터넷으로 검색해보니 중국의 '개열집단'은 '하얏트 그룹'이고 이 그룹 안에 여러 등급의 호텔이 포함되어 있었다. 우리가 묵은 '일비주점'은 4성급 호텔이었다. 4성급 호텔도 5성급 못지않은 것이 있기도 한데 이 호텔은 4성급에도 못 미치는 호텔이었다.

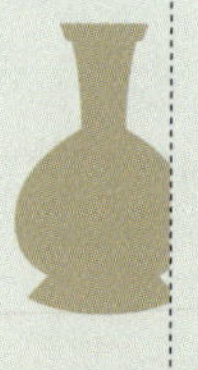

서봉주

서봉주(西鳳酒)는 섬서성(陝西省) 보계시(寶鷄市) 봉상구(鳳翔區) 유림진(柳林鎭)에서 생산하는 봉향형(鳳香型) 백주이다. 향형(香型)에 의한 전통적인 분류법에 따르면 백주는 장향형(醬香型), 농향형(濃香型), 청향형(淸香型), 미향형(米香型), 기타향형(其他香型)으로 분류되는데 이 중 기타향형도 약향형(藥香型), 봉향형, 겸향형(兼香型), 특향형(特香型)으로 세분된다. 겸향형은 백운변주(白雲邊酒)와 같이 장향과 농향을 겸했다고 해서 붙여진 명칭이다. 서봉주도 청향과 농향을 함께 지닌 겸향형이다. 그러나 서봉주의 위상이 워낙 높기 때문에 단독으로 봉향형이란 명칭을 고수하고 있다.

서봉주의 명칭에 대한 유래는 이렇다. 서봉주가 생산되는 보계시 주변의 부풍(扶風), 기산(岐山), 봉상(鳳翔) 등 섬서성 관중 평원의 서쪽 지역을 '서부(西府)'라 일컬었고, 주나라 문왕 시절에 기산에 봉황이 날아왔다는 전설에 의거해서 '서부(西府)'의 '西' 자와 봉황(鳳凰)의 '鳳' 자를 조합해서 '서봉주'라 이름 붙인 것이다. '서쪽의 봉황새와 같은 술'이라는 뜻이다.

서봉주 주식회사는 주진문화(周秦文化, 주나라·진나라 문화)의 발상지인 이 서부 지역에서 은(殷)나라 때부터 만들기 시작하여 3000여 년의 역사를 지녔다고 자랑하고 있다. 은나라 말에 주나라 군대가 목야대전(牧野大

戰)에서 주왕(紂王)을 격파한 후 주나라 무왕(武王)이 이 고장에서 생산되는 '진주(秦酒)'로 삼군(三軍)을 포상했다고 하는데 이 '진주'가 서봉주의 전신인 셈이다. 또 진시황이 기원전 222년 천하를 통일한 후 이른바 '천하대보(天下大甫. 경축 연회)'를 베풀었는데 이때 마신 술이 '진주'였다고 한다. 한(漢)나라 때는 '진주'가 '유림춘(柳林春)'으로 이름이 바뀌었는데, 장건(張騫)이 서역으로 떠날 때 선물용으로 유림춘을 가져갔으며, 흉노 정벌을 위해 출정하는 곽거병(霍去病) 군대를 위해 한나라 무제(武帝)가 유림춘을 내려 병사들의 사기를 진작시켰다고 한다.

이 술은 당나라 시기에 전성기를 누렸다. 당나라 정관(貞觀) 연간(627~649)에는 "항아리를 열면 향기가 십 리에 뻗쳐, 벽을 넘어 세 집까지 취하네(開壇香十里 隔壁醉三家)"란 말이 있을 정도였다고 한다. 또 이런 이야기가 전한다. 당나라 의봉(儀鳳) 연간(676~679)에 어느 해 3월에 이부시랑(吏部侍郎) 배행검(裴行儉)이 당나라에 왔던 페르시아 왕자를 전송하는 도중에 봉상현 서쪽 정자두촌(亭子頭村)에 이르렀을 때 벌과 나비가 모두 날지 않고 땅에 떨어져 누워 있었다. 그 연유를 알아봤더니 유림진(柳林鎭)의 어느 집에서 막 술 항아리를 열었는데 향기가 5리 밖 정자두촌에까지 뻗쳐 벌과 나비들이 술향기에 취해 땅에 누워 있다는 것이다. 이에 봉상군수가 배행검에게 이 술 한 항아리를 선물했고 배행검은 이를 고종에게 바쳐서 이후 궁중에 바치는 공품(貢品)이 되었다고 한다. 지금 유림진의 서봉주 회사 앞에는 술잔을 들고 있는 배행검의 소상이 세워져 있고 기단(基壇)에는 다음과 같은 시가 새겨져 있다.

손님 전송하는 정자두촌에
벌은 취하고 나비는 날지 못해

봄날에 태평시대가 열렸네
아름답도다! 유림주(柳林酒)여

送客亭子頭　蜂醉蝶不舞
三陽開國泰　美哉柳林酒

　섬서성 서부(西府) 지역에서 과거에 생산했던 진주(秦酒)와 유림춘(柳林春)은 오늘날 서봉주의 전신이기는 해도 지금의 서봉주와 같은 증류주는 아니었을 것이다. 중국에서 증류주가 언제부터 만들어졌는지에 대해서는 아직 정설이 없다. 당나라라는 설도 있고 원나라라는 설도 있는데 대체로 원나라 설이 유력하다. 그러니 이 지역에서 생산된 진주와 유림춘은 증류주가 아닌 양조주일 가능성이 높다.

　서봉주의 가장 큰 특징은 저장고인 '주해(酒海)'이다. 일반적으로 백주의 저장고는 흙으로 빚은 항아리인데 서봉주는 '주해'라는 독특한 용기에 저장한다. 주해는 싸리나무 가지를 엮어서 만든 광주리다. 싸리나무로 만든 광주리 내벽에 풀칠을 하여 마지(麻紙)를 바르고 그 위에 돼지 피, 계란 흰자, 밀랍 등을 칠하기를 수십 번 반복한 후 유채 기름을 발라서 완성한다. 크기는 다양해서 큰 것은 지름이 2.5미터에 이른다고 한다. 이 '주해'는 1400여 년 전부터 사용되어온 것이라 하는데 한 개 만드는 데에 1년이 걸린다고 한다.

　서봉주는 '주해' 말고도 독특한 발효 기법이 국가 비물질 문화유산으로 선정되어 있으며 또한 지리표지산품(地理標志産品)으로 등록되어 있기도 하다. 지리표지산품이란 특정 지역의 기후나 풍토 등의 독특한 환경에서 특정 가공 기술을 통해 생산되는 제품을 말하는데, 품질과 명성을 보증하기 위한 제도이다. 서봉주가 생산되는 유림진의 연평균 기온이 섭씨 11.5도, 연평균 강우량이 610밀리미터, 무상기(無霜期, 서리가 내리지 않는 기간)가 270일이며 낮과 밤의 온도 차가 크기 때문에 발효 과정에서 각종 미생물의 번식에 좋은 환경을 제공해주기 때문이다.

서봉주는 1952년의 제1회 중국평주회에서 중국 명주로 선정된 이래 제2, 4, 5회에 중국 명주로 선정되어 명실공히 중국을 대표하는 술로 자리 잡았다. 이 술은 중화노자호(中華老字號, 중국에서 오랜 역사나 전통을 가진 명문 브랜드에 붙이는 칭호), 중국치명상표(中國馳名商標, 국가의 품질 보증 상표)도 획득했지만 스스로는 '중국 4대 명주'임을 가장 큰 자랑으로 여긴다. 중국 4대 명주는, 중국에서 최초로 시행된 제1회 중국평주회에서 분주, 모태주, 노주노교특국과 함께 금상을 받은 4종류의 백주를 일컫는다.

현재 서봉주는 100여 종의 백주를 생산하고 있는데 가장 비싼 것은 500밀리리터 한 병에 한국 화폐로 100만 원을 호가하는 상품도 있다.

신석기 시대의 촌락,
반파 유지

앙소문화 촌락의 유적

기행 둘째 날 아침, 호텔을 출발해서 제일 먼저 간 곳이 서안시 파교구(灞橋區)에 위치한 반파 유지(半坡遺址)이다. 반파 유지는 6000~6700년 전 신석기 시대 앙소문화(仰韶文化) 촌락의 자취를 보여주는 유적이다. 앙소문화는 황하 중역에서 발달한 신석기 초기의 문화로 채색도기(彩色陶器)를 사용한 것이 특징이고 기원전 7000년경부터 기원전 5000년경까지 약 2000여 년간 지속되었다. 이 유지는 황하 유역에 발달한 모계 씨족 사회 번영기의 유적으로 규모가 가장 크고 보존 상태가 비교적 양호한 것이다. 1953년에 발견되어 이듬해부터 저명한 고고학자 석흥방(石興邦, 스싱방) 교수의 주도로 5차에 걸친 발굴작업이 이루어졌고, 이 유지에서 발굴된 유물을 전시하는 반파박물관이 1958년 이곳에 건립되었다.

서안반파박물관

반파 유지는 현재 '서안반파박물관'으로 조성되어 있다. 정문을 들어서서 조금 걸어가면 왼쪽에 '반파 유지 출토문물 진열실'이 나온다. 여기에는 반파 유지에서 출토된 각종 생활 도구와 생산 공구들이 전시되어 있다. 진열실을 들어서면 벽에 쓰인 글자가 보인다.

民知其母 不知其父 (민지기모 부지기부) ──『장자』「도척(盜跖)」
日出而作 日落而息 (일출이작 일락이식) ──『장자』「양왕(讓王)」

사람들은 자기의 어머니는 알아도 자기의 아버지는 알지 못한다
해가 뜨면 나가서 일하고 해가 지면 돌아와서 쉰다

『장자』에서 따온 두 글귀 모두 아득히 먼 옛날, 즉 신석기 시대 우리 선조들의 생활을 묘사하고 있는데, 첫 번째 구절은 그 사회가 '모계 씨족 사회'임을 말하고 있으며, 두 번째 구절은 그 시절의 사람들이 아무런 걱정 없이 유유자적하게 살아가고 있음을 말하고 있다. 이 두 구절은『장자』해당 부분의 앞뒤 맥락 속에서 그 뜻을 파악해야 하겠지만 여기서는 단지 신석기 시대 반파 유지의 선민(先民)들을 말하고 있을 뿐이다.

진열실 안에는 '추혼(追魂)'이라 크게 쓰여 있는 대형 패널이 보이는데 '(우리) 영혼의 뿌리를 찾아서'쯤으로 해석된다. 또 작은 글씨로 '불가망각적기억(不可忘却的記憶)'이라 쓰여 있다. '잊을 수 없는 기억' 또는

서안반파박물관　반파 유지에서 발굴된 신석기 시대의 유물과 유적을 보호·전시하는 국가1급 박물관이다.

'잊어서는 안 되는 기억'이란 뜻이다. 그리고 패널 앞에는 커다란 바위에 '신석기 시대'라 쓰여 있다. 말하자면 이 진열실에서 신석기 시대로 돌아가 우리 영혼의 뿌리를 찾아보자는 것이다.

전시실은 제1전시실과 제2전시실로 나뉘어 있다. 제1전시실의 큰 주제는 '문명의 서광 속의 불씨(文明曙光裏的火種)'인데 옆에 한글로 '선사 문명의 불씨'라 쓰여 있다. 그 내용은 세 가지이다. 첫째는 '청청하반(靑靑河畔, 푸르고 푸른 강가)'이란 제목에 '반파인과 생태환경'이란 부제(副題)가 달려 있고, 둘째는 '생명의 시(詩)'란 제목에 '반파인의 노동 생산'이란 부제가 달려 있으며, 셋째는 '전원 목가'란 제목에 '반파인의 일상생활'이란 부제가 달려 있다.

채색 도기 진열실   용도가 다른 여러 형태의 채색 도기와 거기에 그려진 각종 도안과 무늬를 패널로 보여준다.

제1전시실에는 비옥한 황하 유역에서 농업과 어업과 수렵에 종사하며 계급이 없는 원시 공동사회를 이루어 평화롭게 살아가는 반파인들의 각종 생산도구와 생활용품들이 전시되어 있다. 여기에는 상상으로 재현한 반파인의 남녀 얼굴 소상(塑像)을 전시하고 있으며, 이들이 사용하던 돌도끼 등의 마제석기(磨製石器), 뼈로 만든 바늘, 각종 도자기 등이 전시되어 있다. 특히 뼈바늘은 봉제용(縫製用) 도구로 당시에 의복이 출현했음을 말해준다. 그리고 각종 도자기가 출토되었다는 것은, 농업 생산의 발달로 잉여농산물이 생겨 이를 저장할 용기가 필요했음을 말해준다고 하겠다.

제2전시실의 큰 주제는 '도자기의 영과 육(陶器上的靈與肉)'으로 역시

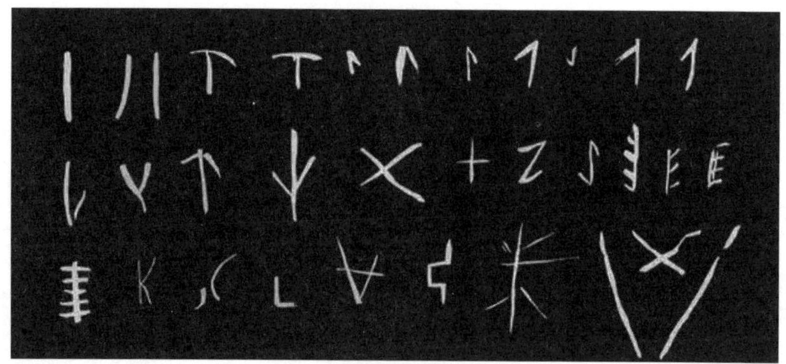

도자기에 새겨진 각종 부호

옆에 한글로 '도자기의 영혼과 육체'라 쓰여 있다. 내용은 두 부분으로 나뉘는데 첫 부분은 '심령신운(心靈神韻)'이란 제목에 '반파인의 심미의식'이란 부제가 달려 있고 둘째 부분은 '은비현기(隱秘玄機)'란 제목에 '반파인이 남긴 먼 옛날의 수수께끼'란 부제가 달려 있다. 제2전시실의 전시물은 주로 채색도기이다. 이 도자기들은 크기와 모양이 각각 달라 실용성을 넘어 장식용으로도 사용되었음을 알 수 있다. 그리고 도자기에 그려진 각종 문양은 원시 예술의 한 단면을 보여주고 있다. 제2전시실의 둘째 부분이 내세운 '반파인이 남긴 먼 옛날의 수수께끼'는 세 가지이다. 첫째는 도자기에 새겨진 불가사의한 각종 부호인데 곽말약(郭沫若, 궈모뤄)은 이것이 중국 문자의 기원일 가능성이 있다고 보았으나 아직 풀리지 않은 수수께끼로 남아 있다. 둘째는 소구첨저병(小口尖底瓶)이고 셋째는 인면어문채도분(人面魚紋彩陶盆)인데 이에 대해서 살펴보기로 한다.

가득 차면 엎어지는 소구첨저병

소구첨저병은 문자 그대로 주둥이가 작고 밑이 뾰족한 병 모양의 도자기이다. 그리고 줄로 꿸 수 있도록 병 양쪽에 손잡이가 달려 있다. 밑이 뾰족해서 그냥 세워둘 수 없는 이 병의 용도에 대해서는 여러 견해가 제시되었으나 아직 정설은 없다. 여러 견해 중에서 급수기(汲水器), 즉 물을 긷는 용기라는 견해가 가장 유력하다. 이 병을 물속에 넣으면 저절로 병이 기울어져서 안으로 물이 들어가 가득 차면 병이 바로 서는데 이때 손잡이에 맨 줄을 당겨 물을 긷는다는 것이다. 최근에 제시된 또 하나의 유력한 견해로 이 용기가 술을 빚어 담그는 양주기(釀酒器)라는 설도 있다.

재미있는 사실은 신석기 시대에 사용되던 이 용기가 춘추전국시대에 와서 궁중의 완물(玩物)이 되었다는 점이다. 이 용기는 속이 텅 비면 기울고, 물이 반쯤 차면 바로 서며, 가득 차면 엎어지는데(虛則欹 中則正 滿則覆), 이로부터 '자만하면 손해를 부르고 겸손하면 이익을 얻는다'는 뜻이 이 용기에 붙여졌다. 노(魯)나라 환공(桓公, 15대 군주)은 이 첨저병을 매우 좋아해서 거처하는 곳의 오른쪽에 두고 소중히 간직했다고 한다. 환공이 죽은 후 이 첨저병을 환공의 사당에 안치했는데 후세 사람들은 첨저병을 '의기(欹器, 기울어지는 용기)'라 불렀다.

『순자(荀子)』 「유좌(宥坐)」 편과 『한시외전(韓詩外傳)』 권3에 공자가 노나라 환공의 사당을 방문하여 이 의기를 보고 제자와 문답을 나눈 사실이 기록되어 있다. 당시 공자는 실제로 물을 부어 실험을 해보고 '어찌 가득 차고도 엎어지지 않는 자가 있겠는가'라 말했다고 한다. 노나라 환

소구첨저병(小口尖底瓶) 신석기 시대에 생활 용기로 사용되던 이 병은 춘추전국시대에는 수신(修身)의 도구로 사랑받았다.

공의 사당에 보관되어 있던 의기는 한(漢)나라 말기에 없어진 후 여러 사람들에 의해 여러 차례 복제품이 만들어졌다고 한다. 이렇게 후대에는 첨저병을 궁중에서 수신(修身)의 도구로 이용했지만 신석기 시대에는 실제 무슨 용도로 쓰였는지 수수께끼로 남아 있다.

해외 반출이 금지된 인면어문채도분

인면어문채도분(人面魚紋彩陶盆)은 문자 그대로 사람의 얼굴과 물고기 무늬가 그려진 채색 사발이다. 채색도기는 신석기 초기 앙소문화의 가장 특징적인 것인데 반파 유지에서 풍부한 채색도기가 출토되었다. 이들 도기에는 간단한 기하학적 도안과 물결무늬 등이 그려져 있고, 사람 얼굴, 물고기, 사슴, 개구리 등의 다양한 그림도 그려져 있다.

이 중 가장 주목을 끄는 것은 단연 '인면어문채도분'인데 그중 대표적인 것이 현재 중국 국가박물관에 소장되어 있다. 높이 16.5센티미터, 구경(口徑) 39.8센티미터인 이 도기의 안쪽에 사람 얼굴과 물고기 문양이 그려져 있다. 사람 얼굴은 원형이고 머리 위에 삼각형의 고깔 같은 것을 쓰고 있다. 입으로 물고기 두 마리를 물고 있으며 양쪽 귀를 두 마리의 물고기가 물어뜯고 있다. 이런 그림이 아래위로 한 쌍이 그려져 있고 좌우 대칭으로 물고기가 그려져 있다. 여기 그려진 물고기의 주둥이는 모두 삼각형이다.

사람과 물고기가 융합된 듯한 이 기괴하고 신비로운 그림이 무엇을

인면어문채도분(人面魚紋彩陶盆) 높이 16.5센티미터, 지름 39.8센티미터, 중국 국가박물관 소장. 사람의 얼굴과 물고기 문양이 그려진 채색 도기로, 국외 반출이 금지된 국가1급 문화재이다.

뜻하는지 풀리지 않은 수수께끼로 남아 있다. 당시 물고기가 식생활의 중요 자원이어서 사람과 물고기가 밀접한 관계를 맺었던 사실로 미루어 이 그림을 '물고기 토템설'로 보는 견해가 있는가 하면, 많은 알을 낳아 생식 활동이 활발한 물고기를 보고 자손이 번창하기를 바라는 '생식 숭배설'로 해석하려는 견해도 있다. 이밖에도 권력 상징설, 일월 숭배설, 장식용 가면설 등 20여 가지의 학설이 제기되었으나 아직 확실한 정론은 없다.

중국 국가박물관에 소장된 이 도기는 '금지출경 전람문물(禁止出境展覽文物)'로 지정되어 있다. 즉 전시를 위해서 해외로 나가는 것이 금지되어 있다. 반파박물관은 이와 비슷한 인면망문채도분(人面網紋彩陶盆)을

인면망문채도분(人面網紋彩陶盆) 높이 17센티미터, 지름 45센티미터, 서안반파박물관 소장. 사람 얼굴의 좌우에 그물〔網〕이 그려진 채색 도기로, 인면어문채도분과 유사하다.

소장하고 있는데 높이가 17센티미터, 구경이 45센티미터이다. 이 도자기의 그림은 인면어문채도분과 조금 다르다. 사람 얼굴에 두 귀를 물어뜯는 물고기가 없고, 좌우의 두 마리 물고기 대신 그물〔網〕이 그려져 있다.

이밖에 도기 외벽에 물고기를 물고 있는 사람 얼굴을 그린 것도 있고 역시 외벽에 물고기만 그린 도기도 있다. 이 도기들은 대부분 반파인들의 무덤에서 발견된 옹관(甕棺), 즉 죽은 어린이의 사체를 넣은 항아리 모양의 도기의 뚜껑으로 쓰였다. 인면어문, 인면망문을 비롯한 채색 도기는 원시인들의 풍부한 예술적 상상력의 소산이며 선사인(先史人)의 걸작이라 평가된다. 이 인면어문 무늬는 앙소문화 반파형 채도의 대표적인 문양이다.

모계 씨족 촌락의 자취

문물 진열실을 나오면, 앞마당에 소녀가 첨저병을 기울여 물을 쏟는 듯한 조각상이 설치되어 있다. 조각상을 지나 나아가면 '반파 유지'라 쓰인 큰 건물이 보이는데 이곳이 '반파 유지 보호 대청'이다. 건물 앞에는 반파 유지 발굴을 주도했던 석흥방 교수의 흉상이 놓여 있다. 전에는 박물관 대문 앞에 있었는데 언제부턴가 이곳으로 옮겨 놓았다.

대청에 들어서면 벽에 '여기에 6000여 년 전의 촌락 유지가 보존되어 있다'는 글자가 눈에 들어온다. 이 촌락 유지는 주거하는 구역인 거주구(居住區), 도기를 만드는 제도구(製陶區), 무덤이 있는 묘장구(墓葬區)로 나뉜다. 거주구에는 가옥 유지 45개, 가축우리 유지 2개, 동혈 유지(洞穴遺址, 일종의 구덩이 터) 299여 개가 전시되고 있다. 방은 원형 또는 사각형이고 반지하 또는 지상에 있다. 여기에 반파 가옥의 모형도 전시되어 있으며 반파인이 가옥을 짓는 과정을 동영상으로 보여주고 있다. 가축우리가 있었던 것으로 보아 당시에 가축을 사육했음을 알 수 있고 또 주변에서 돼지나 개의 뼈가 발견되기도 했다. 동혈 유지는 곡물이나 생활 용구를 저장한 창고였을 것으로 추정된다.

제도구에는 도요(陶窯, 도기를 굽는 가마) 터 여섯 곳이 전시되어 있는데 각종 생활 도기와 특징적인 채색도기가 만들어지던 곳이다. 또 도자기를 만드는 모습을 모형으로 전시하고 있다. 묘장구에는 각종 묘장 250개가 있는데 성인 묘가 174개, 유아 옹관묘가 73개이다. 항아리에 시체를 넣어 장사 지내는 옹관장(甕棺葬)은 모계 씨족사회에서 흔히 발견되는

옹관묘(甕棺墓) 항아리에 어린이의 시체를 넣어 장사 지내는 옹관장은 모계 씨족사회에서 흔히 발견되는 장례 풍속이다.

장례 풍속이다. 한쪽 옆에는 묘지 안에 여러 형태의 유골이 전시되어 있다. 이 반파 유지는 황하 유역에 발달한 고대 원시사회의 역사, 취락 형태, 경제 발전, 문화생활, 사회조직 등을 연구하는 데에 귀중한 자료가 되고 있다.

로맨스와 역사의 현장, 여산 화청궁

당나라 때 전성기를 누린 온천 별궁

반파 유지를 관람하고 우리는 화청지(華淸池)로 향했다. 화청지는 서안시 동쪽의 여산(驪山) 밑에 있는 온천장이다. 중국의 역대 왕조는 오래전부터 풍경이 수려하고 온천물이 솟는 이곳에 행궁(行宮, 별궁)을 짓고 놀면서 즐기는 유락(遊樂)의 장소로 삼았다. 이미 3000여 년 전 주나라〔西周〕 12대 유왕(幽王)이 자신의 총희(寵姬, 총애하는 여인)였던 포사(褒姒)를 위해서 여기에 여궁(驪宮)을 짓고 유흥의 장소로 삼았다. 이곳이 주나라의 수도 호경(鎬京, 지금의 서안)으로부터 30킬로미터 거리의 가까운 곳에 있기 때문이다. 이후 진(秦), 한(漢), 수(隋)를 거쳐 당나라 때 와서 크게 확장했다. 644년에 당 태종은 유명 건축가이자 화가인 염입덕(閻立德)으로 하여금 여기에 궁전과 누각을 짓게 하여 탕천궁(湯泉宮)이라 했고 당 고

화청궁 전경 주나라 때부터 황제들의 온천 행궁이었던 이곳은 당나라 현종 때 대대적으로 확장하면서 화청궁으로 개명했다.

종은 671년에 이를 온천궁으로 개명했으며, 당 현종은 다시 대대적으로 확장하여 여러 건물을 짓고 화청궁으로 개명했다. 이곳의 특징이 온천이기 때문에 화청궁을 화청지라고도 부른다.

안사(安史)의 난 이후에는 황제들이 화청지에 가는 일이 드물어 자연히 쇠락하였고 송나라 때는 건물 대부분이 파손되었다. 원나라 때 민간 주도로 15년에 걸쳐 몇몇 건물을 증축했으나 옛날의 영광을 되찾지 못했다. 청나라 말에 건물의 일부가 회복되기도 했고 민국 시기에 여러 차례 중수를 거쳤다. 그러다가 1959년부터 대규모 중건 작업을 벌여 오늘에 이르고 있다.

당 현종과 양귀비의 만남

화청지와 가장 밀접한 관계를 맺은 인물은 당 현종과 양귀비이다. 당나라 6대 황제 현종(685~762)은 예종(睿宗)의 제3자로 태어나 측천무후(則天武后) 치하의 살벌한 권력투쟁 속에서 청소년 시절을 보내다가 우여곡절 끝에 712년 27세 때 황제로 등극했다. 그는 요숭(姚崇), 송경(宋璟), 장열(張說), 장구령(張九齡) 등의 현신을 등용하여 국정을 보좌하게 하고 징병제도를 개혁하며 불교의 폐단을 제거하는 등 많은 업적을 남겼다. 문화적으로도 이백, 두보, 왕유가 활동하던 화려한 시대였다. 그래서 현종은 이른바 '개원성세(開元盛世, 현종이 다스리던 개원 연간의 태평성세를 말함)'를 이룩한 성군(聖君)으로 불렸다. 장예모(張藝謨, 장이머우)가 연출한 2008년 북경 올림픽 개막식의 주제가 '개원성세의 재현'이었을 만큼 중국 역사상 찬란한 시대였다.

현종은 다재다능하여 한자 서체의 하나인 팔분서(八分書)를 잘 썼으며 승마와 사격에도 능하고 천문학에도 일가견이 있었다. 특히 음율(音律)에 조예가 깊어 비파, 이호(二胡, 얼후. 해금과 유사한 현악기), 갈고(羯鼓, 가죽으로 만든 타악기) 등의 악기를 직접 연주했고 100여 곡의 악곡을 창작하기도 했다.

이러한 현종이 국정을 소홀히 하기 시작한 것은 양귀비를 만난 이후부터이다. 54세에 총애하던 무혜비(武惠妃)를 잃은 현종이 허전한 마음을 달랠 길 없어 괴로워하다가 만난 여인이 양귀비였다. 양귀비(719~756)는 본명이 양옥환(楊玉環)으로 사천성의 하급관리 양현염(楊玄琰)의 넷째

당 현종과 양귀비의 조각상　화청궁 입구에 설치된 조각으로, 양귀비가 춤을 추고 현종이 앉아서 타악기로 흥을 돋우며 이를 바라보는 모습이다.

딸로 태어났는데 어려서부터 빼어난 미모와 함께 노래와 춤에 능했다고 한다. 그녀는 수(隋)나라의 이름난 신하〔名臣〕 양왕(楊汪)의 5세 방손(방계 혈족의 자손)이라는 가문의 배경에 힘입어 735년에 현종의 열여덟 번째 아들 수왕(壽王) 이모(李瑁)와 결혼했다.

그후 현종이 양옥환의 미모에 관심을 가진 것을 알고 있던 환관 고력사(高力士)의 주선으로 그녀는 현종의 부름을 받게 되었다. 그렇지만 시아버지와 며느리라는 관계 때문에 740년에 일단 그녀를 궁중 도관(道觀, 도교 사원)으로 보내어 여도사(女道士)가 되게 했다. 태진(太眞)이라는 도호(道號, 도교에 입문한 뒤 새로 받는 이름)도 내렸다. 명분은 그녀로 하여금 도관에서 현종의 죽은 모친 소성순황후(昭成順皇后) 두씨(竇氏)의 명복을 빌게 한다는 것이었다. 그러나 이해(740년)에 현종은 양귀비를 온천장인 화청궁으로 불러 목욕을 하사했으며 5년 후인 745년에는 귀비(貴妃)로 책봉했다. 당시 현종의 나이는 61세, 양귀비는 27세였다.

양귀비 과일 '여지' 운송의 폐해

귀비로 책봉된 그녀는 현종의 은총 속에 꿈같은 나날을 보낸다. 비록 황후의 자리에 오르지는 못했지만 그녀를 위하여 비단을 짜고 자수를 놓는 직인이 700여 명, 비녀와 보석 등을 조각하는 직인이 수백 명이나 되었다고 하니 그녀의 위상을 짐작할 만하다.

양귀비는 여지(荔枝, 열대 과일 리치Litchi)를 무척 좋아해서 현종은 여산 서수령(西綉嶺)에 여지원(荔枝園)을 따로 만들어주기도 했다. 그러나 사천성(四川省) 부주(涪州)의 여지가 품질이 가장 좋기 때문에 현종은 그녀를 위해서 서천성의 여지를 3일 안에 운송토록 하여 민폐가 극심했다. 당시 여지가 화청궁의 양귀비에게 전달되는 광경을 시인 두목(杜牧)은 유명한 「과화청궁절구(過華淸宮絶句, 화청궁을 지나며 쓴 절구)」 제1수에서 다음과 같이 노래했다.

장안에서 돌아보니 비단이 쌓였는데
산꼭대기 일천 문이 차례로 열리네

붉은 먼지 말 한 필에 양귀비 미소

아무도 모르네, 여지가 오는 줄

長安回望繡成堆　山頂千門次第開

一騎紅塵妃子笑　無人知是荔枝來

훗날 송나라의 소식(蘇軾)도 「여지탄(荔枝嘆, 여지를 한탄하다)」이란 시
에서 한나라와 당나라 때의 여지 운송의 폐단을 노래했는데 그중 당나
라 부분은 이렇다.

송골매 바다 건너듯 빠른 수레 산 넘으니

바람 맞은 가지와 이슬 맺힌 잎사귀, 갓 따온 듯했네

궁중의 미인은 파안대소(破顔大笑)하는데

뽀얀 먼지에 뿌린 피는 천년토록 흐르네

飛車跨山鶻橫海　風枝露葉如新采

宮中美人一破顔　驚塵濺血流千載

여지는 하루가 지나면 색깔이 변하고 이틀이 지나면 향이 변하고 사
흘이 지나면 맛이 변한다고 한다. 그러므로 여지는 신선도가 매우 중요

양귀비가 좋아한 과일 '여지(荔枝)' 운송 과정에서 민폐가 극심했던 여지는 하루가 지나면 색깔이 변하고 이틀이 지나면 향이 변하고 사흘이 지나면 맛이 변한다고 한다.

하다. 신선도를 유지하기 위해서 당시에 기한에 맞추어서 여지를 운송하느라 병사들이 도중에 쓰러져 죽기도 하고, 장안에 도착한 후 말과 함께 죽는 경우도 허다했다고 한다. 이럼에도 불구하고 양귀비는 여지를 즐겼고 심지어 안녹산의 난으로 피난길에 올라 마외(馬嵬)에서 죽던 그날에도 사천성에서 운송한 여지가 도착했다고 한다.

중앙일보 북경(北京, 베이징) 총국장 신경진 기자가 쓴 「'장안의 여지'에 매료된 중국」(『중앙일보』 2025. 7. 1)에 의하면 최근 중국에서는 당나라 현종 시대를 배경으로 여지를 운송하는 내용을 다룬 TV 드라마 「장안의 여지(長安的荔枝)」가 방영되어 인기를 끌었다. 35부작으로 된 이 드라마는 2025년 6월 7일에 첫 방송되었는데 원작은 마백용(馬伯庸, 마보융)이 쓴 동명의 소설이다. 원작자는 앞에서 소개한 두목의 시 「과화청궁절구」 제1수에서 영감을 받아 이 소설을 썼다고 한다. 이 드라마는 중국의 영남지방(지금의 광동성, 광서성)으로부터 약 2,000킬로미터 떨어진 장안으로 여지를 운송하는 과정에서 운송 책임자인 상림서(上林署)의 관리 이선덕(李善德)이 겪는 고난과 역경을 다루고 있다. 임무를 완수한 후에 이선덕은 양비귀의 사촌 오빠인 당시의 실력자 양국충에게 이렇게 말했다. "귀비(貴妃)가 먹은 여지 한 개 운송비로 열 가구의 일 년 치 소득이 들어갔다." 「장안의 여지」는 드라마에 이어 영화로도 개봉되어 흥행했다고 한다.

양귀비 일가의 특권과 전횡

양귀비 한 사람만 호화로운 생활을 누린 것이 아니었다. 양귀비 덕분에 그녀의 친인척도 덩달아 높은 지위에 올랐으니, 그녀의 세 언니는 각각 한국부인(韓國夫人), 괵국부인(虢國夫人), 진국부인(秦國夫人)으로 봉해져 저택을 하사받고 궁중을 자유롭게 출입하는 특권을 누렸다. 그녀의 사촌 오빠 양국충(楊國忠)도 무소불위의 권력을 휘두르는 자리에 오른다. 백거이가 쓴 「장한가(長恨歌)」에는 당시의 상황이 이렇게 묘사되어 있다.

후궁에 미인이 삼천 명인데
삼천 명 총애가 한 몸에 있게 되어

금옥(金屋)에서 단장하고 교태 가득 밤새 모시니
옥루(玉樓) 잔치 끝나자 취기가 봄과 어우러졌네

형제자매 모두가 영지(領地)를 받아
부럽도다, 집안에 광채가 나는구나

마침내 천하의 부모들 마음에
아들보다 딸 낳기 중히 여겼네

後宮佳麗三千人　三千寵愛在一身
金屋妝成嬌侍夜　玉樓宴罷醉和春
姊妹弟兄皆列土　可憐光彩生門戶
遂令天下父母心　不重生男重生女

　현종은 양귀비를 궁중 도관의 여도사로 만든 지 2년 후부터 여산의 온
천궁을 대대적으로 확장하여 747년에는 부속 건물들을 완공하고 '화청
궁(華淸宮)'이라 명명했다. 그런 후에는 매년 10월부터 이듬해 2월 또는
4월까지 이곳에 거주하며 정무를 처리하고 외빈을 접견하여 '제2의 장
안'으로 불렸다. 당시의 화청궁은 넓이가 100만 평방미터로 지금 북경

자금성(紫禁城)의 두 배에 달했다고 한다. 그는 재위 기간 동안 44차례나 양귀비를 대동하고 화청궁에 행차했다고 한다.

안녹산의 반란과 양귀비의 최후

현종과 양귀비가 환락에 빠져 있는 동안 동북면의 범양 절도사(范陽節度使)로 있던 안녹산(安祿山, 703~757)이 야심을 품고 몰래 칼을 갈고 있었다. 그의 부친은 이란계 소그드인이고 모친은 돌궐족으로 당시 현종의 신임하에 동북면의 실력자로 군림하고 있었다. 그는 양귀비보다 16살이나 많았는데도 양귀비의 양아들이 되어 궁중을 드나들면서 차츰 양귀비와 연인 관계로 발전했다.

드디어 755년 11월에 안녹산은 간신 양국충을 징벌한다는 구실로 범양(지금의 북경 근처)에서 반란을 일으키고 장안으로 진격해오자 현종 일행은 이듬해 6월에 촉(蜀)으로의 피난길에 나섰다. 현종 일행이 장안에서 100여 리 떨어진 마외(馬嵬)에 이르렀을 때 호위하던 군사들이 양귀비 일족의 처벌을 강력히 주장하며 천자의 호위를 거부할 태세를 보였다. 이에 양국충 부자와 한국부인, 진국부인을 죽였다. 그래도 병사들의 불만이 가라앉지 않자 양귀비마저 교살(絞殺)하고 후에는 양국충의 처와 괵국부인 모자까지 죽였다. 이후 안녹산은 스스로 황제의 지위에까지 올랐지만 내부의 분열로 인해 757년 1월 아들 안경서(安慶緒)에 의해 피살된다.

안녹산이 피살된 직후 현종은 장안으로 귀환했지만, 그가 없는 동안 독단적으로 황제에 즉위한 아들 숙종(肅宗)에 의해 흥경궁에 유폐되어 쓸쓸한 나날을 보내다가 762년 78세를 일기로 세상을 떠났다.

현종과 양귀비의 전용 목욕탕

화청궁 앞 광장에는 세 개의 대형 조각상이 설치되어 있다. 하나는 양귀비가 춤을 추고 현종이 앉아서 이를 바라보는 조각이고(75면 사진), 다른 하나는 양귀비의 출욕(出浴) 장면이고, 또 하나는 양귀비와 현종이 손을 잡고 함께 춤추는 장면인데 모두 정교하게 만들어 놓았다. 화청궁은 1959년부터 대대적인 복원 작업을 벌였는데 이 과정에서 다량의 지하 유물과 건물 유지(遺址) 등이 발굴되었다. 1982년에는 다섯 개의 어탕(御湯, 임금의 온천탕) 유지가 발굴되었다.

귀비출욕상(貴妃出浴像)

82

화청궁에는 이를 '당 화청궁 어탕지박물관(唐華淸宮御湯池博物館)'으로 이름 붙여 전시하고 있다. 우리는 어탕지박물관을 먼저 찾았다. 다섯 개의 온천탕은 다음과 같다.

• 해당탕(海棠湯): 747년에 현종이 양귀비를 위해서 지어준 전용 목욕탕으로 부용탕(芙蓉湯)이라고도 한다. 해당탕 앞에 양귀비 조각상이 있는데 그녀가 갓 목욕하고 나온 모습으로 매우 선정적이어서 한때 사회적으로 논란이 되기도 했다는 얘기가 전한다.

• 연화탕(蓮花湯): 723년에 조성된 현종의 전용 목욕탕인데 수영도 할 수 있는 대형 탕지(湯池, 온천탕, 목욕탕)로 구룡탕(九龍湯)이라고도 한다. 『명황잡록(明皇雜錄)』에 이런 이야기가 전한다. 이 탕지를 만들 때 안녹산이 옥돌을 가져와 물고기, 용, 오리, 기러기를 조각하여 장식했다. 현종이 목욕을 하려고 탕으로 들어가니 이 물고기, 용, 오리, 기러기들이 일제히 뛰고 날아올라서 현종이 놀란 나머지 이들을 모두 철거하도록 명령했다고 한다.

• 성신탕(星辰湯): 당 태종 이세민의 전용 탕으로 화청궁 유지에서 발굴된 것 중 가장 이른 시기인 644년에 만들어졌으며 또 규모도 가장 크다. 태종 때는 그냥 온천탕으로 불렸는데 후에 현종이 성신탕으로 개명했다.

• 상식탕(尙食湯): 황제와 가까운 신하[近臣]나 음식의 범절을 맡은 상식궁의 관원들을 위한 욕탕으로 신분의 고하에 따라 두 부분으로 나뉘어 있다. 723년에 조성되었다.

양귀비 전용 목욕탕 '해당탕'

현종 전용 목욕탕 '연화탕'

• 태자탕(太子湯): 644년에 조성된 역대 황태자들의 전용 목욕탕이다.

어탕지박물관 앞에는 '당태종 온천명비(溫泉銘碑)'가 세워져 있다. 644년에 태종이 이곳에 탕천궁(湯泉宮)을 짓고 「온천명(溫泉銘)」을 지어 돌에 새기게 했으나 그후 없어졌다. 1900년 돈황(敦煌) 막고굴 장경동(藏經洞)에서 「온천명」의 탁본 비석이 발견되었고 이 탁본을 근거로 지금의 온천명비를 세운 것이다. 「온천명」은 행서(行書)로 된 비문의 시초이다. 이 탁본은 현재 프랑스의 파리 국립도서관이 소장하고 있다.

현종과 양귀비의 침전

비상전(飛霜殿)은 화청지 안에 있는 인공 호수인 구룡호(九龍湖) 북쪽에 위치한 건물로 당 현종과 양귀비의 침전이다. 1959년에 복원되었다. 겨울철에 온천 열기가 상승해서 처마 밑으로 날아가 엉겨서 서리가 되기 때문에 비상전이라 명명한 것이다. 비상전 양쪽에 침향전(沈香殿)과 의춘전(宜春殿)이 있다.

장생전(長生殿)은 일명 집령대(集靈臺) 또는 칠성전(七星殿)으로 불리던 곳으로 원래는 당 고조부터 예종까지의 여섯 황제와 노자(老子)의 신위(神位)를 모시고 제사 지내던 곳이다. 742년에 처음 건축되었으며 2005년에 중건되었다. 후에는 이 건물이 현종과 양귀비가 맹세를 한 곳으로 알려졌다. 즉 751년 칠석날 밤 두 사람은 여기서 사랑의 맹세를 했

다는 것이다. 백거이는 「장한가」에서 그 장면을 이렇게 노래했다.

칠월이라 칠석날 장생전에서

깊은 밤 아무도 없이 둘이서 속삭였죠

하늘에선 원컨대 비익조(比翼鳥) 되고요

땅에선 원컨대 연리지(連理枝) 되고 지고

七月七夕長生殿　　夜半無人私語時

在天願作比翼鳥　　在地願爲連理枝

민간 전설과 문학작품에서는 이렇게 현종과 양귀비가 칠석날 장생전에서 맹세를 한 것으로 되어 있지만 장생전의 용도로 봤을 때 이 맹세의 장소는 비상전일 가능성이 높다.

화청궁 곳곳에는 석류나무가 있고 꽃이 피어 있다. 어떤 석류나무는 아주 오래된 고목으로 고색창연한 자태가 볼만했다. 화청궁이 있는 서안의 임동(臨潼) 지역은 중국 석류의 본고장이다. 석류는 한나라 때 장건(張騫)이 서역으로부터 가져와서 장안의 상림원(上林苑)과 이곳 여산 밑에 심은 후에 전국에 퍼졌다. 그래서 석류꽃은 서안의 시화(市花)로 지정되었고 서안시에서는 매년 9월에 '임동 석류절' 행사를 치른다고 한다.

궁중 종합예술학교 이원(梨園)

화청궁 안에서 1955년에 당나라 때의 이원 유지(梨園遺址)가 발굴되었다. 이원은 당나라 때 음악, 무용, 희곡을 관장하던 궁중의 종합예술학교이다. 원래 궁중 음악을 관장하던 교방(敎坊)이라는 기구가 있었는데 현종이 궁중의 내교방(內敎坊)에 이원 교방(梨園敎坊)을 설치하여 본격적으로 음악과 무용을 관장케 했다. '이원(梨園)'은 궁중의 과수원이다. 대추나무가 있는 곳을 조원(棗園)이라 하고 복숭아나무가 있는 곳을 도원(桃園)이라 하듯 배나무가 많아서 이원이라 불렀는데 황실의 인물들과 궁중의 고위관리들이 이곳에 정자를 짓고 유락(遊樂)의 장소로 이용했다.

당 화청궁 이원유지박물관(梨園遺址博物館)　화청궁의 이원 옛터에 건립된 박물관이다. 이원은 당나라 때의 궁중 예술학교이자 음악의 성지였다.

여기에 세운 기관이기 때문에 그 명칭을 이원이라 부른 것이다.

현종은 음악에 조예가 깊은 탁월한 예술가여서 궁중 음악 학교격인 이원을 창설한 후 전국에서 악공들을 모집하여 이곳에서 직접 음악을 가르쳤다. 그래서 이원의 예인(藝人)들을 '이원 제자(梨園弟子)'라 불렀다. 현종은 직접 악기도 연주하고 작곡도 했는데 그가 작곡했다고 알려진 대표적인 작품이 예상우의곡(霓裳羽衣曲)이다. 그는 이 작품을 이원 제자들에게 가르쳐 연주하게 했고 후에는 양귀비의 무용을 가미한 가무곡(歌舞曲)으로 편성했다.

현종은 장안 궁중에 이원을 설치했을 뿐만 아니라 궁궐 밖에도 좌우 교방을 설치했는데 이를 '이원별교원(梨園別敎院)'이라 불렀고 또 낙양(洛陽)에도 두 개의 교방을 설치하여 이를 '이원신원(梨園新院)'이라 불렀다. 현종 때 장안 이원의 예인이 한때 10,000여 명에 달했을 만큼 전성기를 맞이했고 이귀년(李龜年), 뇌해청(雷海靑)과 같은 뛰어난 예인을 배출하여 이원은 당나라 음악 예술의 성지(聖地)로 불렸다.

현재 이원 유지(遺址)는 대명궁과 화청궁 두 곳에서만 발견되었다. 화청궁은 현종과 양귀비가 자주 왔던 곳이어서 이곳에 이원을 설치했을 가능성이 있었는데, 과연 이곳에서 이원의 건축 유지와 이원 제자들이 목욕하던 탕지(湯池) 등 대량의 이원 문물과 건축재료가 발굴되어 1988년에 박물관을 건립한 것이다. 박물관 입구에 '당 화청궁 이원유지 박물관(唐華淸宮梨園遺址博物館)'이란 현판이 걸려 있고 2층에는 '이원 조정(梨園祖庭)'이란 현판이 걸려 있다. 이곳이 이원의 원조라는 의미이다.

박물관에서는 역대 무용(舞俑, 춤추는 인형)들의 복제품, 관련 벽화, 여러 가지 조각품 등을 통해 당 현종과 양귀비 그리고 이귀년 등 이원 인물들의 고사(故事)를 전시하고 있다.

장개석을 감금시킨 서안사변의 현장

화청지 왼쪽에 오간청(五間廳)이 있다. 이 건물은 청나라 말에 지은 것인데 1900년 의화단(義和團)의 난을 평정한다는 구실로 일본, 미국, 영국, 독일을 비롯한 8개국 연합군이 북경에 진입했을 때 절대 권력자인 자희태후(慈禧太后, 서태후)가 서안으로 피난하여 이곳에 머문 것으로 유명하다. 이후 1934년에는 건물을 수리하여 고급 관리들의 휴양소로 이용되었다.

이 건물을 더욱 유명하게 만든 것은 '서안사변(西安事變)'이었다. 1936년 12월 12일 오간청에 머물고 있던 장개석(蔣介石)을 그의 부하인

오간청(五間廳)　1936년 서안사변이 일어난 역사적 현장이다. 당시 이곳에 머물고 있던 장개석을 그의 부하 장학량이 감금하고 '국민당과 공산당이 연합하여 항일투쟁을 한다'는 제2차 국공합작을 이끌어냈다.

동북군 사령관 장학량(張學良, 장쉐량)과 서북군 사령관 양호성(楊虎城, 양후청)이 유폐시켰다. 이 시기에 장개석은 '외적을 물리치기 위해서는 먼저 반드시 국내가 안정되어야 한다(攘外必先安內)'는 정책을 내세우며 일본과 싸우기보다는 국내 공산당과의 투쟁에 몰두하고 있었다. 이에 불만을 품은 장학량과 양호성이 이른바 '병간(兵諫)'을 일으킨 것이다. '병간'이란 말로 간(諫)하는 것이 아니라 무기(兵)로 간한다는 뜻이다. 이를 서안사변이라 부른다. 이 사건으로 '내전을 중단하고 국민당과 공산당이 연합하여 항일투쟁을 한다'는 제2차 국공합작을 이끌어내었다.

서안사변이 일어난 이후 국민당 고급 장교 호종남(胡宗南)이 오간청 뒤 여산 기슭에 이 사건을 기념하기 위해서 시멘트로 정자를 짓고 '총통몽난정(總統蒙難亭)’이라 명명했다. ‘총통이 어려움을 겪은 것을 기념하는 정자’라는 뜻이다. 후에는 명칭이 ‘민족부흥정(民族復興亭)’‘정기정(正氣亭)’으로 바뀌었는데 일반 백성들은 ‘착장정(捉蔣亭)’으로 불렀다고 한다. ‘장개석을 붙잡은 것을 기념하는 정자’라는 뜻이다. 그러다가 1986년에는 대만과의 양안관계(兩岸關係) 개선을 위해서 ‘병간정(兵諫亭)’으로 공식적으로 개명했다. 오간청 제3칸 장개석 판공실 유리창에는 총알 흔적이 지금도 남아 있다.

서안사변을 일으킨 장학량은 봉천(奉天) 군벌 장작림(張作霖, 장쭤린)의 아들로 원래는 장개석에 우호적인 인물이었다. 서안사변 이후 장개석은 유폐에서 풀려났고 장학량은 장개석에 의해서 가택에 연금되었다가 1946년에 대만으로 이송되어 역시 가택에 연금되었다. 장학량은 기나긴 가택 연금 끝에 장개석을 이어 대만 총통이 된 아들 장경국(藏經國, 장징궈)이 1988년에 사망하자 그 이듬해에 연금이 해제되었다. 이후 장학량은 1995년 하와이로 이주했다가 2001년에 하와이에서 101세로 사망했다. 그는 지금도 대륙에서 민족 영웅으로 추앙받고 있다.

대형 역사 무극
'장한가'

현종과 양귀비의 사랑을 재현하다
백거이 서사시 「장한가」

현종과 양귀비의 사랑을 재현하다

우리는 다음 행선지인 홍문연 유지와 진시황릉을 관람하고 다시 화청지 근처로 와서 저녁 식사를 하고 화청궁으로 들어가 대형 역사 무극(舞劇) '장한가(長恨歌)'를 관람했다. 이 글에서는 서술의 연결상 '장한가' 관람을 먼저 서술하고 다음에 홍문연 유지와 진시황릉을 서술한다. 저녁 식사 장소는 '서안반장(西安飯莊) 화청지 지점'이었는데 매우 큰 식당으로 방이 적어도 50개 이상 있는 것 같았다. 음식도 고급스럽고 맛있었다.

대형 역사 무극 '장한가'는 여산(驪山)을 배경으로, 구룡호(九龍湖)를 무대로 300여 명의 배우들이 약 1시간 동안 펼치는 화려한 공연이었다. 최첨단 기술을 사용하는 무극이라 구룡호 물밑에서 무대가 솟아오르는 등 볼거리가 많았다. 특히 배경이 되는 여산에는 1,800여 개의 등이 켜져

장관을 이루었다.

「장한가」는 중당(中唐)의 시인 백거이(白居易)가 806년에 쓴 장편 서사시로 현종과 양귀비의 세기적인 로맨스를 소재로 한 120구 640자에 달하는 대작이다. 내용은 두 사람이 처음 만난 후 양귀비가 현종의 총애를 받다가 안녹산의 반란으로 서촉(西蜀)으로 피난 가는 도중에 양귀비가 죽는 장면, 현종이 장안으로 돌아와서도 양귀비에 대한 그리움으로 잠 못 이루는 나날들, 그리고 한 도사가 신선이 된 양귀비를 만나 그녀의 말을 전해주는 장면 등으로 구성되어 있다.

무극(舞劇) '장한가'는 백거이의 작품을 다음과 같은 10개의 장면으로 나누어 공연하고 있다.

서막: 양씨 집안에 딸 있어 막 장성했네(楊家有女初長成)

1막: 하루아침에 뽑혀서 임금 곁에 있게 됐네(一朝選在君王側)

2막: 깊은 밤 아무도 없이 둘이서 속삭이네(夜半無人私語時)

3막: 쌀쌀한 봄날 화청지에서 목욕을 분부하네(春寒賜浴華淸池)

4막: 여산 궁궐 높은 곳이 구름 속에 들었네(驪宮高處入靑雲)

5막: 옥루 잔치 끝나자 봄과 취기 어우러졌네(玉樓宴罷醉和春)

6막: 신선 음악 바람 타고 곳곳에 들려오네(仙樂風飄處處聞)

7막: 어양의 북소리가 땅 흔들며 울려오네(漁陽鼙鼓動地來)

8막: 꽃 비녀 버려져도 거두는 사람 없네(花鈿委地無人收)

9막: 하늘 위 인간 세상 반드시 만나리라(天上人間會相見)

이상 10개의 제목은 모두 백거이의 「장한가」에서 그대로 따온 것이다. 이제 「장한가」 전문을 소개한다. 진한 글씨로 강조한 부분이 무극 '장한가'의 소제목(10개 장면)이다.

백거이 서사시 「장한가」

한황(漢皇)[1]은 여색을 중히 여겨 경국지색(傾國之色)[2] 바랐으나

천하를 다스린 지 여러 해 되도록 구하지 못했네

1 한황(漢皇): 여기에서는 당 현종을 가리킨다.
2 경국지색(傾國之色): 나라를 기울어지게 할 만큼 아름다운 절세의 미인.

서막의 한 장면_ 양씨 집안에 딸 있어 막 장성했네

漢皇重色思傾國 御宇多年求不得

양씨 집안에 딸 있어 막 장성했건만

깊은 규중에 자라서 아무도 몰랐는데

楊家有女初長成 養在深閨人未識

하늘이 낸 고운 바탕 버려지기 어려워

하루아침에 뽑혀서 임금 곁에 있게 됐네

天生麗質難自棄 一朝選在君王側

눈동자 굴려 한번 웃음, 온갖 교태 피어나니

육궁(六宮)[3]의 후궁들 광채를 잃었네

回眸一笑百媚生 六宮粉黛無顔色

쌀쌀한 봄날 화청지[4]에서 목욕을 분부하니

온천물 매끄러워 뽀얀 살결 씻어주네

春寒賜浴華清池 温泉水滑洗凝脂

시녀들 부축하니 나른한 모습 어여뻐

비로소 새로이 은총을 입은 때라

侍兒扶起嬌無力 始是新承恩澤時

구름 머리, 꽃 얼굴에 금보요(金步搖)[5] 꽂고

부용 장막 따뜻해 봄밤을 지새네

雲鬢花顔金步搖 芙蓉帳暖度春宵

봄밤이 너무 짧아 해 높아야 일어나니

이로부터 군왕은 일찍 조회에 나가지 않네

春宵苦短日高起 從此君王不早朝

3 육궁(六宮): 황후와 후궁들이 거처하는 여섯 궁전.
4 화청지(華清池): 여산의 온천궁인 화청궁을 말함. 이 책「로맨스와 역사의 현장, 여산 화청궁」참조.
5 금보요(金步搖): 여자의 머리나 화관에 꽂는 금으로 된 장식품. 걸을 때마다 흔들린다고 해서 '보요(步搖)'라 했음.

잔치 모시고 기쁨 드리느라 한가할 틈이 없고

봄에는 봄놀이 밤마다 독차지

承歡侍宴無閑暇 春從春游夜專夜

후궁에 미인이 삼천 명인데

삼천 명 총애가 한 몸에 있게 되어

後宮佳麗三千人 三千寵愛在一身

금옥(金屋)에서 단장하고 교태 가득 밤새 모시니

옥루(玉樓) 잔치 끝나자 봄과 취기 어우러졌네

金屋粧成嬌侍夜 玉樓宴罷醉和春

형제자매 모두가 영지(領地)를 받아

부럽도다, 집안에 광채가 나는구나

姊妹弟兄皆列土 可憐光彩生門戶

마침내 천하의 부모들 마음에

아들보다 딸 낳기 중히 여겼네

遂令天下父母心 不重生男重生女

여산(驪山) 궁궐[6] 높은 곳이 구름 속에 들었는데

신선 음악 바람 타고 곳곳에 들려오네

驪宮高處入靑雲 仙樂風飄處處聞

느린 노래 느린 춤이 사죽(絲竹)[7]에 엉겨

군왕은 종일 봐도 싫증 내지 않았다네

緩歌慢舞凝絲竹 盡日君王看不足

어양(漁陽)[8]의 북소리 땅 흔들며 울려와

놀라서 예상우의곡(霓裳羽衣曲)[9] 그치게 했네

漁陽鼙鼓動地來 驚破霓裳羽衣曲

구중궁궐 안에도 연기 먼지 피어올라

수많은 수레와 말 서남쪽으로 떠나는데

九重城闕煙塵生 千乘萬騎西南行

취화기(翠華旗)[10] 흔들흔들 가다가 멈추다가

6 여산 궁궐: 여산에 있는 화청궁을 말함.

7 사죽(絲竹): 줄 달린 현악기와 대나무로 만든 관악기를 총칭하는 말.

8 어양(漁陽): 지금의 북경과 천진 일대로 범양 절도사 안녹산의 관할 지역. '어양의 북소리'는 안녹산의 반란군이 진군해오는 소리를 말함.

9 예상우의곡(霓裳羽衣曲): 원래는 서역의 무곡(舞曲)이었는데 당나라에 전래된 후 현종이 윤색하고 가사를 지었다고 함.

10 취화기(翠華旗): 황제가 행차할 때 쓰는 의장기의 한 가지.

도성문 서쪽으로 백여 리 나갔을 때

翠華搖搖行復止 西出都門百餘里

육군(六軍)[11]이 출발 안 해 어쩔 수 없어

아름다운 여인이 말 앞에서 죽는구나

六軍不發無奈何 宛轉娥眉馬前死

꽃 비녀 버려져도 거두는 사람 없고

취교(翠翹), 금작(金雀), 옥소두(玉搔頭)[12]도 모두 버려졌다네

花鈿委地無人收 翠翹金雀玉搔頭

군왕은 얼굴 가리고 구할 수 없어

돌아보니 피와 눈물 섞여 흐르네

君王掩面救不得 回看血淚相和流

누런 티끌 자욱하고 바람은 쓸쓸한데

높게 얽힌 잔도(棧道) 따라 검각(劍閣)[13]을 오르네

黃埃散漫風蕭索 雲棧縈紆登劍閣

11 육군(六軍): 황제를 호위하는 상비군.
12 취교(翠翹), 금작(金雀), 옥소두(玉搔頭): 여인의 머리 장식물.
13 검각(劍閣): 사천성 검각현에 있는 관문(關門)으로 촉(蜀)으로 들어가는 길목.

아미산(峨嵋山) 아래는 다니는 사람 적고

깃발엔 빛이 없고 햇빛도 엷었네

峨嵋山下少人行　旌旗無光日色薄

촉강(蜀江) 물 푸르고 촉산(蜀山)도 푸른데

아침마다 저녁마다 성주(聖主)의 그리는 정

蜀江水碧蜀山青　聖主朝朝暮暮情

행궁(行宮)에서 달을 보면 맘 상하는 달빛이요

밤비 속 방울 소리 애끊는 소리네

行宮見月傷心色　夜雨聞鈴腸斷聲

천하 정세 바뀌어 황제 수레 돌아올 때

이곳에 이르러선 머뭇머뭇 못 떠나네

天旋地轉廻龍馭　到此躊躇不能去

마외언덕(馬嵬坡)[14] 밑 진흙 속에

옥 같은 얼굴 보이지 않고 죽은 곳만 휑하구나

馬嵬坡下泥土中　不見玉顔空死處

---

14 마외파(馬嵬坡): 섬서성 흥평현(興平縣)에 있는 언덕. 당 현종이 양귀비와 함께 촉
(蜀)으로 피난 가다 이곳에서 양귀비와 그 일족이 죽임을 당함.

임금 신하 서로 보며 눈물 옷깃 적시고

동쪽으로 도성문 바라보며 말에 맡겨 돌아왔네

君臣相顧盡沾衣　東望都門信馬歸

돌아오니 연못 정원 모두가 그대로라

태액지(太液池)[15]엔 연꽃이요 미앙궁(未央宮)[16]엔 버들인데

歸來池苑皆依舊　太液芙蓉未央柳

연꽃은 얼굴 같고 버들은 눈썹 같아

이를 보고 어찌 눈물 아니 흘리리

芙蓉如面柳如眉　對此如何不淚垂

복사꽃 오얏꽃 봄바람에 피는 날

가을비에 오동잎 떨어지는 때

春風桃李花開日　秋雨梧桐葉落時

서궁(西宮)과 남내(南內)[17]엔 가을 풀 많아

섬돌 가득 붉은 낙엽 쓸지도 않았네

15 태액지(太液池): 당나라 황궁인 대명궁에 있던 호수로, 현종과 양귀비가 자주 찾
　던 곳.
16 미앙궁(未央宮): 장안의 서쪽에 있던 한나라의 황궁.
17 서궁(西宮), 남내(南內): 당나라 황궁으로 서궁은 태극궁, 남내는 흥경궁을 말함.

西宮南內多秋草　落葉滿階紅不掃

이원(梨園)[18]의 제자들은 백발이 새로 났고

초방(椒房)[19]의 젊던 궁녀도 늙어버렸네

梨園弟子白髮新　椒房阿監青娥老

저녁 궁전에 반딧불 나니 그리움에 쓸쓸해져

등잔 심지 다 타도록 잠 못 이루네

夕殿螢飛思悄然　孤燈挑盡未成眠

종소리 더뎌라, 처음 맞는 긴긴 밤

희미한 은하수 새벽 되려 하는구나

遲遲鐘鼓初長夜　耿耿星河欲曙天

원앙 기와 차갑고 서리꽃 무거운데

싸늘한 비취 이불 뉘와 함께 덮을까

鴛鴦瓦冷霜華重　翡翠衾寒誰與共

살고 죽어 이별한 지 한 해가 지났건만

18 이원(梨園): 당나라의 궁중 종합예술학교. 현종은 이원의 악공들을 '제자(弟子)'
　라 불렀다.
19 초방(椒房): 황후나 후궁의 거처.

혼백이 한 번도 꿈에 들지 않았네

悠悠生死別經年 魂魄不曾來入夢

임공(臨邛) 땅 도사(道士)로 장안 사는 나그네가

정성(精誠)으로 혼백을 불러올 수 있다 하는데

臨邛道士鴻都客 能以精誠致魂魄

잠 못 이루는 군왕의 그리움에 감동하여

방사(方士)[20]에게 은근히 찾도록 하여

爲感君王展轉思 遂敎方士殷勤覓

공중으로 기운 몰아 번개처럼 달려서

하늘 위 땅속으로 두루두루 찾았네

排空馭氣奔如電 升天入地求之遍

위로는 하늘 끝까지 아래로는 황천(黃泉)까지

두 곳 다 아득하여 보이지 않았는데

上窮碧落下黃泉 兩處茫茫皆不見

문득 들으니 바다 위에 신선 사는 산이 있어

20 방사(方士): 신선의 술법을 닦는 사람.

산은 허공 속 아득한 곳에 있다 하네

忽聞海上有仙山 山在虛無縹緲間

누각은 영롱하여 오색구름 일어나

그중에 아름다운 선녀들 많은데

樓閣玲瓏五雲起 其中綽約多仙子

그 가운데 한 사람, 자(字)가 태진(太眞)[21]이라

눈 같은 피부, 꽃 같은 모습 거의 비슷하다네

中有一人字太眞 雪膚花貌參差是

황금 대궐 서쪽 행랑 옥문(玉門)을 두드려

소옥(小玉)으로 하여금 쌍성(雙成)[22]에게 전하게 하니

金闕西廂叩玉扃 轉敎小玉報雙成

한(漢)나라 천자의 사신 왔단 말을 듣고

구화장(九華帳)[23] 안에서 잠자다 놀라 깨어

聞道漢家天子使 九華帳裏夢魂驚

21 태진(太眞): 양귀비가 도교에 입문하여 받은 도호(道號).
22 소옥(小玉), 쌍성(雙成): 소옥은 오(吳)나라 부차(夫差)의 딸, 쌍성은 신화에 나오
   는 여신 서왕모(西王母)의 시녀. 여기서는 신선이 된 양귀비의 시녀를 가리킴.
23 구화장(九華帳): 여러 가지 꽃무늬를 수놓은 아름다운 장막(帳幕).

옷 잡고 베개 밀치고 일어나 서성이니

주렴과 은병풍이 연달아 열리면서

攬衣推枕起徘徊　珠箔銀屛迤邐開

구름 머리 비스듬히 갓 잠에서 깨어난 듯

화관(花冠)도 매만지지 못하고 마루에서 내려오네

雲鬢半偏新睡覺　花冠不整下堂來

바람이 소매 불어 팔랑팔랑 나부끼니

예상우의무(霓裳羽衣舞)를 추는 듯하고

風吹仙袂飄飄擧　猶似霓裳羽衣舞

옥 같은 얼굴 쓸쓸하여 눈물 줄줄 흘리니

배꽃 한 가지가 봄비에 젖은 듯

玉容寂寞淚闌干　梨花一枝春帶雨

정 머금고 쳐다보며 군왕에게 사례하길

"한 번 이별한 후 소식도 모습도 아득하여

含情凝睇謝君王　一別音容兩渺茫

소양전(昭陽殿)²⁴ 안의 은혜와 사랑 끊어지고

봉래궁(蓬萊宮)25 속 세월은 길었습니다

昭陽殿裏恩愛絶 蓬萊宮中日月長

고개 돌려 아래로 인간 세상 내려다보니

장안은 보이지 않고 티끌 안개만 보였어요

回頭下望人寰處 不見長安見塵霧

오직 옛 물건으로 깊은 정 표하리니

자개 상자 금비녀를 부쳐 드리옵니다

唯將舊物表深情 鈿合金釵寄將去

비녀 한 가락, 상자 한 쪽을 남겨두오니

황금 비녀 쪼개고 상자의 자개 나누었소

釵留一股合一扇 釵擘黃金合分鈿

황금처럼 자개처럼 마음 굳게 가진다면

하늘 위(에서든) **인간 세상**(에서든) **반드시 만나리라**"

但敎心似金鈿堅 天上人間會相見

24 소양전(昭陽殿): 원래는 한(漢)나라 성제(成帝)의 비(妃)인 조비연(趙飛燕)의 처
소인데 여기서는 양귀비가 생전에 머물렀던 궁을 가리킴
25 봉래궁(蓬萊宮): 신선이 된 양귀비가 지금 머물고 있는 곳.

헤어질 때 은근히 거듭 말을 전하는데

말 가운데 두 사람만 아는 맹세 있었네

臨別殷勤重寄詞 詞中有誓兩心知

"칠월이라 칠석날 장생전(長生殿)[26]에서

깊은 밤 아무도 없이 둘이서 속삭였죠

七月七日長生殿 夜半無人私語時

하늘에선 원컨대 비익조(比翼鳥)[27] 되고요

26 장생전(長生殿): 여산 화청지에 지은 이궁(離宮)으로, 현종과 양귀비가 사랑을 맹
   세했던 곳으로 전해짐.

땅에선 원컨대 연리지(連理枝)[28] 되고 지고"

在天願作比翼鳥　在地願爲連理枝

장구(長久)한 하늘과 땅은 다할 때가 있겠지만

이 한은 이어져 끊길 날이 없으리라

天長地久有時盡　此恨綿綿無絶期

27 비익조(比翼鳥): 암수가 날개 하나씩만 있어서 한 쌍이 날개를 나란히 해야 날 수
　있다는 전설상의 새.
28 연리지(連理枝): 뿌리가 다른 두 나무의 가지가 연결되어 하나로 된 것. 비익조와
　연리지는 화목한 부부 또는 남녀 사이를 비유하여 이르는 말.

현종과 양귀비 부조상　대당 부용원의 당시협(唐詩峽, 이 책 176~177면 참조)에 있는 조각으로, 바위에는 백거이의 「장한가」 전문이 새겨져 있고 그 옆에 당 현종과 양귀비의 다정한 모습이 부조되어 있다.

초한전쟁의 서막을 연 홍문연

　화청지 관람을 마치고 근처의 식당 '한희한찬청(韓喜韓餐廳)'에서 점심을 먹었다. 삼겹살과 김치찌개가 나오는 한식당인데 그저 그런 식당이었다. 점심 식사 후에 우리는 홍문연(鴻門宴) 유지(遺址)로 향했다. 홍문은 지금의 서안시 임동구(臨潼區) 신풍가(新豐街)에 있었던 지명으로 '홍문연'은 이곳에서 항우(項羽)가 유방(劉邦)에게 베푼 연회를 가리킨다. 이 연회가 역사적으로 왜 중요한지, 이 사실이 기록된 사마천(司馬遷)의 『사기(史記)』「항우 본기(項羽本紀)」의 내용을 살펴본다.

항우와 유방의 싸움, 그 서막

때는 기원전 207년, 진(秦)나라의 폭정이 심해지자 수많은 의병들이

항우(왼쪽)와 유방(오른쪽) 초상

일어나 진의 타도에 나섰다. 이중 항우와 유방이 선두 그룹을 형성했는데 이들은 기원전 207년 11월에 초 회왕(楚懷王) 면전에서 '먼저 진(秦)을 격파하고 함곡관(函谷關)에 들어가는 자가 왕이 된다'는 맹세를 했다. 여기서 함곡관은 섬서성, 하남성, 산서성 3개 성의 교계처(交界處, 경계가 만나는 지점)에 위치해 있어서 중원으로 나아가는 관중(關中) 지역의 가장 중요한 관문(關門)이자, 이곳에 먼저 진입하는 자가 천하의 주도권을 잡는다고 할 만큼 중요한 군사 요충지이다. 이에 항우는 북쪽으로 가서 진군(秦軍)과 싸워 9전 9승을 거두고 기원전 206년 11월에는 40만 대군을 이끌고 홍문(鴻門, 지금 서안시 동북쪽)에 주둔하고 있었다. 이에 앞서 유방은 남쪽으로 진격해서 어렵지 않게 진나라 수도 함양(咸陽)을 점령하고

3D로 재현한 함곡관 관중 지역의 가장 중요한 관문이자, 이곳에 먼저 진입하는 자가 천하의 주도권을 잡는다고 할 만큼 중요한 군사 요충지이다.

진나라의 마지막 황제 자영(子嬰)의 항복을 받아낸다. 그리고 유방은 함곡관에 군사를 보내 그곳을 지키게 하는 한편 10만의 군사를 패상(霸上, 지금 서안시의 동남쪽)에 주둔시키고 있었다.

이때 유방의 부하 좌사마(左司馬) 조무상(曹無傷)이 항우에게 사람을 보내어 "지금 패공(沛公, 유방)은 관중의 왕이 되려고 자영을 재상으로 삼았습니다"라 거짓 제보를 했다. 항우와 유방의 싸움에서 항우가 이길 것에 대비해서 미리 보험을 들어둔 것이다. 말하자면 이중 플레이를 한 셈이다. 이 말을 들은 항우는 불같이 화를 내며 다음 날 당장 유방을 격파하라고 명령한다. '먼저 함곡관에 들어가는 자가 왕이 된다'고 한 맹세를 따른다면 응당 유방이 왕이 되어야 하지만 군사상 절대적 우위를 점하고 있었던 항우는 이를 용납하지 않은 것이다.

이 일련의 사태를 지켜본 항우의 책사(策士) 범증(范增)은 이번 기회에 유방을 제거해야겠다고 결심하고 이튿날 홍문에서 연회를 베풀어 유방을 불러낸 후 죽이자고 항우에게 권고한다. 항우의 삼촌 항백(項伯)이 이를 알고는 밤에 몰래 유방의 책사인 장량(張良)에게 가서 이 사실을 알린다. 예전에 장량이 항백의 목숨을 구해준 일로 인해서 두 사람은 각별한 사이였기 때문이다. 이 자리에서 항백은 유방에게 항우를 찾아뵙고 깊이 사죄하라고 권고하고 유방은 이를 받아들인다. 군사적인 싸움에서 항우를 이기지 못하리라는 것을 유방이 너무 잘 알고 있었기 때문이다. 한편 항백은 돌아와서 항우에게 유방을 해치는 것이 도리에 맞지 않다는 것을 설득시키고 항우도 이를 받아들여 마음속으로는 유방을 죽이는 계획을 거두었다. 굳이 유방을 죽이지 않더라도 사실상 유방은 자신의

홍문연박물관의 '홍문연' 전시실 초한쟁패 시기 항우와 유방이 진나라의 수도 함양 근처의 '홍문'에서 가진 역사적인 연회 장면을 보여주는 곳이다.

적수가 되지 못한다고 생각하기도 했다.

이튿날 유방은 장량, 번쾌(樊噲) 등 100여 명의 부하를 대동하고 항우에게 나아가 몸을 굽혀 사죄했다. 그리고 항우는 면담이 끝나고 돌아가려는 유방을 붙들어 연회를 벌인다. 유방을 제거하려는 생각을 포기하지 않은 항우의 책사 범증은 연회에서 여러 차례 항우에게 눈짓을 보내어 유방을 죽이라는 신호를 하지만 항우는 결단을 내리지 못하고 머뭇거린다. 이를 본 범증은 주흥(酒興)을 돕는다는 명목으로 항장(項莊)으로 하여금 칼춤을 추게 한다. 칼춤을 추는 도중에 유방을 죽이려는 계획이었다. 이를 간파한 항백이 나와서 같이 칼춤을 추면서 유방을 보호했다.

사태가 위급하다고 느낀 유방의 책사 장량은 번쾌를 불러들여 항우와 대화를 하도록 해놓고는 그 틈을 타서 유방이 화장실에 간다는 구실로 연회장을 빠져나와 자기 진영으로 도망가도록 했다.

후에 유방이 어디 갔느냐는 항우의 질문에 장량이 "술을 이기지 못하여 먼저 돌아갔습니다"라 답하자 항우는 이를 덤덤히 받아들였지만 범증은 대세가 이미 어긋났음을 직감하고 장량을 통해 전달받은 유방의 선물인 옥술잔을 칼로 부수면서 "어린애와는 대사를 도모할 수 없도다. 항왕(항우)의 천하를 빼앗을 자는 반드시 패공(沛公, 유방)일 것이다. 우리는 이제 그들의 포로가 될 것이다"라 탄식했다고 한다. 여기서 '어린애'는 항우를 가리킨다. 이 홍문에서의 연회는 이후 본격적으로 벌어지는 초한전쟁(楚漢戰爭)의 서막이라 볼 수 있다.

홍문연 이후의 항우와 유방

홍문에서의 연회가 끝난 이후 항우는 함양으로 진격해서 진시황이 지은 호화로운 궁전 아방궁(阿房宮)을 불태우고 이미 항복한 마지막 황제 자영(子嬰)을 죽였다. 기원전 205년에는 초나라 회왕(懷王)을 살해한 후 항우는 서초(西楚)를 건국하고 천하의 일인자로 등극한다. 한편, 유방은 파촉(巴蜀, 지금의 사천성 일대) 지역의 제후국 한(漢) 왕으로 봉해져 그곳에서 전열을 정비하며 세력을 넓혀간다. 당시의 형세는 여전히 항우와 유방으로 양분되어 각축을 벌이고 있었는데 양쪽의 전투에서는 항우의 일방적 승리로 끝나는 경우가 많았다. 이렇게 승승장구하던 항우도 딱 한

번 '해하(垓下)의 전투'(기원전 202년, 초한전쟁의 마지막 결전)에서 패하면서
천하를 유방에게 물려주게 된다. 홍문연에서의 범증의 예언이 적중한
것이다. 해하의 성안에서 밤에 사면초가(四面楚歌), 즉 한나라 군사에 의
해 포위되어 사방에서 들려오는 초나라 노랫소리를 듣고 사태가 어긋난
것을 직감한 항우는 슬프고도 비분강개한 노래를 불렀다.

　　힘은 산을 뽑을 만하고 기세는 세상을 덮을 만하건만
　　시운이 불리하여 추(騅)가 나아가지 않는구나

　　추가 나아가지 않으니 어찌해야 하나
　　우(虞)여, 우여, 그대를 어쩐단 말이냐

　　力拔山兮氣蓋世　時不利兮騅不逝
　　騅不逝兮可奈何　虞兮虞兮奈若何

　「해하가(垓下歌)」라는 제목으로 전하는 시이다. '추(騅)'는 항우가 타
던 말로 이름을 오추(烏騅)라고 한다. '우(虞)'는 전장에서 함께 다니던 항
우의 애첩으로 이름이 우희(虞姬)이다. 이 노래를 들은 우희는 다음과 같
은 답가를 부르고 자결한다.「화항왕가(和項王歌)」란 제목으로 전한다.

　　한(漢)나라 병사 이미 영토를 침략하여
　　사방에 초(楚)나라 노랫소리만

죽은 우희를 안고 내려다보는 항우   홍문연박물관의 '초한쟁패' 전시실에 '패왕별희(霸王別姬)'란 팻말이 붙은 동상으로, 오강(烏江)을 배경으로 '패왕(항우)'이 우희를 작별하는 모습을 형상화한 것이다.

대왕의 의기(意氣)가 다하신다면
천한 첩이 어찌 살기를 바라리오

漢兵已略地　四方楚歌聲
大王意氣盡　賤妾何聊生

우희를 떠나보낸 항우는 유방의 군사를 상대로 고군분투하다가 오강 (烏江)에서 스스로 목숨을 끊었다. 향년 31세. 훗날, 홍문연에서 유방을 죽일 기회를 놓친 후 우희가 자결하고 항우도 싸움에 패하여 몰락한 과정을 읊은 영사시(詠史詩)가 있으니 「우미인초(虞美人草)」다. 우희가 죽은 후 그녀의 무덤에 피어난 꽃을 우미인초라 불렀다.

> 홍문의 옥술잔 눈가루처럼 깨어지고
> 십만의 항병(降兵)[1]은 피 흘리고 죽었네
>
> 함양궁 석달이나 붉게 타올랐으니
> 항우의 패업(霸業)도 연기 따라 사라져
>
> 굳센 자는 죽기 마련, 어진 자가 왕 되는 법
> 음릉(陰陵)에서 길 잃은 건 하늘의 뜻이 아니었네[2]
>
> 만인 상대 병법을 배웠던 영웅이
> 미인을 잃었다고 어찌 그리 슬퍼했나

1 항병(降兵): (초나라의) 항복한 병사.
2 항우가 해하의 전투에서 패하고 유방의 군사들에 의해 추격당하던 중 음릉(陰陵) 땅에서 길을 잃어 진퇴양난의 형세에 처했을 때 그는 말하기를 "우리는 지금까지 한 번도 싸움에 진 적이 없고 천하의 패자로 군림해왔다. 지금 우리가 이런 곤궁에 빠진 것은, 하늘이 나를 망하게 하려 하기 때문이지 우리가 싸움에 약하기 때문이 아니다"(사마천 『사기(史記)』「항우본기(項羽本紀)」)라 했다. 즉 항우는 전투에 패한 것을 자신의 탓으로 돌리지 않고 하늘의 탓으로 돌렸는데, 「우미인초」의 작자는 패전의 원인이 하늘의 뜻이 아니라 항우의 잘못 때문이라 말한 것이다. 즉 굳세기만 하고 어질지 못했기 때문이란 것이다.

삼군(三軍)³이 흩어지고 깃발이 꺾이니

휘장 안 미인은 앉은 채 늙어버려

향기로운 혼, 밤중에 칼빛 따라 날아가니

푸른 피가 변해서 언덕의 풀이 되어

꽃다운 그 마음, 찬 가지에 깃들었나

옛 곡조 들려오면 눈썹을 찡그리듯

슬픔과 원망 속에 이리저리 흔들리며

말없이 수심에 잠긴 모습이

초나라 노래를 처음 듣던 때와 같네

도도한 물결은 예나 지금이나 흐르고 흘러

흥하고 망한 한나라 초나라, 모두가 언덕의 흙이 되어

당시의 옛일들, 사라진 지 오래인데

슬퍼하며 술통 앞에서 누굴 위해 춤추는가

鴻門玉斗紛如雪　　十萬降兵夜流血

3 삼군(三軍): 초나라의 정예부대를 말함. 보통 전군(前軍), 중군(中軍), 후군(後軍) 혹은 좌군, 중군, 우군 등으로 이루어짐.

咸陽宮殿三月紅　霸業已隨烟燼滅

剛强必死仁義王　陰陵失道非天亡

英雄本學萬人敵　何須屑屑悲紅粧

三軍散盡旌旗倒　玉帳佳人坐中老

香魂夜逐劍光飛　清血化爲原上土

芳心寂寞寄寒枝　舊曲聞來似斂眉

哀怨徘徊愁不語　恰如初聽楚歌時

滔滔逝水流今古　漢楚興亡兩丘土

當年遺事久成空　慷慨樽前爲誰舞

이 시는 『고문진보(古文眞寶)』에 송나라 증공(曾鞏)의 작품으로 실려 있는데 작자에 대해서는 이설(異說)이 많다.

홍문연박물관

홍문연 유지(遺址)는 1985년에 대외에 개방한 이래 2009년에 중수하여 '홍문판(鴻門坂)박물관'으로 개명했다가 2011년에 다시 '홍문연박물관'으로 이름을 바꾸었다. 그리고 2018년에 대대적으로 중수하여 오늘에 이르고 있다.

박물관을 들어서면 조그마한 비석이 보이는데 앞면에는 '홍문연(鴻門宴)'이라 쓰여 있고 뒷면에는 '홍문일연 천추전기(鴻門一宴 千秋轉機)'라

박물관 마당에 세워진 홍문연 참석 인물 동상

새겨져 있다. '홍문의 한 번 연회가 천년의 역사를 바꾸는 전기가 되었다'는 뜻이다. 만약 홍문의 연회 때 항우가 유방을 죽였더라면 중국의 역사가 바뀌었을 것이다. 그만큼 홍문연은 중국 역사에서 중요한 사건이었다. 홍문연에서 위기를 모면한 유방은 중국 역사에서 천하를 통일한 최초의 평민 출신의 황제가 되었다.

또 박물관 마당에는 연회에 참석했던 인물들의 동상이 세워져 있다. 중간에 '공원전 206년 12월 서초 패왕 항우 연회 유방 처'(公元前二0六年十二月 西楚霸王項羽宴會劉邦處)라 새겨진 비석 양쪽으로 오른쪽에는 유방·조무상·하후영(夏侯嬰)·장량·번쾌, 왼쪽에는 항우·범증·항백·항장·진평의 동상이 서 있다. 그리고 이 동상들 앞에는 사마천『사기』의 「항우

연회장에서 **칼춤을 추는 항장**(項莊)**과 항백**(項伯) 홍문연박물관의 '홍문연' 전시실에 밀랍 인형으로 재현해놓은 것이다.

본기」중 홍문연 관련 대목이 검은 오석(烏石)에 새겨져 있다.

박물관에는 3개의 전시실이 있는데 각각 '초한교웅(楚漢驕雄, 초한의 씩씩한 영웅들)' '홍문연' '초한쟁패(楚漢爭霸, 초한의 패권 전쟁)'라 쓰인 현판이 달려 있다. 그중 '홍문연' 전시실에 항우가 베푼 연회 장면이 재현되어 있다. 항우와 범증 그리고 유방과 장량 등이 앉아 있고 그 앞에서 칼춤을 추는 항장과 항백의 모습을 밀랍 인형으로 보여주고 있다. 그 밖의 전시실에서는 항우와 유방의 일생과 기원전 209년에서 기원전 195년까지의 역사를 도표로 보여주고 항우와 유방의 청소년 시절 고사도 함께 전시되어 있다. 기타 이 지역에서 출토된 검(劍), 동경(銅鏡), 한(漢)나라 때의 와당(瓦當, 기와의 마구리), 도자기 등이 전시되고 있다.

전고대(戰鼓臺)　'한 고조 유방의 북'과 '초 패왕 항우의 북'이다.

'초한쟁패' 전시실 한 곳에는 죽은 우희를 안고 내려다보는 항우의 모습을 형상화한 동상이 놓여 있다(117면 사진). 오강(烏江)을 배경으로 설치된 동상에는 '패왕별희(霸王別姬)'란 팻말이 붙어 있다. '패왕(항우)이 우희를 작별한다'는 뜻이다. 「패왕별희」는 1918년에 초연(初演)된 중국 경극(京劇)의 제목인데 작자는 미상이다. 또 1993년에 제작된 중국 영화감독 진개가(陳凱歌, 천카이거)의 동명(同名)의 영화로도 유명하다. 장국영과 공리가 주연한 이 영화는 1993년 제46회 칸영화제 황금종려상을 받았다.

박물관 야외에는 전고대(戰鼓臺)를 설치해놓았다. '전고'는 전쟁에서 쓰는 북인데 전투에서 군사를 진격시킬 때 북을 치게 되어 있다. 여기에는 직경 2미터에 달하는 커다란 북 두 개가 걸려 있다. 하나는 '고조고(高祖鼓, 한 고조 유방의 북)'이고 다른 하나는 '패왕고(霸王鼓, 초 패왕 항우의 북)'

이다. 이 박물관의 이색적인 전시물 중의 하나는 '한대 측소 유지(漢代厠所遺址)'이다. '측소'는 화장실이다. 연회 때 유방이 화장실에 간다는 구실로 빠져나와 위기를 모면했다고 해서 그 당시의 화장실이 있었던 곳으로 추정되는 장소에 강화 유리를 덮어 이를 기념하고 있다.

박물관의 비림(碑林)에는 항우의 「해하가(垓下歌)」, 우희의 「화항왕가(和項王歌)」, 유방의 「대풍가(大風歌)」를 비롯해서 전인(前人)들이 남겨놓은 시문을 새긴 비석들이 있다.

거대한 지하 궁전 진시황제릉

다음 행선지는 홍문연 유지에서 멀지 않은 진시황(秦始皇) 무덤 유적이다. 현재 이곳의 공식 명칭은 '진시황제릉 박물원(秦始皇帝陵博物院)'이다. 진시황의 거대한 무덤을 비롯해 병마용(兵馬俑), 동거마(銅車馬), 백희용(百戱俑) 등 볼거리가 즐비한 대규모 유적 박물관으로 조성되어 있다.

천하를 통일한 시황제

우선 진시황에 대해서 알아본다. 진시황(기원전 259~기원전 210)의 성(姓)은 영(嬴), 이름은 정(政)으로, 부친은 훗날 장양왕(莊襄王)이 되는 이인(異人)이고 모친은 조희(趙姬)이다. 그는 부친이 조(趙)나라의 인질로

진시황 초상

있을 때 수도 한단(邯鄲)에서 태어났다. 기원전 251년 부친 이인이 진(秦)의 태자로 봉해지자 그는 부모와 함께 귀국한다. 이후 기원전 247년에 장양왕이 사망하자 그는 13세의 나이로 왕으로 즉위하고 기원전 239년에는 주변의 인적관계를 정리하고 몸소 친정(親政)에 나선다.

그는 이른바 '전국칠웅(戰國七雄)'의 일원으로 나머지 6국(연燕, 초楚, 조趙, 위魏, 한韓, 제齊)을 차례로 멸했는데 기원전 221년(39세)에 마지막으로 제(齊)를 멸함으로써 천하를 통일하여 중국 최초의 통일국가를 이룩하고 수도를 서안 바로 옆의 함양(咸陽)에 세운다. 그런 후 종전에 죽은 왕에게 내리던 시호(諡號) 제도를 없애고 자신을 '황제(皇帝)'라 칭했다. '자신의 덕(德)은 삼황(三皇, 중국 고대 전설에 나오는 세 명의 임금)을 겸하고, 자신의 공(功)은 오제(五帝, 중국 고대 전설상의 다섯 성군)를 능가한다'고 해서 삼황의 '황(皇)' 자와 오제의 '제(帝)' 자를 따서 '황제'라 명명한 것이다. 그리고 황제 스스로 '짐(朕)'으로 불렀다.

하늘을 찌를 듯한 기세로 그는 말했다. "짐은 이제 시황제(始皇帝, 최초의 황제)가 된다. 짐 이후부터 수를 세어 2세, 3세, 만세(萬世)까지 무궁

126

하게 황제의 자리를 전할 것이다." 이후에 '만세'라는 용어는 후대에 황
제의 만수무강을 기원하는 전용어로 사용되었다. 그러나 그의 희망대
로 진나라는 만세까지 전해지지 못하고 2세 때 멸망하고 말지만 '황제'
'짐' '만세' 등의 제도는 이후에도 계속해서 사용되었다. '만세(萬世)'는
후대에 '만세(萬歲)'로 글자를 바꾸어 사용하기도 했다.

진시황은 사상가이자 정치가인 이사(李斯)를 등용해서 여러 가지 개
혁적인 정책을 펼치고 많은 업적을 남겼다. 그는 야심적으로 전국을 순
행(巡幸)하며 국정을 직접 챙겼는데 만년에는 불로장생의 유혹에 빠져
불사약(不死藥)을 구하다가 기원전 210년 5차 순행 도중 지금의 하북성
사구(沙丘)에서 마지막 숨을 거두었다. 향년 50세.

진시황의 공적과 과오

먼저 그의 업적을 간추려본다.

첫째, 군현제(郡縣制)를 실시했다. 전국을 36개의 군(郡)으로 편성하고
여기에 중앙 정부에서 임명한 지방관을 파견하여 다스리게 함으로써 혈
연관계를 기반으로 한 종래의 종법제(宗法制, 맏아들인 적장자를 중심으로 가
계를 계승하고 제사를 지내도록 하는 친족법 제도), 분봉제(分封制, 임금이 친족이
나 공신들에게 토지를 나누어 주고 그곳의 제후로 봉하는 제도)를 폐지했다. 이 군
현제는 이후 2000여 년간 이어진 중국 정치제도의 기초를 마련했다.

둘째, 영토를 확장했다. 북으로 흉노를 정벌하고 남으로 백월(百越, 장

강 이남에서 베트남 북부에 이르는 지역)을 정벌하고 서남 지방을 개척했다.

셋째, 화폐를 통일했다. 종래 6국(한, 조, 위, 연, 초, 제)에서 사용하던 각기 다른 형태, 크기, 무게의 화폐를 통일하여 금과 동(銅)으로 새로운 화폐를 만들어 통용시켰다. 또한 개인이 화폐를 사사로이 주조한 사주(私鑄)를 엄금했다.

넷째, 도량형을 통일했다. 6국에서 각기 다르게 사용하던 길이와 부피를 재는 단위인 도량형을 통일하여 계산 방법, 계량 단위 등을 표준화했다.

다섯째, 교통망을 확충했다. 수도 함양(咸陽)을 중심으로 사면팔방으로 50보 넓이의 도로를 개통했는데 이를 '치도(馳道)'라 한다. 또한 세계 최초의 운하라 할 수 있는 '영거(靈渠)'를 개통시켜 물류를 원활하게 했다.

여섯째, 수레 바퀴 간격을 통일했다(車同軌). 수레 좌우 두 바퀴 사이의 간격을 일정하게 하여 어느 도로에서도 통행할 수 있게 했다.

일곱째, 문자를 통일해서 쓰게 했다(書同文). 종전에 사용하던 문자인 대전체(大篆體)를 개량하여 승상 이사(李斯)로 하여금 소전(小篆)을 만들게 하여 관방문자(官方文字, 공용문자)로 사용케 하고, 기타 음과 뜻은 같으나 모양이 다른 이체자(異體字)를 폐지함으로써 전국의 문자를 통일했다.

여덟째, 행동하는 데 있어서 윤리를 동일하게 적용했다(行同倫). 전 국민에게 통일된 도덕과 행위 규범을 따르도록 했다.

이상과 같은 업적을 남긴 반면에 그는 호화로운 궁전 아방궁(阿房宮)

을 짓고 여산(驪山)에 대규모로 자신의 능을 조성했으며, 만리장성을 축조하면서 백성들을 고통 속으로 몰아넣었고, 분서갱유(焚書坑儒)의 만행을 저지르기도 했다. 이로 인하여 진시황에 대한 후대의 평가는 대체로 부정적이었지만 현대에 와서 그는 새롭게 조명되고 있다. 모택동은 그를 이렇게 평가했다.

진시황은 공자보다 위대한 점이 많다. 공자는 공허한 말을 강론했지만 진시황은 중국을 통일시킨 인물이다. 정치적으로 중국을 통일시켰을 뿐만 아니라 중국의 문자, 도량형과 같은 중국의 각종 제도를 통일했다. 이 중 어떤 제도는 후대에까지 이어졌다.

진시황릉 유지 공원

진시황제릉 박물원은 크게 중앙의 '진시황릉 유지 공원', 그 오른쪽의 '진시황 병마용(兵馬俑)박물관', 유지 공원 왼쪽의 '진시황 동거마(銅車馬)박물관' '백희용(百戲俑)박물관'으로 구성되어 있다. 병마용은 '세계 8대 불가사의'로 불리는 진시황의 지하 군단이고, 동거마는 진시황이 순행할 때 타고 다니던 마차인데 '청동지관(靑桐之冠, 청동기의 으뜸)'으로 불릴 만큼 귀중한 유물이다. 백희용은 궁중의 오락경기를 수행한 배우들의 도용(陶俑)이다. 도용은 인물이나 동물의 모습을 흙으로 빚은 부장품 인형이다.

진시황릉 유지 공원 진시황 묘역과 그 주위의 녹지로 구성되었고, 공원 내에서는 셔틀버스가 운행된다.

유지 공원은 진시황 묘역과 그 주위에 나무와 화초를 심은 3.2제곱킬로미터의 녹지로 구성되어 있는데 이를 '여산원(驪山園)'으로 부르기도 한다. 진시황릉은 시황제가 13세에 즉위하던 해(기원전 247년)에 공사를 시작해서 그가 죽은 후인 기원전 208년까지 39년 동안 조성되었다. 6국(한, 조, 위, 연, 초, 제)을 통일하기 전에는 여불위(呂不韋)가 주관했고 통일 후에는 승상 이사(李斯)가 공사를 총괄한 것으로 보인다. 이 공사에 동원된 인원이 가장 많았을 때는 72만 명에 달했다고 한다.

진시황 묘역은 '죽은 자 섬기기를 산 자 섬기듯 한다'는 원칙 아래, 죽어서도 살아 있을 때와 같이 생활할 수 있도록 그가 평소 거처했던 진나라의 정궁인 함양궁을 본떠서 조성되었다. 전체적인 구도는 외성(外城)과 내성(內城)으로 되어 있고 내성의 남쪽에 시황제의 봉분(封墳)이 있다. 외성은 남북의 길이가 2,165미터, 동서의 길이가 940미터, 둘레가 6,210미터이다. 내성은 남북의 길이가 1,355미터, 동서가 580미터, 둘레가 3,870미터이다.

지하 궁전 진시황릉

진시황릉 봉분의 높이는 완공되었을 당시에 115미터였다고 하나 비바람에 침식되어 지금은 47.6미터 정도로 남아 있다. 무덤의 깊이는 지상으로부터 24미터 또는 50미터로 분명하지 않다. 2002년에 실시한 비파괴 탐사 결과에 의하면 무덤의 내부 공간은 동서 170미터, 남북 145미터의 장방형(長方形)이고 그 중앙에 묘실이 있는데 동서 약 80미터, 남북 약 50미터, 높이 약 15미터이다. 이 지하 궁전의 구조와 형태에 대해서는 여러 기록이 있는데 그중에서 사마천의 『사기(史記)』「진시황 본기(秦始皇本紀)」의 기록이 가장 믿을 만하다고 평가된다.

진시황이 처음 즉위했을 때 여산(酈山)에 무덤을 조성했다. 천하를 통일했을 때 전국에서 이송되어온 죄인 70여만 명을 시켜 지하수를 세 번 지날 만큼 땅을 파고 구리 물을 부어 외관(外棺)에 이르게 했으며 (모형으로 만든) 궁관(宮觀), 백관(百官), 기기(奇器), 진괴(珍怪)들을 운반해다가 그 안에 가득 보관했다. 장인(匠人)으로 하여금 자동으로 화살이 발사되는 쇠뇌(활)와 화살을 만들게 하여 무덤을 파서 접근하는 자가 있으면 그를 쏘게 했으며, 수은으로 온갖 하천과 강 그리고 바다를 만들고 기계로 수은을 흐르게 했다. 위로는 천문(天文)을 갖추고 아래로는 지리(地理)를 구비했으며, 인어(人魚)의 기름으로 초를 만들어 오랫동안 꺼지지 않도록 했다. (…) 매장이 끝나자 어떤 사람이 말하기를 공장(工匠)들이 기계를 만들었으니 (그 일에 참여한) 노예들이 모두 알고 있을 터이고 노예들이 많아서 누설될 것이라 했다. 그래서 장례식이 끝나고 부장품이 매장되자 묘도의 가운데 문을 폐쇄하고 또 묘도의 바깥문을 내려 장인과 노예들을 다 가두어버리니 다시 빠져나오는 자가 없었다. (묘지 바깥에) 풀과 나무를 심어 산과 같도록 했다.

이밖에도 진시황릉에 대해서는 『한서(漢書)』「유향전(劉向傳)」, 역도원(酈道元)의 『수경주(水經注)』「위수(渭水)」, 『삼진기(三秦記)』 등의 기록이 있으나 『사기』의 기록이 가장 신빙성이 있다는 것이 후대의 평가이다. 사마천의 부친 사마담(司馬談)이 한(漢)나라의 태사령(太史令)을 지내면서 진(秦)나라가 보관하고 있었던 도서와 문서를 보았을 가능성이 있는데 그중에 진시황릉 건축의 장정(章程, 시공을 위한 설계도면)도 보았을 것이라는 추측이 가능하고 사마천은 아버지의 유지를 이어받아 『사기』를 저술했으므로 그의 기록을 믿을 만하다고 여긴 것이다.

그러나 아직 황릉이 발굴되지 않았기 때문에 황릉의 확실한 규모는 어디까지나 추측일 뿐이다. 그런 가운데 1981년과 1982년에 황릉의 수은 함량을 측정한 결과 봉토 이외의 지역에서는 수은 함량이 35ppb로 나왔는데 봉토 중심의 수은 함량은 70~140ppb였고 함량이 가장 높은 곳은 280ppb까지 측정되었다. 이로 보면 "수은으로 온갖 하천과 강 그리고 바다를 만들고 기계로 수은을 흐르게 했다"는 『사기』의 기록은 믿을 만하다고 하겠다.

'항우가 진시황릉에 들어가 그 궁실과 조형물을 불태우니 뒤를 따르는 이들이 그 나머지를 모두 발굴했다'는 『한서』의 기록이나, '항우가 진시황릉을 발굴하여 30만 명이 30일 동안 보물을 운반했는데도 끝이 없었다'는 『수경주』의 기록은 여러 가지 정황으로 보아 신빙성이 없는 것으로 판명되었다. 『한서』와 『수경주』는 『사기』의 기록을 바탕으로 민간에 전해오는 이야기를 덧붙여 과장한 것으로 보인다는 것이 학계의 견해이다.

진시황릉의 지상 건축물

진시황릉 유지 공원인 여산원(驪山園)에는 진시황의 무덤 이외에 여러 개의 지상 건축물과 각종 지하 갱(坑)이 널리 분포되어 있다. 지상 건축물의 대부분은 일찍이 항우에 의해 불타 없어졌고 지하 갱의 유물들도 세월이 흐름에 따라 훼손되거나 없어졌다. 그중에서 깨어진 기왓장이나 파손된 기물 조각 등을 통하여 확인 가능한 몇몇 건조물을 살펴본다.

• 침전(寢殿)과 편전(便殿): 침전은 묘주(墓主)의 영혼이 생활하는 공간이고 편전은 묘주의 휴식처이다. 1976~1977년에 내성의 무덤 북쪽에서 발굴된 건물 유지로 남북 약 750미터, 동서 약 250미터에 달하는 거대하고 화려한 건물로 추정된다.

• 사관(飤官): 사관은 황제에게 음식을 제공하는 관서로 1982년 내성과 외성 사이 서쪽 편에서 발굴된 것이다. 발견된 도자기 뚜껑에 '여산사관(驪山飤官)'이란 글자가 있어 이곳이 주방임을 알 수 있다. '사(飤, 먹이다)'는 '飼' '食'과 음과 뜻이 같은 글자이다. 여기에서 거대한 저장실과 우물 터가 발견되었고 기타 등잔, 칼, 촛대 등의 유물도 발굴되었다. 살아 있을 때와 마찬가지로 이곳에서 때맞춰 황제에게 음식을 올렸을 것으로 추정된다.

• 원사이사(園寺吏舍): '여산원 마을 관리들의 관사'를 가리킨다. 여기서 '사(寺)'는 마을 또는 관아(官衙)라는 뜻이다. 이곳은 무덤을 관리하고 때맞춰 제사를 올리는 일을 맡은 관리들이 거주하던 장소이다. 내성과 외성 사이 서쪽과 북쪽에 있었는데 이곳에서 항아리 사발 등의 도자기 생활용품과 삽 등의 생산용구가 발견되었다.

• 여읍(麗邑): 여읍은 황릉 북쪽 3킬로미터에 있었던 곳으로 황릉을 건설할 당시에는 지휘부가 있었고 건설이 끝난 후에는 황릉에서 필요한 물품을 공급하던 상설기구였다. 진시황은 죽기 전인 기원전 231년에 여읍을 설치했고 기원전 212년에는 3만 가구를 이곳에 이주시켰다. 한 가구를 5인으로 계산할 때 이곳에 15만 명이 거주한 셈이다. 근년에는 이

곳에서 '여읍 9승(麗邑九斤)' '여읍 2승반(麗邑二斤半)' 등의 글자가 쓰인 용기가 발견되었는데 계량(計量)하는 주방 용기로 보인다.

진시황릉의 배장갱과 배장묘

배장갱(陪葬坑)은 사람이나 동물 또는 물품을 죽은 자와 함께 매장한 구덩이를 말한다. 진시황 능원 내에서 77개, 능원 밖에서 104개의 지하 배장갱이 발견되었다. 이 중 중요한 몇 곳을 살펴본다.

• 동거마갱(銅車馬坑): 동거마갱에 관해서는 뒤에서 별도의 항목에서 서술한다.

• 백희용갱(百戱俑坑): 궁중 오락경기를 하는 이들의 도용(陶俑)이 묻힌 갱(구덩이)이다. 1999년에 내성과 외성 사이 동남쪽에서 11건의 특이한 도용이 발굴되었는데 지금까지 진릉(秦陵) 지구에서 발견된 적이 없는 도용이다. 연구 결과 이들은 진(秦)나라 때의 궁중 오락경기, 즉 백희(百戱)를 하는 자들의 도용으로 추측되었다. 백희는 원래 군대의 무술 훈련용이었으나 전국 시대 말기에 이르면 궁중 오락의 한 종목으로 정착했고 이후 민간 잡기(雜技)로 발전했다. 그리고 여기서 무게 212킬로그램의 동정(銅鼎, 구리로 만든 솥)도 함께 발굴되었는데 이것도 백희 종목의 하나인 '강정(扛鼎, 무거운 솥을 들어 올리는 경기)' 때 사용했던 것으로 추정된다. 백희용갱에서는 현재 30여 건이 발굴되었다. 2011년에 '백희용갱 박물관'이 건립되었다.

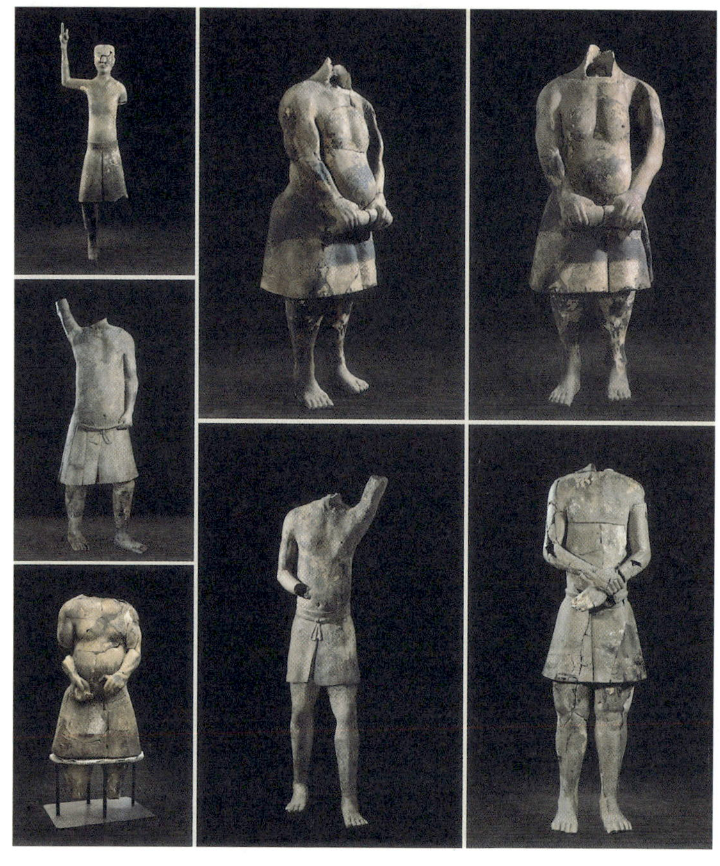

백희용(百戲俑) 궁중에서 오락경기를 하는 배우(무희, 광대 등)들의 다양한 자세를 묘사한 도자기 인형이다. 백희는 군사 훈련에서 유래되어 전국시대 말기에 궁중 오락경기로 정착되었고 이후 민간 잡기로 발전했다.

• 진금이수갱(珍禽異獸坑): 새와 짐승들이 묻힌 갱이다. 고대 제왕들은 도성 또는 그 부근에 황제 전용의 정원을 대규모로 조성하여 진귀한 새(珍禽)나 특이한 짐승(異獸)을 기르고 사냥도 했는데 진나라와 한나라 때

의 상림원(上林苑)이 그것이다. 진시황은 죽어서도 생시와 같은 환경을 만들고자 궁중에서 기르던 새와 짐승을 무덤 곁에 생매장했다. 1977년에 여산원 내성 서문 밖에서 이들 새와 짐승을 묻은 지하 갱 17곳을 발견했다. 또 이곳에서 14개의 기좌용(跽坐俑, 무릎 꿇고 앉은 인형)과 도자기 항아리, 관(棺) 등이 발견되었는데 관에는 짐승의 뼈가 들어 있었다. 기좌용은 새와 짐승을 사육하는 자들이고, 항아리는 먹이를 주는 도구로 추정된다.

• 문관용갱(文官俑坑): 문관 차림을 한 도용(陶俑)이 묻힌 갱이다. 2000년 진시황 봉토 남쪽 20미터에서 발굴된 면적 144평방미터의 배장갱이다. 여기서 12개의 도용이 발굴되었는데 이 중 8개는 병마용의 도용과 완전히 다르다. 즉 이들은 머리에 관을 썼고 몸에는 긴 옷을 입고 허리에는 혁대를 둘렀다. 그리고 오른쪽 혁대 부근에 작은 칼과 숫돌이 매달려 있었는데 칼은 글씨를 쓰는 대나무를 쪼개는 데 사용되었을 것으로 추정된다. 이로 보아 이들은 조정의 중앙 관서에 소속된 문관으로 추정된다. 또 여기에서 다수의 말이 발굴된 점을 들어 이곳을 마구갱(馬廐坑)으로 보는 견해도 있다. 이렇게

문관 차림을 한 문관용(文官俑)

돌로 만든 갑옷 석개갑(石鎧甲)

보면 관을 쓴 도용들은 말을 관리하는 관리가 된다. 이 문관용 갱은 화재로 피해를 본 흔적이 없다.

• 석개갑갱(石鎧甲坑): 돌로 만든 갑옷과 투구 등 군복(軍服)이 묻힌 갱이다. 1997년에 내성과 외성 사이 동남쪽에서 발굴된 군복 창고 같은 곳으로 면적이 14.5평방킬로미터나 된다. 현재 발굴 정리된 것은 10퍼센트 정도이다. 여기에서 돌조각을 청동 실로 꿰어서 만든 군복이 발굴되었는데 돌 갑옷이 87벌, 돌 투구가 43개, 돌로 만든 말 갑옷이 한 벌 등이다. 이 유물은 사서(史書) 어디에도 기록되지 않은 것으로 갑옷과 투구 한 벌에 사용된 청석(靑石)이 800여 개나 된다고 한다. 이들 갑옷과 투구는 너무 무거워 실제로 착용하지는 않은 것으로 보인다. 다만 진나라 군대의 장비를 과시하기 위하여 진시황의 무덤에 일종의 예기(禮器, 각종 의례에 사용한 물품)로 묻은 것으로 추정되지만 그 정확한 착용에 관해서는 앞으로의 연구 과제로 남아 있다.

• 청동수금갱(靑銅水禽坑): 청동으로 만든 물새들이 묻힌 갱이다. 2001년에서 2003년에 걸쳐 외성 밖 동북 900미터 지점에서 발굴된 것으로 여기에 청동 학 1마리, 백조 14마리, 기러기 16마리가 있었다. 모두 실물 크기

인데 어떤 것은 먹이를 찾
고, 어떤 것은 휴식을 취
하는 등 동작이 제각각이
다. 청동 학은 부리에 청
동으로 만든 조그마한 벌
레를 물고 있는 형상이다.
또 이 갱에서는 15개의 대
형 도자기 인형이 출토되
었는데 이미 수리가 끝난
인형의 모습과 동작으로
미루어 볼 때 이들은 악기

조그마한 먹이를 물고 있는 청동 학(靑銅鶴)

를 연주하는 악인(樂人)으로 추정되었다. 이들은 악기를 연주하여 물새
들을 훈련했던 것으로 추정된다.

　• 배장묘(陪葬墓): 여산원에서 지금까지 112기의 배장묘가 확인되었
다. '배장'이란 제왕의 종실(宗室)이나 대신(大臣)이 죽은 후 그들을 제왕
의 무덤 부근에 매장하는 것을 말한다. 그러므로 여산원의 배장묘에는
진시황의 왕자, 공주, 후궁 등이 매장되었을 것으로 추정된다. 또 외성 서
쪽에서는 황릉을 조성하는 데 동원된 죄수들의 무덤이 발견되었다. 여
기서 출토된 일부의 도자기, 기와, 벽돌 등에는 징발된 죄수들의 출신지
와 이름이 새겨져 있다.

동거마박물관

동거마(銅車馬, 청동 마차)는 1980년에 진시황릉 서쪽 20미터 지점의 한 배장갱에서 발굴되었다. 발굴된 동거마는 두 대인데 2호는 1983년에 복원하여 일반에 공개되었고 1호는 1987년에 일반에 공개되었다. 이렇게 복원된 동거마는 실물 크기의 절반 정도로 원래는 병마용 경내의 '동거마 전청(銅車馬展廳)'에 전시되었다가 2021년에 진시황릉 유지 공원에 별도의 '동거마박물관'을 지어 이곳으로 옮겨 전시하고 있다.

마차는 두 대인데 각각의 마차를 4마리의 말이 끌고 있다. 1호 마차는 마차 행렬의 선도차로 마부와 탑승자가 서 있는 '입거(立車)'이다. 2호 마차는 지붕과 난간, 창문, 문짝이 있는 큰 규모로 전실과 후실로 구성되어 전실엔 마부가 앉아서 몰고 후실은 넓어서 탑승자가 누울 수도 있도록 만들어졌다. 2호 마차를 '안거(安車)'라 부른다. 이 두 대의 마차는 진시황이 전국을 순행할 때 일행이 타고 다녔던 것으로 추정되는데 발굴된 2호 마차가 진시황이 탔던 마차인지의 여부는 확실하지 않다. 『사기』에 의하면 진시황이 순행할 때 탔던 마차는 6마리의 말이 끄는 것으로 기록되어 있기 때문이다.

동거마 두 대의 무게는 2.3톤이고 부속품은 7,000여 개나 된다. 부속품이 많은 만큼 구조도 복잡하고 각 부속품을 이어주는 용접 기술 또한 정밀하다. 그뿐만 아니라 절묘한 공예 조형과 야금(冶金) 주조 기술로 세인의 감탄을 자아내게 한다. 마차의 각 부분에 화려한 무늬를 그려 넣어 훌륭한 예술품으로도 손색 없게 제조했으며 말의 형상과 장식도 극히 세

동거마(銅車馬)　진시황이 전국을 순행할 때 타고 다녔을 것으로 추정되는 마차이다. 1호차는 마차 행렬의 선도차이고, 2호차에는 탑승자가 누울 만한 넓은 후실이 있다.

밀하고 아름답게 만들었다. 마부의 표정, 옷 주름, 고삐를 잡은 손가락 등도 섬세하고 생동감 있게 표현했다.

　강택민(江澤民, 장쩌민) 주석은 동거마를 보고 "기계와 공예와 야금과 회화가 융합한" 걸작이라고 말했다. 실로 이 동거마는 예술 가치와 과학 기술 가치가 결합한 진(秦)나라 시대의 물질문화와 정신문화의 결정체라 할 수 있다. 이전까지는 진나라 시대의 문화예술과 과학기술 발전의 실상을 몰랐는데 동거마의 발굴로 이를 알게 되었다. 그런 의미에서 동거마는 지금까지 출토된 어떤 청동기에도 비할 바 없는 '청동기의 으뜸'으로 평가받고 있다.

병마용박물관

우리는 동거마박물관과 백희용박물관을 관람한 후 셔틀버스를 타고 병마용박물관으로 향했다. 진시황릉 유지 공원 안에서는 셔틀버스를 타고 이동하도록 되어 있다. 오후 4시 조금 넘어서 도착하니 관람객들이 거의 빠져나가는 시간대라 비교적 한가했다. 이곳을 여러 번 와봤지만 이렇게 붐비지 않는 경우는 처음이었다. 이곳은 항상 사람들로 인산인해를 이루었던 것이다.

프랑스의 시라크(Jacques Chirac) 대통령이 '세계 제8대 기적'이라 말한 '병마용(兵馬俑)'은 진시황릉으로부터 동쪽으로 약 1킬로미터 떨어진 곳에 있다. 병마용은 흙으로 빚은 병사와 말 모양의 인형을 말한다. 1974년 섬서성 임동현(臨潼縣) 서양촌(西楊村)의 한 농민이 감나무밭에서 우물을 파던 중에 도자기 파편을 발견하면서 세상에 알려지게 되었다. 국가 문물국은 '진시황릉 진용갱(秦俑坑) 고고(考古) 발굴대'를 조직하여 1년 후에 1호 갱을 발굴하고 1976년 5월에는 1호 갱의 동북쪽 20미터 지점에서 2호 갱을 발굴했다. 곧이어 1호 갱의 서북쪽 25미터 지점에서 3호 갱을 발굴한 후 4호 갱을 이어서 발굴했다. 그리고 1979년 10월 1일에 '진시황 병마용박물관'을 개관하여 일반에 공개했는데 개관 1년 만에 내국인 1,200만 명, 외국인 5만 명이 관람했다고 한다.

병마용은 수도 외곽에 주둔하며 황제를 지키는 숙위군(宿衛軍)으로 우리나라의 수도방위사령부와 같은 군단이다. 이 숙위군은 좌군(左軍), 우군(右軍), 중군(中軍)과 지휘부로 구성되는데 병마용 1호 갱이 우군, 2호

병마용 1호 갱(부분) 병마용은 수도 외곽에 주둔하며 황제를 지키는 숙위군으로 우리나라의 수도방위사령부와 같은 군단이다. 축구장 2개의 크기인 1호 갱에는 6,000명의 병사와 200필의 준마, 45대의 전차가 배치되어 있다.

궤사용(跪射俑) 앉아서 활을 쏘는 자세를 취하고 있는 병사의 모습을 형상화한 도용이다.

갱이 좌군, 3호 갱이 지휘부, 4호 갱이 중군에 해당되는 것으로 추정하고 있다.

병마용 1호 갱은 동서의 길이가 230미터, 남북이 62미터, 넓이가 14,260평방미터의 장방형(長方形)으로 축구장 2개의 크기다. 동쪽 끝에 3열 횡대의 병사들이 서 있는데 1열에 68명씩이다. 이들이 1호 갱의 전위부대인 셈이다. 그리고 남쪽과 북쪽 끝에 바깥을 향하여 1열의 병사들이 배치되어 있는데 이들은 외부의 침입을 감시하는 것으로 보인다. 3열 횡대의 병사들 뒤로 10개의 담장이 있고 담장과 담장 사이에 병사들이 동쪽을 향하여 서 있다. 1호 갱에는 6,000명의 병사들과 200필의 말, 그리고 45대의 전차가 배치되어 있다. 이로 보아 이들은 보병부대와 전차 군단인 것으로 보인다.

1호 갱의 뒷부분은 병마용을 복원하는 작업장이다. 흩어져 있는 병마용 조각들을 일일이 맞추어 복원하는 곳이다. 여기서 복원이 끝나면 앞쪽으로 보내어 진열하게 된다. 가이드의 말에 의하면 병마용을 완전히 다 발굴하고 복원해서 정비하려면 700년이 걸린다고 한다. 정말 700년이나 걸릴지 어떨지는 모르지만 조각난 파편들을 복원하는 작업에 엄청난 시간이 소요될 것임은 확실하다.

144

안마기병용(鞍馬騎兵俑) 안장을 얹은 말의 고삐를 꽉 움켜쥐고 서 있는 기병의 모습을 형상화한 도용이다. 위엄 있는 기병의 자세와 민첩하고 강인해 보이는 군마의 모습이 실물처럼 다가온다.

병마용 2호 갱은 1호 갱의 반 정도의 크기인데 이곳의 병사들은 전차병(戰車兵)과 기병(騎兵)과 보병의 혼합군으로 구성되었다. 보병은 궁노병(弓弩兵)으로 활을 쏘는 병사들이다. 여기에서 89대의 전차, 2,000여 건의 도용(陶俑)과 도마(陶馬) 그리고 4만여 건의 청동 병기가 발굴되었다. 또한 100여 건의 쇠뇌가 발굴되었는데 쇠뇌는 기록에만 있었지 그 실물이 알려지지 않는 무기였는데 여기서 처음으로 그 모습을 드러내어 쇠뇌 연구의 좋은 자료가 된다.

2호 갱에서 발굴된 도용(陶俑) 중 중요한 것들을 지상의 유리관에 보관하여 일반에 공개하고 있다. 그중 궤사용(跪射俑)은 중무장한 보병이 앉아서 활을 쏘는 모습이고, 속칭 장군용(將軍俑)으로 불리는 '고급 군리용(軍吏俑)’과 ‘중급 군리용’은 서 있는 자세이다. 그 밖에 말고삐를 잡고 서 있는 안마기병용(鞍馬騎兵俑)과 서서 활을 쏘는 모습의 입사용(立射俑) 등이 있다.

병마용 3호 갱은 凹형으로 2호 갱의 20분의 1 크기인데 지하 군단의 총지휘부로 보인다. 여기서 64명의 병사용(兵士俑)이 발굴되었지만 보존 상태가 좋지 않아서 병사들과 말들의 머리가 훼손된 상태이다. 병마용 4호 갱은 2, 3호 갱의 중간에 있는데 미완성 갱으로 여기에서는 아무것도 발견되지 않았다. 아마 진나라 말의 농민 반란군의 침입으로 공사가 중단되었기 때문인 것으로 보인다. 2호 갱을 나오면 지상에 ‘병마용 4호 갱 유지’라고 쓰인 게 보이는데 여기가 4호 갱이 있던 곳인 듯싶다.

개성 넘치는 병마용 병사들

병마용갱에서 발굴된 병사들의 도용은 평균 신장이 1.8미터가량이고 군복과 갑옷을 입었으며 머리에는 두건을 쓰거나 상투를 튼 모습이다. 손에는 대부분 활, 창, 칼 등의 병기를 들고 있다. 무게는 하나가 200킬로그램이나 된다. 이들 병사들은 소년에서 노인까지 다양한 연령대의 인물이고, 뚱뚱한 병사도 있고 마른 병사도 있으며, 얼굴 표정과 생김새도 제각각이어서 문자 그대로 ‘천인 천면(千人千面)’의 모습을 하고 있다.

병사들이 이렇게 다양한 모습을 지니고 있는 것은, 제작자의 상상에 의하여 도용을 만든 것이 아니라 실제 인물을 모델로 해서 제작했기 때

얼굴 표정과 머리 모양이 각기 다른 '천인천면(千人千面)'의 병사들

문이라는 분석이 있다. 진나라가 6국을 통일한 후 전국적으로 징병제를 실시하여 중국 각 지방으로부터 다양한 민족의 병사들을 징발했기 때문이라는 것이다. 다양한 지방의 다양한 민족으로 구성된 실제 병사들을 모델로 삼아 도용을 제작했을 것이란 추측이다.

실제로 8,000여 개 도용의 얼굴 모양은 중국의 전통적 8종 얼굴 모형을 모두 포괄하고 있다. 8종의 얼굴 모형은 목자형(目字形), 국자형(國字形), 용자형(用字形), 갑자형(甲字形), 전자형(田字形), 신자형(申字形), 유자형(由字形) 그리고 단형(蛋形)인데, 병마용의 병사들은 목자, 갑자, 국자형의 모형이 가장 많았고 신자, 유자형이 가장 적었다. 이는 현재 중국인의 얼굴 모형 분포와 비슷하다고 한다.

또 이 병사들은 같은 장소의 같은 군진(軍陣)에서 엄격한 규율의 속박을 받으며 서 있는데도 각각 표정과 풍채가 달라 각기 다른 개성을 표현하고 있다. 눈썹이 짙기도 하고 옅기도 하며, 눈동자가 크기도 하고 작기도 하며, 정면을 바라보기도 하고 측면을 바라보기도 하며, 입술이 아래로 처지기도 하고 위로 말리기도 하며, 코가 높기도 하고 낮기도 하였다. 이 모든 것이 병사들 각각의 개성과 희로애락을 표현하고 있다.

그뿐만 아니라 머리 모양도 제각각이다. 두건을 쓰거나 상투를 틀었는데 곱게 빗어서 묶은 상투의 모양이 다양하다. 물결 모양도 있고 나선형도 있으며, 높이 솟은 상투도 있고 아래도 처진 상투도 있으며, 왼쪽으로 혹은 오른쪽으로 기울어진 상투도 있다. 수염의 모양도 가지가지이다. 윗입술의 팔자 수염, 아랫입술의 산양 수염(山羊鬚), 뺨의 구레나룻 등인데, 어떤 것은 꼬부랑 수염이고 어떤 것은 직선형이며 어떤 것은 길

148

고 어떤 것은 짧으며 어떤 것은 숱
이 짙고 어떤 것은 옅어서 실로 다
양하게 개성을 나타내고 있다. 병
사들이 입고 있는 옷도 계급과 군
종(軍種)에 따라 각기 다른 복장과
모자, 두건을 착용하고 있다.

병사들의 복장 색깔도 다양하
다. 병마용의 도용들은 발굴 당시
공기와 접촉하면서 색깔이 거의
없어졌지만 희미하게 남아 있는
색채와 근년에 출토되어 보존 상

얼굴이 녹색인 녹면용(綠面俑)

태가 비교적 양호한 도용의 색채로 추정할 때 도용들은 원래 화려하게
채색되어 있었던 것으로 보인다. 이 도용들의 채색으로 미루어 보면 진
나라 사람들이 가장 좋아한 색깔은 녹색, 홍색, 자색, 남색이었다는 것을
알 수 있다.

도용의 얼굴도 원래 옅은 분홍색으로 채색되어 있었는데 지금은 색깔
이 모두 날아가버렸다. 그중 1999년 2호 갱에서 '녹면용(綠面俑)'이 출토
되어 화제가 되었다. 녹면용은 얼굴이 녹색인 도용인데 적색인 입술과
흑색인 머리칼, 수염, 눈동자만 빼고 나머지 얼굴 부분은 전부 녹색이다.
이것은 병마용의 다른 도용과는 얼굴 색깔이 전혀 다르다. 앞서 언급한
궤사용(跪射俑), 즉 앉아서 활 쏘는 자세를 취하고 있는 이 도용의 안색이
왜 초록색인지는 정확히 밝혀지지 않았다. 추측하기로는 녹색이 상대방

에게 위협감을 주기 위한 호신용(護身用) 색깔이라는 것이다.

도용의 소성(燒成) 기술도 놀랍다. 도용은 진흙으로 만들어 불에 구운 후에 완성되는데 그렇게 크고 많은 도용을 불에 굽는 일이 간단치 않았을 것이다. 1980년경에 어떤 도예가가 병마용 크기의 도용 하나를 만들어 불에 굽는 데 3개월이 걸렸다고 한다. 그러니 8,000여 개나 되는 도용을 만들고 굽는 데 얼마나 많은 인력과 시간이 걸렸는지 짐작할 만하다. 더구나 말의 도용은 굽기가 훨씬 더 어려웠을 것이다.

찬란한 청동기 문화

병마용갱에서는 칼, 창, 화살 등의 청동 병기 수십만 건이 출토되어 세인을 놀라게 했다. 1호 갱의 진흙 속에서 처음 발견된 청동검(靑銅劍)은 도용에 눌려 굽어 있었는데 도용을 치우자 바로 곧은 상태로 회복되었다고 한다. 이렇게 신축성을 가진 것은 검의 재료가 동(銅) 76.3퍼센트, 주석 21.38퍼센트, 아연 2.18퍼센트 및 기타 미량의 희귀 금속으로 구성되었기 때문이라는 것이 분석가들의 연구 결과이다. 또 흙을 닦아내자 반짝반짝 광채가 났다. 그렇게 오랫동안 흙 속에 묻혀 있으면서도 광채를 잃지 않은 것은 크로마이징(chromizing)이라는 산화 처리 방식으로 칼 표면에 10~15밀리미터의 크롬 화합물 산화층이 덮여 있어서 녹스는 것을 방지했기 때문이다. 이 기술은 독일이 1937년에, 미국은 1950년에야 발명한 것이다. 이렇게 볼 때 병마용갱의 청동검은 세계 야금사(冶金史)

의 기적이라 할 만하다.

병마용갱에서는 모두 24개의 청동검이 출토되었는데 2천여 년이 지난 지금도 여전히 날카롭다. 1호 갱에서 청동검이 출토되었을 때 종이 19장을 쌓아놓고 검으로 베니 단번에 잘렸다고 한다. 과연 진나라 사람들의 기술이 놀랍기만 하다.

청동 병기들은 각 부품들이 표준화되어 있어 부품 교환과 수리가 용이하고 또 대규모 생산이 가능하다. 표준화된 부품 제작은 수공(手工)으로는 불가능한 것이어서 기계가 사용되었을 가능성이 크다. 1982년 영국의 한 전문가는 "세계의 표준화는 중국 진나라에서 발원되었다"고 말한 바 있다.

청동검

병마용갱에서 발굴된 것은 아니지만 진시황릉 부근에서 1976년에 매우 중요한 청동기 한 점이 발굴되었으니 바로 '악부종(樂府鐘)'이다. 높이 13.3센티미터의 조그마한 이 종에는 소전체(小篆體)로 '樂府'(악부) 두 글자가 새겨져 있었다. 소전체는 진나라 때 이사(李斯)가 만들었다는 서체이다. '악부'는 음악을 관장하는 궁중의 기구인데 지금까지는 한(漢)나라 때 처음 설치된 것으로 알려졌다. 그런데 이 악부종의 출현으로 진나라 때 이미 악부가 있었다는 사실이 밝혀졌다. 악부종은 1986년 섬서성박물관 전시실에서 도난당했다가 1998년 홍콩의 한 수집가로부터 환수했다.

동주(董酒)는 귀주성(貴州省, 구이저우성) 준의시(遵義市, 쭌이시)의 귀주동주고분유한공사(貴州董酒股份有限公司)에서 생산하는 백주(白酒)로 향(香)은 '기타향형(其他香型)'에 속한다. 동주는 특유의 약초 향 때문에 이름이 나서 2008년에는 국가의 권위 있는 기관으로부터 '동향형(董香型)' 백주로 승인을 받았다. 그래서 지금 동주의 상표에는 '기타향형' 대신에 '동향형'으로 표기되어 있다.

동주가 생산되는 준의시는 먼 옛날부터 술을 제조해 왔는데 이 지역은 프랑스의 코냐크, 영국의 스코틀랜드와 함께 세계 3대 명주의 고장으로 일컬어진다. 준의시는 위도가 낮고, 아열대 지역의 습한 계절풍 기후대에 속하며, 연평균 기온이 섭씨 15도 전후로 사계절이 분명하다. 또한 겨울에도 몹시 춥지 않고 여름에도 몹시 덥지 않아 양조 과정에서 많은 종류의 미생물이 성장하고 번식하기에 좋은 조건을 갖추고 있다고 한다. 유명한 모태주(茅台酒)도 이 지역에서 생산되는 술이다.

동주 회사의 양주 이념은 '약식동원(藥食同源)' '주약동원(酒藥同源)'이다. 즉 약과 음식, 술과 약은 그 근원이 동일하다는 것이다. 이 이념에 따라 누룩을 만드는 과정에서 130여 종의 약초를 투입한다고 한다. 그래서 동주를 '백초지주(百草之酒)' '약향주(藥香酒)'라 부르기도 한다. 이러한 이유로 동주를 '중화민족이 1000년간 축적해온 중의(中醫) 양생문화(養生文化)를 대표하는 술'이라 칭한다. 이것은 준의시가 위치한 귀주성 일대가 험준한 산악지대여서 다양한 약초가 생산되기 때문에 가능한 일이다.

그뿐만 아니라 발효시키고 증류하는 과정이 독특하기 때문에 1983년에 국가 경공업부에서 동주 생산 공예를 제1회 '과학기술 보밀(保密) 항목' 즉 국가기밀(國家機密) 항목으로 지정하여 엄격히 관리했다. 이로부터 동주를 만드는 공장을 참관하는 것은 가능하지만 생산 공예를 소개한다거나 사진 촬영은 금지되었다. 1994년에 다시 국가기밀로 지정되었고 2006년에는 영구 국가기밀 항목으로 지정되었다. 이로부터 '국밀 동주(國密董酒)'라는 브랜드가 탄생했다.

'동주(董酒)'라는 특이한 명칭이 탄생한 유래는 이렇다. 1930년대 항일 시기에 절강대학교가 일본군의 폭격을 피해서 귀주성 준의시로 이전했는데 이 대학 교수들이 민정(民情)을 조사하던 중 어느 날 준의시 인근의 동공사진(董公寺鎭)에서 '정가교주(程家窖酒)'란 술을 맛보고는 술맛이 매우 좋아 이 술의 이름을 '동주(董酒)'로 하자는 제안을 해서 붙여진 이름이다. '동공사'는 명나라 때 건립된 불교 사원인데 지금은 없어지고 그 일대의 행정구역을 '동공사진'이라 부른다.

절강대 교수들이 '동주'란 명칭을 제안한 근거는 이렇다. '동(董)' 자는 '++'(초두머리 초) 밑에 '重'(무거울 중)으로 이루어진 글자인데 '++'는 풀(草)이고 '重'은 무겁고 많다는 뜻이니 '동(董)' 자는 '많은 풀' 즉 '백초(百草)' '백 가지 약초'를 의미하기 때문에 130여 가지 약초를 넣어서 만드는 동주의 정신을 잘 나타낸다고 보았던 것이다. 또 '동(董)' 자는 『초사(楚辭)』「구장(九章)·섭강(涉江)」에 나오는 글자인데 해당 구절은 이렇다.

余將董道而不豫兮　固將重昏而終身

　　나는 정도(正道)를 지켜 주저함이 없이
　　겹친 어둠 속에서 일생을 마치리라

「섭강」은 굴원(屈原)이 두 번째 추방되어 강남으로 유랑할 때의 작품인데 이 구절에서 '동(董)'은 '정(正)' '정통(正統)'의 뜻이다. '동(董)'자가 '백초(百草)'의 뜻과 함께 '바르다'는 뜻까지 지녔으니 이 글자를 술 이름으로 삼는 것이 바람직하다는 것이다.

동주는 그 독특한 품질을 인정받아 중국평주회(中國評酒會)에서 제2회(1963년), 제3회(1979년), 제4회(1984년), 제5회(1989년)에 연속으로 '중국 명주'에 선정되었다. 그리고 동주 측에서는 동주가 이른바 중국의 '8대 명주'에 선정된 것을 자랑한다. '8대 명주'에 관해서는 여러 가지 설이 있지만 대체로 제2회 중국평주회 때 선정된 백주 8종을 지칭한다. 이때의 8종은 분주(汾酒), 모태주(茅台酒), 노주노교특국(瀘州老窖特麴), 서봉주(西鳳酒), 오량액(五糧液), 고정공주(古井貢酒), 전흥대국(全興大麴), 동주(董酒)이다. 그런데 제3회 평주회 때의 백주 8종을 '8대 명주'로 하자는 논의도 있었다. 3회 때는 2회 때의 서봉주와 전흥대국이 탈락하고 검남춘(劍南春)과 양하대국(洋河大麴)이 선정되었다. 그러다가 나중에는 제2회 때의 8종을 '구8대(舊八大)', 제3회 때의 8종을 '신8대(新八大)'라 부르기도 했는데 '구8대'를 더 높이는 경향이 있었다. 그래서 동주는 구8대와 신8대에 다 포함되지만 구8대에 선정된 것을 더 내세우고 있다.

현재 동주 회사는 국밀계열(國密系列), 경전계열(經典系列), 백초향계열(佰草香系列), 진장계열(珍藏系列), 누산춘계열(婁山春系列) 등등 수십 종의 백주를 출시하고 있다.

삼장법사 현장과 대자은사 대안탑

여행 3일째, 오늘의 첫 방문지는 당나라 때 고승(高僧) 삼장법사(三藏法師) 현장(玄奘)의 얼이 깃들어 있는 대자은사(大慈恩寺)와 대안탑(大雁塔)이다. 대안탑은 2014년 유네스코 세계문화유산에 등재되었다. 날씨는 쾌청했다. 다시 한번 우리가 택일(擇日)을 잘했다는 생각이 든다.

현장의 구법 여행과 불경 번역

먼저 현장법사(玄奘法師, 602~664)에 대하여 살펴본다. 현장법사는 속명이 진위(陳褘)로, 수(隋)나라 말 낙양의 정토사(淨土寺)에서 승려인 둘째 형 진소(陳素) 밑에서 불경을 공부하다가 공식적으로 승적(僧籍)에 등록되었는데 이때부터 '현장'이라는 법호를 사용했다. 그는 수나라 말의 혼란을 피해 사천성 성도로 가서 622년(20세)에 그곳 문수원(文殊院)에서 구족계(具足戒)를 받았다. 이후 여러 곳을 전전하면서 고승들을 사사(師事)하다가 장안으로 들어갔는데 거기서 그는 가르침을 받았던 고승들의 학설이 각각 다른 점에 의문을 품었다.

이렇게 학설이 분분한 데에는 불완전하게 번역된 불경에 한 원인이 있었다. 불교가 중국에 전래된 이래 불경을 번역한 축법란(竺法蘭), 안세고(安世高), 구마라습(鳩摩羅什) 등은 모두 중국에 귀화한 외국인이었다. 따라서 이들의 번역은 완벽하지 못하여 번역자마다 해석의 차이가 생겼고 이 차이로 인하여 다양한 종파가 형성되기도 했다. 그러므로 어떤 면에서 중국에서의 불교 발전사는 불경 번역의 발전사라 할 수도 있다. 이에 당시의 승려들은 직접 인도에 가서 불교의 진경(眞經)을 배우고자 하는 욕망을 가지게 되었다. 3세기에서 8세기에 걸쳐 불경을 얻으려 인도에 간 승려가 169명이나 되었던 사실이 이를 말해준다.

현장은 당시 중국에 와 있던 인도의 한 승려로부터 인도 불교의 정황을 들었는데 특히 나란타(那爛陀, Nālandā) 사원이 인도 최고의 불교 학부(學府)임을 알고는 그곳으로 가서 불경에 대한 여러 의혹을 해결하고자 했다. 그러기 위해서 그는 산스크리트어, 서역어(西域語) 등을 익히고 인도로 떠나려는데 여러 가지 이유로 조정으로부터 출국 허가를 받을 수 없었다. 그래도 초지를 굽히지 않고 629년(28세)에 몰래 출국하여 죽을 고비를 여러 번 넘기면서 갖은 고생을 한 끝에 4년 만에 나란타 사원에 도착하여 5년간 머물면서 계현(戒賢, Śīlabhadra) 스님 밑에서 수학했다. 이후 3~4년 동안 인도의 여러 성지를 순례한 후 귀국길에 올라 645년 장안에 도착했다. 그의 나이 43세경이었다. 17여 년 동안 110개국을 경유하며 5만여 리의 구법(求法) 여행을 한 것이다. 그는 돌아올 때 150매의 불사리(佛舍利)와 8개의 금은 불상 그리고 657부의 불경을 가지고 왔다.

돌아온 현장은 숭산(嵩山)의 소림사(少林寺)로 들어가 수행하기를 원했으나 당 태종은 그에게 환속할 것을 누차 권유했다. 당시 서역 지방을 광범위하게 경략하고 있던 태종은 서역의 지리, 기후, 교통, 정치, 문화, 풍속 등에 정통한 현장을 환속시켜 서역 경략의 고문으로 삼으려 한 것이다. 그러나 그는 끝까지 태종의 권유를 거절했다. 그러자 태종은『대당서역기(大唐西域記)』를 저술한다는 조건으로 현장을 장안 홍복사(弘福寺)에 한동안 머물게 하고 그의 요청으로 역경원(譯經院)을 설치해주었다. 『대당서역기』는 서역 100여 개 나라의 풍토와 인정, 산물, 기후, 지리, 역사, 언어, 종교 등에 관하여 기록한 것인데 이 책은 후에 그의 제자 변기(辨機)에게 구술하여 12권으로 완성되었다.

이후 그는 끝내 소림사로 돌아가지 못하고 자은사(慈恩寺)로 옮겨 664년 입적할 때까지 20여 년 동안 제자들과 함께 불경 번역에 몰두하여 75부 1,335권의 불경을 번역했다. 불교 교리와 산스크리트어와 중국어에 능통한 그는 30여 명의 번역진을 이끌고 불경 번역사에서 전무후무한 신역(新譯)의 경지를 열었다. 그래서 그를 중국 불교사에서 가장 위대한 번역가로 꼽는다. 그는 위대한 번역가일 뿐만 아니라 '불가(佛家)의 천리마(千里馬)'라 불릴 만큼 위대한 승려이기도 했다. 그를 '삼장법사'라 부르는데 이는 불교의 삼장(三藏), 즉 경장(經藏), 율장(律藏), 논장(論藏)에 밝은 최고의 학승(學僧)이라는 칭호이다.

대자은사의 현장(玄奘) **입상**　불경 번역사에서 전무후무한 신역(新譯)의 경지를 연 위대한 번역가이자 불교의 삼장(三藏)에 밝은 최고의 학승이었다.

대자은사 전경 태종 정관 22년(648년)에 건립된 황실 사원으로 현장법사는 이 사원의 주지로 있으면서 역경 사업을 주도했다.

황실 사원 대자은사

현장은 인도에서 돌아온 후 한동안 장안의 홍복사에서 머물다가 자은사(慈恩寺)로 옮겼다. 자은사는 태종 정관(貞觀) 22년(648년) 당시 태자였던 이치(李治, 훗날 고종)가 그의 죽은 모친 문덕황후(文德皇后)를 위해서 건립한 사원이다. 이치는 사원과 함께 역경원을 지어 홍복사에 있던 현장법사를 이곳으로 모셔왔다. 현장법사는 이 사원의 주지로 있으면서 역경 사업을 주도했으며 중국 불교 8대 종파의 하나인 유식종(唯識宗)을 창립했다. 유식종은 법상종(法相宗)이라고도 한다.

자은사는 황실 사원인 만큼 장안에서 규모가 가장 크고 화려한 사원으로 13개의 정원과 1,897칸의 건물로 이루어졌다고 한다. 652년에는 대안탑(大雁塔)이 세워졌다. 자은사는 여러 차례 흥폐를 거듭했고 현재의 자은사 건물은 1466년에 원래의 자은사 서탑원(西塔院) 자리에 지은 것이다. 2000년에는 여기에 현장 삼장원(玄奘三藏院)이 건립되었다.

자은사 안의 화장실에 '정심각(淨心閣)'이란 편액을 걸어놓은 것이 재미있다. 중국에서는 일반적으로 화장실을 '세수간(洗手間)' 또는 '측소(厠所)'라 부르는데 이곳의 화장실에는 '마음을 깨끗이하는 집'이라는 뜻의 '정심각' 편액을 달아서 큰 사원의 화장실임을 알려주고 있다.

현장이 설계해 세운 대안탑

대안탑은 현장이 서역에서 가져온 불경과 불상 등을 보관하여 도난과 화재로부터 보호하기 위해서 그가 직접 설계하고 감독하여 건립한 탑이다. 그래서 장경탑(藏經塔, 불경을 보관하는 탑)으로도 불린다. 처음엔 석탑을 지으려 했으나 여러 사정을 감안하여 고종이 전탑(塼塔)으로 바꾸어 짓게 했다. 탑은 인도의 탑 형식을 모방한 4각형 누각식(樓閣式) 전탑이었다. 애초에는 5층이었는데 그후 층수와 높이가 5차례나 바뀌다가 최종적으로 명나라 때인 1604년에 현재와 같은 7층 64.5미터로 확정되었다. 이 탑은 인도 불교의 탑 형식이 중국화된 탑으로 중국 건축예술의 걸

남쪽에서 바라본 대안탑 현장이 서역에서 가져온 불경과 불상 등을 보관하여 도난과 화재로부
터 보호하기 위해 그가 직접 설계하고 감독하여 건립한 누각식 전탑(塼塔)이다.

작으로 평가된다. 원래는 오를 수 없었으나 후에 중국 양식으로 개축하여 지금은 맨 위층까지 올라갈 수 있다.

탑의 1층 남문(南門) 양측에 두 개의 비석이 있다. 서쪽의 비는 당 태종 이세민이 지은 '대당삼장성교서(大唐三藏聖教序)'를 새긴 것이고, 동쪽의 비는 당 고종 이치가 지은 '대당삼장성교서기(大唐三藏聖教序記)'를 새긴 것인데, 서쪽의 태종비는 글씨가 오른쪽에서 왼쪽으로 쓰여 있고 동쪽의 고종비는 왼쪽에서 오른쪽으로 쓰여 있어서 두 개의 비석이 짝을 이루어 마주 보고 있도록 했다. 글씨는 두 비석 모두 당대 제일의 서예가 저수량(褚遂良)이 썼다. 비문은 현장법사가 태종과 고종에게 요청하여 받은 글이다. 이 두 비를 '이성 삼절비(二聖三絶碑)'라 하는데 '이성(二聖)'은 태종과 고종 황제를 가리키고, '삼절(三絶)'은 저수량의 '글씨'와 비석의 하단에 새겨진 '선각화(線刻畵)'와 '조각'이 모두 뛰어나다는 것을 의미한다.

탑의 2층에는 명나라 초기에 만든 석가모니 금동 불상이 안치되어 있고 문수보살과 보현보살의 벽화가 있다. 3층에는 60분의 1로 축소한 대안탑 모형과 사리(舍利)가 있다. 기록에 의하면 현장이 서역에서 가져온 사리는 육사리(肉舍利) 150매, 골사리(骨舍利)

대당삼장성교서비(大唐三藏聖教序碑)

1상자였는데 골사리는 10,000여 매가 넘었다고 한다. 육사리는 피와 살이 불에 탄 후 응고된 것으로 붉은색을 띠고, 골사리는 뼈가 불에 탄 후 생성된 것으로 흰색을 띤다고 한다. 탑을 만들 때 층마다 수천 개의 사리를 뿌렸다고 하는데 장안 연간(701~704)에 중수할 때 이 사리들이 없어졌다고 한다. 현재 3층의 사리함에 보관된 2매의 사리는 1998년 인도의 현장사 주지인 화교 승려 석오겸(釋悟謙) 법사가 대안탑을 방문하고 기증한 것이다.

4층에는 패엽경(貝葉經) 2매가 보관되어 있는데 길이가 40센티미터, 폭이 7센티미터이다. 패엽경은 고대 인도에서 인쇄술이 없었을 때 패다라수(貝多羅樹) 잎에 바늘로 찔러서 쓴 불경이다. 5층에는 석가여래 족적비(足跡碑)가 있다. 족적비는 석가여래가 열반하기 직전 큰 바위 위에 남겼다는 발자국으로 고대 인도인들은 이를 무척 신성하게 여겨, 이 발자국을 돌에 복사하여 모셨다고 한다. 그래서 "발을 보는 것은 부처님을 보는 것과 같고, 발에 예배하는 것은 부처님께 예배하는 것과 같다(見足如見佛 拜足如拜佛)"는 말이 생겼다. 대안탑의 족적비는 현장법사가 옥화사(玉華寺)에서 석장(石匠) 이천조(李天詔)에게 요청하여 만든 것이라 한다. 또 5층에는 사람들에게 잘 알려지지 않은 현장법사의 시사(詩詞)를 수집하여 전시하고 있다. 6층에는 752년에 두보, 잠삼(岑參), 고적(高適), 설거(薛據), 저광희(儲光羲)가 이 탑에 모여 쓴 시를 전시하고 있다. 그중 잠삼의 시를 소개한다. 제목은 「고적, 설거와 함께 자은사 탑에 올라(與高適薛據登慈恩寺浮屠)」이다.

탑의 형세 마치도 샘이 솟는 듯
홀로 드높이 하늘에 솟아 있네

올라와 내려다보니 세계를 벗어났고
오르는 돌계단은 허공에 서려 있네

우뚝이 솟아서 신주(神州)[1]를 눌렀고
가파른 모습은 귀신의 솜씨 같네

네 모퉁이는 태양을 가로막았고
일곱 층은 푸른 하늘 어루만지네

아래로 엿보면 높은 새 가리키고
몸 굽히면 들리네, 세찬 바람 소리

이어진 산들은 파도와 같아
달려와 모여서 동쪽으로 조회하는 듯

푸른 홰나무는 치도(馳道)[2]를 끼고 있고
궁궐의 건물들 어찌 그리 영롱한가

1 신주(神州): 중국 대륙을 일컬음.
2 치도(馳道): 천자가 거둥하는 길.

가을 색은 서쪽에서 몰려와

푸른 기운 관중(關中)에 가득하도다

오릉(五陵)³ 북쪽 언덕 위에는

만고에 푸르름이 자욱하구나

맑은 이치 마침내 깨달을 수 있으리

나 일찍이 좋은 인연 존숭한 터라

맹세코 벼슬길 떨쳐버리고

여기서 도(道)를 배워 무궁하리라

塔勢如涌出　　孤高聳天宮

登臨出世界　　磴道盤虛空

突兀壓神州　　崢嶸如鬼工

四角礙白日　　七層摩蒼穹

下窺指高鳥　　俯聽聞驚風

連山若波濤　　奔湊似朝東

3 오릉(五陵): 서안 북부에 있는 한(漢)나라의 5개 황릉이 있는 지역. 5개 황릉은 고
조 장릉(張陵), 혜제(惠帝) 안릉(安陵), 경제(景帝) 양릉(陽陵), 무제(武帝) 무릉(茂
陵), 소제(昭帝) 평릉(平陵)이다.

青槐夾馳道　宮館何玲瓏
秋色從西来　蒼然滿關中
五陵北原上　萬古青濛濛
净理了可悟　勝因夙所宗
誓將挂冠去　學道玆無窮

752년 가을에 고적, 설거, 두보, 저광희 4인이 대안탑에 올라 각자 시 한 수씩을 썼는데 위의 시는 잠삼의 시이다.

대안탑 벽에 제명(題名)하는 풍습

당시의 진사 급제자들은 꽃을 꽂고 말을 타고 장안 거리를 유람한 후 곡강(曲江)에서 모임을 하며 서로의 작품을 품평했는데 이를 곡강유음 (曲江流飮)이라 한다. 곡강유음을 마친 후에는 행원탐화연(杏園探花宴)이 라는 연회에 참석하고, 이어 대안탑에 올라 자신들의 성명, 관적(貫籍, 본 관), 급제 시기를 탑 벽에 기록하는 풍습이 있었다. 이를 '안탑제명(雁塔 題名)'이라 하는데 당시 급제자들이 이를 매우 자랑스럽게 여겼다. 후에 이들 중 경상(卿相)의 지위에 오른 자가 나오면 붉은 글씨로 다시 제명(題 名)했다고 한다. 이 중 유명한 것은 백거이(白居易)가 27세에 급제한 후 썼다는 다음과 같은 구절이다.

자은사 탑 밑 이름 적은 곳
열일곱 사람 중 가장 어리네

慈恩寺下題名處　十七人中最少年

당나라 무종(武宗) 때 진사 출신이 아닌 재상 이덕유(李德裕)가 이를 시기하여 곡강유음을 폐지하고 대안탑의 제명(題名)들을 지워버렸다는 이야기가 전한다. 지금 일부 남아 있는 제명은 명청(明淸) 시기의 것인데, 장안의 향시(鄕試) 합격자들이 옛 풍습을 본받아 써놓은 것이다.

현장법사가 인도에서 가져온 진귀한 문물을 안전하게 보관하기 위하여 대안탑을 지었다고 했는데 그렇다면 대안탑 어딘가에 그 문물들이 있어야 한다. 그러나 아직까지 발견되지 않고 있다. 대개 탑 밑의 지하 공간에 부처님 사리를 위시하여 중요한 불경 등을 보관해왔다. 현재 대안탑 밑에는 상당한 규모의 '지하궁(地下宮)'이 있지만 현장법사가 가져온 물건들은 보이지 않고 대부분 현대에 만든 조각, 회화, 건축물 등이 진열되어 있다. 현장법사 당시의 문물은 어디에 있을까? 풀리지 않는 수수께끼이다.

대안탑 북광장

대자은사와 대안탑 북쪽에 조성된 넓은 광장이 '대안탑 북광장(北廣場)'이다. 이 광장의 상징적 조형물은 '음악 분천(音樂噴泉)'이다. 22개 종

168

대안탑 북광장의 음악 분천　여러 개의 분수에서 음악과 조명에 맞추어 각기 다른 물줄기가 솟아 오르며 장관을 이루고 있다.

류의 분수에서 각기 다른 모양의 물줄기가 음악에 맞춰 솟아오르는 광경이 장관이다. 우리는 이 북광장을 통과하여 대자은사로 들어갔는데 아침나절이라 음악 분천을 볼 수 없었다. 이 음악 분천은 밤에만 가동된다. 2018년에 가본 바에 의하면 화려한 조명 아래 펼쳐지는 '분수 쇼'는 그야말로 장관이었다.

분수 양옆에는 여러 조각품들이 전시되고 있었다. 대당 다성(茶聖) 육우(陸羽), 대당 약왕(藥王) 손사막(孫思邈), 대당 서법가(書法家) 회소(懷素), 대당 문학가 한유(韓愈), 대당 시불(詩佛) 왕유(王維), 대당 시성(詩聖) 두보

(杜甫)라 이름 붙인 소상이 갖가지 자태로 조각되어 있다.

북광장 동쪽에는 '희곡 대관원(戲曲大觀園)'이 조성되어 있어서 섬서 지방 고유의 연희인 '진강(秦腔)'을 공연하고 있었다. 그리고 서쪽에는 '민속 대관원(民俗大觀園)'이 조성되어 있다. 여기에는 섬서 지방의 민간 설화를 주제로 한 동상(銅像)을 비롯해서 각종 민속 조각품 등을 전시하고 있었다.

성당(盛唐)의 풍모를 재현한 대당 부용원

유람을 즐기던 곡강지
황실 정원 양식의 대당 부용원
두보의 걸작 「애강두」와 「곡강」
곡강지 유지 공원

유람을 즐기던 곡강지

대당 부용원(大唐芙蓉園)은 대안탑 동남쪽 곡강지(曲江池)에 당나라 때의 부용원을 재현해놓은 원림(園林)이다. 일찍이 진시황 때 이곳에 이궁(離宮)을 짓고 의춘원(宜春苑)이라 했고, 한 무제(武帝)는 이곳을 황가(皇家) 원림인 상림원(上林苑)에 편입시켜 '곡강'이라 개칭했으며, 수(隋)나라 문제(文帝)는 이곳을 정비하고 물길을 끌어들여 부용원이라 개칭했다. 당나라 현종(玄宗)은 부용원을 기초로 이곳을 대대적으로 개조·확장했는데, 남산 의곡구(義谷口)의 황거수(黃渠水)를 끌어와 큰 호수로 만든 후 궁전, 누각 등 여러 건물을 지어 유람의 장소로 삼았다. 그는 이곳의 명칭을 부용원에서 다시 곡강으로 되돌려놓았다. 그러나 안사(安史)의 난과 당나라 말의 전란으로 건물의 대부분이 파괴되었고 물도 말라 이곳은 농지(農地)가 되어버렸다. 2002년에 곡강의 복원에 착수하여 2005년에 지금의 모습으로 대외에 개방되었다.

곡강지의 전성기는 당 현종 때였다. 현종은 이곳에 자운루(紫雲樓), 채하정(彩霞亭) 등의 누각을 짓고 호수에는 연꽃, 창포를 심어 유락의 장소로 삼았다. 일년 중에서 중화절(中和節, 2월 1일), 상사절(上巳節, 3월 3일), 중원절(中元節, 7월 15일), 중양절(重陽節, 9월 9일)과 과거시험 급제자 발표일에는 귀족 자제, 신진 진사(進士), 풍류 문인과 일반 백성들까지 여기에 모여 성대한 잔치를 벌였다.

특히 상사절에는 황제가 이곳에서 군신들에게 연회를 베풀었고, 문인들은 옛날 동진(東晉)의 왕희지(王羲之)가 상사일에 회계(會稽)에서 곡수유상(曲水流觴) 하던 풍속을 모방하여 곡강의 물결에 술잔을 띄우고 풍류를 즐겼는데 이를 '곡강유음(曲江流飲)'이라 한다.(왕희지의 곡수유상에 대해서는 졸저『중국 인문 기행』제2권 267면 이하에 자세하다.) 한편 앞의 글에서 언급했듯이 진사 급제자들은 대안탑(大雁塔)에 가서 이름을 새기기〔題名〕 전에 곡강 서쪽에 있는 행원(杏園)에서 연회를 벌였다. 이를 '행원연(杏園宴)'이라 한다.

현종 황제는 공식적인 연회를 위한 행차 이외에도 평복으로 변장하고 이곳에 와서 유람을 즐겼는데 신하들이 신변의 위험을 염려하여 곡강지의 동남쪽에 높은 담장으로 둘러싸인 부용원(芙蓉園)을 지어 외부인의 접근을 차단했다. 부용원이 장안성 남쪽에 있다고 해서 이를 '남원(南苑)'이라 부르기도 했다. 또 현종은 그가 거주하는 흥경궁(興慶宮)에서 남원(부용원)까지 성벽과 나란히 양쪽을 높은 담장으로 두른 8,000미터의

위에서 내려다본 대당 부용원

황제 전용도로를 만들었다. 외부에 노출되지 않고 수레 몇 대가 나란히 달릴 수 있을 정도로 넓었다고 하는데 이 길을 '협성(夾城)'이라 부른다.

황실 정원 양식의 대당 부용원

안사의 난과 당나라 말의 전란으로 파괴되어 폐허가 된 채 방치되었던 곡강은 지금 새로운 모습으로 복원되어 '대당 부용원'의 이름으로 성당(盛唐)의 풍모를 자랑하고 있다. 대당 부용원의 총면적은 1,000무(畝)

에 달하고 그중 수면(水面) 면적이 300무에 이른다. 저명한 원림 건축 설계사인 장금추(張錦秋, 장진추)의 총지휘 아래 이루어진 대당 부용원은 14개 구역으로 구성된 테마파크이다. 즉 제왕 문화구, 여성 문화구, 시가(詩歌) 문화구, 과거(科擧) 문화구, 품다(品茶) 문화구, 가무 문화구, 음식 문화구, 민속 문화구, 외교 문화구, 불교 문화구, 도교 문화구, 아동 오락구, 대문(大門) 경관 문화구, 수수 표연구(水秀表演區)가 그것이다. 이들 중 중요한 몇 군데를 살펴본다.

• 자운루(紫雲樓): 대당 부용원의 중심 건물로 당 현종 개원(開元) 14년(726년)에 건립되었다. 곡강에서 큰 모임이 있을 때면 현종이 이 누각에 올라 여러 신하들에게 연회를 베풀었다고 한다. 모두 4층으로 된 이 건물의 1층에는 정관지치(貞觀之治)를 반영하는 각종 조각과 벽화 및 장안성 복원 모형도 등이 전시되어 있다. 여기서 '정관'은 당 태종의 연호(年號)이고, '정관지치'는 그가 재임한 기간의 치적을 칭송하는 말이다. 2층에는 현종이 여러 신하들에게 연회를 베풀고 여러 나라의 사신들이 와서 조회하는 대형 조각 등이 전시되어 있다. 3층에서는 당나라의 가무(歌舞)를 감상할 수 있고 4층은 실크로드 예술 박물관으로 구성되어 있다.

• 행원(杏園): 당나라 때 진사에 급제한 인사들이 모여서 '행원 탐화연(探花宴)'을 벌였던 곳으로 지금은 당나라 과거(科擧) 문화를 주제로 한 자료가 전시되어 있다.

• 사녀관(仕女館): 전에 없던 개방적 사회인 당나라 여성의 자유로운 정신 풍모를 주제로 한 전시물이 주류를 이루고 있다. 사녀관의 중심 건물은 3층으로 이루어진 망춘각(望春閣)이다. 1층에는 당나라 때 여성의

자운루(紫雲樓) 　대당 부용원의 중심 건물로 곡강에서 큰 모임이 있을 때 현종이 이 누각에서 신하들에게 연회를 베풀었다고 한다.

복식 문화가 전시되어 있고 2층에는 당나라 여성의 참정(參政)을 주제로 한 벽화, 조각 등이 전시되어 있다. 이곳에서는 정치에 참여한 여성 3걸(三傑)의 소상(塑像)이 눈길을 끈다. 중앙에 무측천(武則天), 그 오른쪽에 상관완아(上官婉兒, 무측천의 총애를 받은 문인), 왼쪽에 태평공주(太平公主, 무측천의 딸)의 소상이 놓여 있다. 이들 세 여성은 당나라 초기에 정국을 주름잡았던 인물이다.

• 채하정(彩霞亭): 자운루와 함께 건립되었던 건물로 긴 장랑(長廊)과 그 양쪽의 금정(金亭)과 옥정(玉亭)으로 구성되어 있다. 270미터의 장랑은 사녀관과 연결되어 있다. 장랑의 천장에는 당나라 때 여성 100인의 초상화와 시문이 진열되어 있다. 이곳이 대안탑을 바라보기에 가장 좋

망춘각(望春閣)(왼쪽)과 채하정(彩霞亭)(오른쪽)

은 장소가 되고 있다.

• 육우다사(陸羽茶社): '다성(茶聖)'으로 불리는 육우의 이름을 따서 만든 건조물로 당나라 다문화를 주제로 제왕 다예(帝王茶藝), 문인 다예(文人茶藝), 세속 다예(世俗茶藝)를 보여준다. 여기에서는 차 시음도 가능하다.

• 당시협(唐詩峽): 대당 부용원의 수유대(茱萸臺) 아래에 조성된 당시(唐詩)를 주제로 한 인공 구조물이다. 120미터에 달하는 계곡엔 시냇물이 흐르고 양쪽 바위에 당나라 110여 시인의 시 300여 수가 석각되어 있다. 여기에서는 이백, 두보, 왕유를 비롯한 유명 시인뿐만 아니라 무측천, 양귀비, 설도(薛濤), 상관완아 등의 여성과 당 태종, 당 현종 등 제왕의 시들도 함께 볼 수 있다. 이들의 시와 더불어 시인들의 형상도 새겨져 있어

당시협(唐詩峽)　시냇물이 흐르는 계곡의 양쪽 바위에 당시 300여 수를 새겨놓은 인공 구조물이다. 노인과 손자가 당시를 감상하는 동상, 외국인이 석벽의 시를 올려다보며 사진을 찍고 있는 동상이 보인다.

볼거리를 더해준다. 백거이의 「장한가」가 새겨져 있는 바위 옆에는 당현종과 양귀비가 다정하게 마주 보고 있는 모습을 새겨놓았다(109면 사진 참조). 또 여기에는 평민 노인과 손자가 당시를 감상하는 동상, 외국인이 석벽의 시를 감상하고 사진을 찍는 동상, 바위 위에서 시를 읽는 소녀의 동상 등이 조성되어 있다.

• 시혼(詩魂): 당시협과 연결된 북쪽에 '시혼'이란 이름의 대형 조각군이 있다. 이백이 술잔을 들고 하늘을 올려다보는 거대한 형상과 연결된 바위에 25명의 당나라 시인의 모습이 새겨져 있고 이백의 시 「장진주(將進酒)」가 석각되어 있다. 이 조각군 앞 바닥에 붉은 글씨로 '시혼(詩

魂)'이라 크게 쓰여 있고 그 앞 바위에 '시혼비기(詩魂碑記)'가 석각되어 있다. 글쓴이는 이건국(李建國)으로 되어 있는데 누구인지 모르겠다. 아마 섬서성 정부의 중요 인물인 듯하다.

대당 부용원에는 이밖에도 당나라 시대의 경제와 외교 업적을 보여주는 테마 구역 곡강호점(曲江胡店)을 비롯해, 서유기 군조(西遊記群雕,『서유기』의 인물과 장면들을 형상화한 조각군), 당시가구(唐市街區) 등 무수한 볼거리들이 있어서 적어도 이틀은 걸려야 대충 훑어볼 수 있다. 밤에 이곳에 오면 네온사인의 현란한 색채가 몽환적 분위기를 자아낸다. 2018년에 왔을 때는 밤에 전동차를 타고 경내를 한 바퀴 돌았는데 이번에는 당시협을 보기 위해서 낮에 온 것이다.

두보의 걸작「애강두」와「곡강」

곡강과 관련하여 두보(杜甫)의 걸작「애강두(哀江頭)」가 널리 알려져 있다. 755년 안녹산이 난을 일으키고 그해 6월 장안이 함락되자 현종은 서촉(西蜀)으로 피난갔다. 7월에 그의 아들 숙종(肅宗)이 감숙성(甘肅省) 영무(靈武)에서 황제에 즉위하자 두보는 가족을 부주(鄜州)에 피난시켜 놓고 즉위식이 거행되는 영무로 가던 중 반란군에게 체포되어 장안에 유폐된다. 그 이듬해 4월에야 장안을 탈출하는데「애강두」는 장안을 탈출하기 직전에 쓴 것이다. 두보 나이 46세 때의 작품이다. 제목의 뜻은 '강가를 슬퍼하다'이다.

곡강지 풍경

소릉(少陵)의 촌 늙은이 소리 삼켜 흐느끼며
봄날 곡강 굽이를 몰래 거니네

강가 궁전들 일천 문이 잠겼는데
가는 버들, 새 부들은 누굴 위해 푸른가

지난날 예정(霓旌)이 남원(南苑)에 내려올 때
남원의 온갖 물건 생기가 났었지

소양전(昭陽殿) 안에서 제일가는 미인이
임금 수레 같이 타고 옆에서 모시었고

수레 앞 재인(才人)은 활과 화살 지녔고
백마는 황금 재갈 씹고 있었지

몸 돌려 하늘 향해 구름을 쏘니
한 화살에 두 마리 새 곧바로 떨어졌다

밝은 눈동자 하얀 이, 지금은 어디 있나
피에 더럽혀진 떠도는 혼, 돌아오지 못한다오

맑은 위수(渭水) 동으로 흐르고 검각산은 깊은데
떠나고 남은 자 서로 소식 없구나

인생엔 정이 있어 눈물이 가슴 적시는데
강물과 강 꽃이 어찌 끝이 있으리오

해질녘 오랑캐 발굽에 성엔 먼지 가득해
성 남으로 가려다가 성 북을 바라보네

少陵野老呑聲哭　春日潛行曲江曲
江頭宮殿鎖千門　細柳新蒲爲誰綠
憶昔霓旌下南苑　苑中萬物生顏色
昭陽殿裏第一人　同輦隨君侍君側
輦前才人帶弓箭　白馬嚼齧黃金勒
翻身向天仰射雲　一笑正墜雙飛翼
明眸皓齒今何在　血污游魂歸不得
淸渭東流劍閣深　去住彼此無消息
人生有情淚沾臆　江水江花豈終極
黃昏胡騎塵滿城　欲往城南望城北

'소릉의 촌 늙은이'는 두보 자신을 가리킨다. 그의 집이 소릉에 있었기 때문에 이렇게 부른 것이다. 두보는 당시 반란군에 의해 유폐되어 있었지만 장안에서의 행동은 비교적 자유로웠던 것 같다. '예정(霓旌)'은 황제가 출행할 때의 의장 깃발이고, '소양전 안의 제일가는 미인'은 양귀비를 가리킨다. 두보는 그 옛날 현종과 양귀비의 화려했던 남원(南苑, 부용원) 행차를 상상하며 비애에 젖는다. 그 양귀비가 지금은 죽고 없기 때문이다. 이 시 9연이 특히 유명하다. 곡강의 물은 언제나 흐르고 곡강에 피어 있는 꽃은 해마다 피어난다. 그러므로 양귀비의 죽음을 생각하

곡강정(曲江亭)　곡강지 유지 공원에 재건된 정자로 안에는 '곡강지(曲江池)'라 새겨진 석비가 있다.

면 강물이 흐르듯, 해마다 꽃이 피듯 언제나 슬퍼진다는 것이다. 이 슬픔은 끝이 없는 슬픔이란 것이다.

　곡강을 얘기할 때 빼놓을 수 없는 시가 두보의 「곡강 2수」이다. 두보는 757년 4월에 장안을 탈출하여 봉상(鳳翔)으로 가서 숙종을 알현하고 좌습유(左拾遺, 황제에게 간하는 직책으로 8품관이다)에 임명된다. 그러나 패전의 책임을 물어 재상직을 박탈당하게 된 방관(房琯)을 변호하는 상소를 올렸다가 숙종의 노여움을 사게 되어 정상적인 직책을 수행할 수 없는 처지에 있었다. 그 이듬해(758년)에 두보는 장안에서 폐허로 변한 곡강을 거닐면서 자신의 순탄치 않은 벼슬길을 떠올리며 말할 수 없는 비애에

182

젖어 이 시를 썼다. 「곡강」 제2수를 살펴보기로 한다.

조정에서 돌아오면 날마다 봄옷 전당 잡히고

날마다 강가에서 술에 취해 돌아오네

가는 곳마다 외상 술값 깔려 있네

칠십까지 사는 사람 예부터 드물기에

꽃을 뚫고 나는 나비 깊숙이 보이고

물을 찍는 잠자리는 느릿느릿 날아드네

봄빛에게 말하노니 함께 머물러

잠시나마 즐기게 떠나지 말아다오

朝回日日典春衣　每日江頭盡醉歸

酒債尋常行處有　人生七十古來稀

穿花蛺蝶深深見　點水蜻蜓款款飛

傳語風光共流轉　暫時相賞莫相違

70세를 '고희(古稀)'라고 하는데 그 출처가 바로 이 시이다. 제4구 "인생칠십고래희(人生七十古來稀)"에서 유래된 말이다.

원백동유(元白同遊) 조각상   원진, 백거이, 유우석, 한유 등 당대의 시인들이 곡강에 모여 시를 지으며 유람하는 모습을 형상화했다.

곡강지 유지 공원

이번 답사에는 시간 관계로 가보지 못했지만 대당 부용원 아래쪽에 '곡강지 유지(遺址) 공원'이 별도로 조성되어 있다. 2008년에 완성된 이 공원 역시 대당 부용원을 설계한 장금추의 설계로 조성된 것인데 열강루(閱江樓) 경구, 창관루(暢觀樓) 경구, 예술인가 경구 등 8개의 관광구역으로 구성되어 있다. 여기에 열강루, 창관루 등 여러 건물들이 들어서 있고 한유(韓愈)의 시 「곡강춘유(曲江春遊)」를 새긴 비석, 원진(元稹)이 백거

곡강승적도(부분)　길이 100미터, 높이 3미터의 화강암 벽에 곡강 11곳의 경치를 그린 것이다.

이·유우석(劉禹錫)·한유 등과 곡강에 모여 시를 지으며 유람하는 모습을 형상화한 '원백동유(元白同遊)' 조각상 등 볼거리가 많다.

이곳에서 가장 볼만한 것은 '곡강승적도(曲江勝迹圖)'이다. 길이 100미터, 높이 3미터의 화강암 벽에 선각(線刻)으로 곡강의 경치를 그린 것인데, 당나라 산수화가 이소도(李昭道)가 그린 '곡강도'를 선각으로 재현한 것이다. 이 그림에는 곡강청망(曲江晴望, 맑은 날 곡강에서 바라보다), 군신연락(君臣宴樂, 임금과 신하가 잔치하며 즐기다) 등의 제목으로 11곳의 곡강 경치가 그려져 있다.

이상은의 시로 보는
장안의 낙유원

　당나라의 옛 수도 장안을 얘기할 때 빼놓을 수 없는 곳이 낙유원(樂遊原)이다. 지금은 옛 자취를 찾을 수 없지만 낙유원은 한때 장안 최대의 풍경구였다. 나는 이곳을 가본 적이 없지만 이상은(李商隱)의 시로 너무도 유명한 낙유원을 여기서 잠깐 소개하기로 한다.

　낙유원은 서쪽으로 대안탑, 남쪽으로 곡강지가 내려다보이는 장안성 동남쪽의 약간 높은 언덕이다. 언덕의 길이는 약 3,500미터, 넓이는 약 250미터, 가장 높은 곳은 해발 467미터에 달했다고 한다. 진(秦)나라, 한(漢)나라 시기에 이 일대는 황가(皇家) 원림(園林)인 의춘원(宜春苑)에 속해 있었다. 한나라 선제(宣帝)는 이곳에 자주 와서 아름다운 풍경에 취해 돌아가길 잊고 낙유묘(樂遊廟)란 사당을 지어 제사까지 지냈다고 한다. 또 당나라 무측천(武則天)의 딸 태평공주(太平公主)가 한창 세도를 부릴 때 이곳에 별장을 지어 유람하기도 했다.

지대가 높은 곳이어서 장안성을 한눈에 내려다볼 수 있기 때문에 장안 시민들이 자주 찾는 유원지이고 시인 묵객들도 이곳에 모여 연회를 벌이고 시를 짓는 장소가 되었다. 낙유원을 두고 지은 시가 무수히 많은데 그중 지금도 인구에 회자되는 시가 이상은의 「낙유원」이다.

> 저녁 무렵 마음이 울적하여
> 수레 몰아 옛 언덕에 오르니
>
> 석양은 그지없이 좋은데
> 다만 황혼이 가까이 있어라
>
> 向晚意不適　驅車登古原
> 夕陽無限好　只是近黃昏

"옛 언덕"은 낙유원이다. 시인은 저녁 무렵에 까닭 없이 마음이 울적하여 이 울적함을 씻어내기 위해서 낙유원에 오른다. 올라보니 석양에 비친 장안의 풍경이 너무나 좋아 우울함이 씻기는 듯하다. 그러나 석양은 곧 사라진다. 석양을 붙잡아두고 싶어도 그럴 수가 없다. 아름다운 것은 이리도 쉽게 사라지는가? 시인은 우울을 달래기 위해서 낙유원에 올랐으나 곧 사라질 석양 속에서 또 다른 감회에 젖는다.

이 감회의 정체는 무엇인가? 석양에 비친 아름다운 풍경을 오래 붙잡아둘 수 없는 데에서 오는 비탄인가? 시인 자신의 노경(老境)에 대한 한

탄인가? 아니면 좀더 범위를 넓혀, 사라지는 석양처럼 쇠망해가는 대
당(大唐) 제국에 대한 비애인가? 시는 이에 대한 대답 없이 여운을 남기
고 끝난다. 아마도 이 세 가지 감회가 얽혀 있는 복잡한 심경이 아니었
을까?

오랜 세월이 흐른 오늘날의 낙유원에는 한편에 빌딩들이 들어서 있고
또 한편에는 잡초만 무성한 들판이 자리 잡고 있다. 이곳이 낙유원임을
알리는 건물이 지어진다고 하니 그나마 위안이 되지만, 이 글을 읽는 독
자들이 굳이 낙유원을 찾아갈 필요는 없을 것 같다.

비림에서 보는 서법·석각 예술의 정수

서안 비림의 역사

부용원 근처의 식당에서 점심을 먹고 우리는 서안의 명소인 비림(碑林)으로 향했다. 서안 비림은 유가의 경전 13경(經)을 새긴 개성석경을 비롯해 진(秦)나라 때부터 청나라 때까지의 수많은 명비(名碑)들이 숲을 이루고 있는 세계 최대 규모의 비석 박물관이다. 또한 전서, 예서, 초서, 행서 등 각종 서체의 비석뿐만 아니라 구양순, 안진경 등 당대 최고 서법가의 글씨를 새긴 비석, 문인들의 시문을 새긴 비석, 그리고 소릉 육준 등의 석각을 살펴볼 수 있는 중국 서법예술, 석각예술의 보고이기도 하다. 현재 이곳의 공식 명칭은 서안비림박물관(西安碑林博物館)이다.

먼저 서안 비림의 역사를 간단히 살펴본다. 당나라 때 장안성 무본방(務本坊)의 국자감(國子監) 안에 '석대효경(石臺孝經)'과 '개성석경(開成石

經)’을 비치한 것이 서안 비림의 효시이다. 이후 당나라 말인 904년에 한건(韓建)이 절도사 주온(朱溫)의 명에 따라 장안성을 축소 재건하면서 무본방에 있던 개성석경을 상서성(尚書省) 서쪽의 공묘(孔廟, 공자를 모시는 사당)로 옮겼다. 이후 북송 초부터 당나라 시대의 비석들이 공묘에 모이기 시작했는데 1087년에는 섬서 전운부사(轉運副使) 여대충(呂大忠)이 공묘에 있는 당나라 때 비석들을 경조 부학(京兆府學, 경조부는 지금의 서안이고 부학은 이곳에 세운 지방 관학) 북쪽으로 옮겼다. 이때부터 비정(碑亭)과 비랑(碑廊)을 짓고 비석의 진열 원칙을 제정하는 등 비림의 모양이 갖춰지기 시작했다. 1103년에 송나라 관리 우책(虞策)이 경조 부학과 공묘와 공묘 내의 비석들을 현재 비림이 있는 장소로 이전했는데, 이때 당 석경과 당송 비각들을 공묘의 대성전(大成殿) 뒤 현 비림의 위치로 이전했다. 학계에서는 여대충을 섬서성 비림의 실질적 창시자로 보고 있다.

청나라 때 금석학이 발전함에 따라 비림의 수장 비석도 크게 증가했다. 비석 수가 많아짐에 따라 소장 비석들의 정리가 필요하여 청나라 때에는 4차례에 걸쳐 비석들을 정리했는데 그중에서 1772년 섬서 순무(陝西巡撫) 필원(畢沅)의 정리가 돋보인다. 그는 비림 건물의 구조를 개조하여 현 비림의 설계의 기초를 마련했다. 필원은 또한 무분별하게 반입된 비석들 중에서 가치 없는 것들을 퇴출시켰고, 겨울철 3개월 동안 비림의 입장을 제한하는 등의 관리 방법을 개선하여 비석들을 보호했다.

비림은 1937년과 1938년 2년에 걸쳐 대대적인 정비에 들어갔다. 이때에 비석의 분류, 배열에 대한 원칙이 제정되었고 비석의 보존 처리 방안을 강구하는 등 지금의 비림 운영의 기초가 마련되었다. 1938년에는 비

서안비림박물관 대문

림 역사상 최초로 전문 관리기구인 '서안비림관리위원회'가 설립되기도 했다. 1944년에 비림의 정식 명칭을 '섬서성역사박물관'으로 정했다.

신중국 성립 후 1950년에 기존의 섬서성역사박물관을 '서북역사문물진열관'으로 개명했다가 1955년에는 '섬서성박물관'으로 개칭했다. 1963년에 '서안석각예술실'을 신축했고, 1982년에 기존의 6개 전시실 외에 제7 전시실을 신설하여 '순화각첩(淳化閣帖)' 전용 전시실로 삼았다. 1991년에는 '섬서역사박물관'을 신축하여 석질문물(石質文物) 이외의 역사 문물을 신관으로 이전하고, 기존의 섬서성박물관은 '서안비림박물관'으로 개칭하여 오늘에 이르고 있다. 현재의 비림박물관은 7곳의 비각 진열실, 7곳의 비랑(碑廊), 8곳의 비정(碑亭), 2곳의 석각예술 진열관으로 구성되어 있고 총 11,000여 건의 수장품을 보유하고 있다.

비림 광장의 석대효경비정

서안비림박물관의 전반부는 서안 공묘(孔廟)의 옛터이다. 공묘 건축물 최남단의 조벽(照壁, 밖에서 안이 들여다보이지 않도록 가린 벽)에 '孔廟(공묘)' 두 글자가 크게 새겨져 있다. 박물관 대문을 들어서면 1592년에 세워진 '태화원기방(太和元氣坊)' 속칭 '목패방(木牌坊)'이 보이고 패방 북쪽에 반지(泮池, 제후국의 국학 기관인 반궁 주위에 반원형으로 둘러싼 연못)와 반교(泮橋, 반지 위에 놓인 다리)가 보인다. 여기서 북쪽으로 나아가면 영성문(欞星門)이 나타난다. 중앙 문에는 '문묘(文廟)' 편액이, 좌우 양쪽 문에는 '덕배천지(德配天地, 덕은 천지와 짝하다)' '도관고금(道冠古今, 도는 고금에 으뜸이다)'이라 쓰인 편액이 걸려 있다.

영성문을 들어서면 공묘의 정원인데 북쪽에 명나라 때 지어진 의문(儀門)이 있다. '의문'은 극문(戟門) 또는 계성문(啓聖門)이라고도 하는데, 옛날 매년 봄가을에 제사를 지낼 때 제관(祭官)들이 이곳에서 목욕하고 옷을 갈아입었으며 또 여러 제사용품을 보관하던 곳이다. 오늘은 토요일인데도 관람객들이 비교적 적어 여유 있게 둘러볼 수 있었다.

영성문을 통과하면 다시 공묘의 정원이 나온다. 정원 양쪽으로 각 18칸의 곁채가 있고 정원 가운데에는 강희(康熙), 옹정(雍正), 건륭(乾隆) 황제의 어필 비각을 보관하는 6개의 비정(碑亭)이 있다. 또 곁채의 남쪽

'비림(碑林)' 편액이 걸린 석대효경비정(石臺孝經碑亭) '비림'이란 글씨는 아편전쟁의 영웅 임칙서가 썼다고 한다. 비림박물관의 랜드마크라 할 수 있다.

끝에는 동서에 각각 정자가 있는데 동쪽에는 경운종(景雲鐘)을, 서쪽에는 대하석마(大夏石馬)를 전시하고 있다.(경운종에 관해서는 이 책 「회족 거리의 맛집과 종루·고루」 참조) 공묘 정원의 북쪽은 원래 대성전(大成殿)이 있던 자리인데 벼락을 맞아 불타 없어지고 지금은 '비림 광장'이 되어 있다.

비림 광장을 바라보는 곳에 유명한 '석대효경비정(石臺孝經碑亭)'이 있다. 당 현종은 722년과 742년 두 차례에 걸쳐 『효경』에 주석을 내어 천하에 반포했는데 두 번째 주석 후에는 이를 친히 예서(隸書)로 써서 국자감 좨주(祭酒) 이제고(李齊古)로 하여금 돌에 새겨 국자감에 세우도록 했다. 광장에 있는 '석대효경비'가 그것으로 745년에 새겨졌다. 높이 6.2미

석대효경비와 탁본 『효경(孝經)』 서문과 본문을 포함해 현종의 주석까지 모두 현종의 예서로 새긴 국보급 문화재이다. 당 현종은 유교의 중요한 덕목인 효를 통치 이념의 하나로 삼아 세상을 다스리고자 했다.

터의 웅장한 비석에는 당 현종의 「효경서(孝經序)」와 『효경』 경문, 현종의 주석(注釋)이 예서(隸書)로 새겨져 있는데 모두 현종의 글씨이다. 그리고 비석에는 이와 관련해서 이제고가 올린 표문(表文, 신하가 군주에게 올리는 글)과 이에 대한 현종의 비답(批答)도 새겨져 있는데 표문은 해서(楷書)로, 비답은 행초서(行草書)로 되어 있다. 비석 앞면 위에는 당시의 태자 이형(李亨)이 쓴 '대당 개원 천보 성문신무황제 주 효경 대(大唐開元天寶聖文神武皇帝注孝經臺)'가 전서(篆書)로 새겨져 있다. '당나라 개원·천보 연간에 성문신무황제(현종의 존호尊號)가 『효경』에 주석을 달다'라는 뜻이다.

이 석대효경비정에는 '비림(碑林)'이란 편액이 걸려 있어 서안 비림의 랜드마크라 부를 수 있다. '비림' 글씨는 아편전쟁의 영웅 임칙서(林則徐)가 신강(新疆)으로 유배 가던 도중 이곳을 지나면서 쓴 글씨라고 한다. 여기까지가 옛 공묘 터이고 여기서부터 서안 비림이 시작되는 곳이다.

비림박물관의 서법·석각 예술품

제1실: 개성석경

제1실의 주요 소장품은 '개성석경(開成石經)'이다. 개성석경은 당나라 문종(文宗) 개성(開成) 2년(837년)에 4년여의 작업 끝에 완성된 것으로 『주역』『상서(尙書)』『모시(毛詩)』『주례(周禮)』『의례(儀禮)』『예기(禮記)』『춘추좌전(春秋左傳)』『공양전(公羊傳)』『곡량전(穀梁傳)』『효경(孝經)』『논어』 『이아(爾雅)』 등 12종의 경서와 후에 추가된 『맹자』를 합해 모두 13경을 새긴 비석이다. 총 114개의 비석(앞뒤 228면)으로 이루어졌으며 글자 수는 65만여 자이다. 당 문종 '개성' 연간에 경전을 새기는 작업이 이루어져서 개성석경이라 이름한 것이다. 개성석경이 현 비림에 오게 된 경위는 앞서 말한 '서안 비림의 역사'에 자세하다.

제2실: 당나라 명비

제2실에는 당나라 때의 명비(名碑)가 진열되어 있는데 그중 가장 눈에 띄는 것은 '대진경교유행중국비(大秦景教流行中國碑)'이다. '대진(大秦)'은 당나라 사람들의 동로마 제국에 대한 호칭이고, '경교(景教)'는 로마 교황청으로부터 이단으로 몰린 기독교 소수파 네스토리우스(Nestorius)파가 중국에 들어온 후 그들 스스로 붙인 명칭이다.

비문에 의하면, 635년에 경교 전도사 아라본(阿羅本, Alopen)이 장안에 도착했을 때 당 태종은 재상 방현령(房玄齡)과 위징(魏徵)을 파견하여 영접했으며 이후 경전의 중국어 번역을 허용하고 638년에는 조칙을 내려 장안에 경교 사원을 짓게 하여 21명의 승려를 두었다고 한다. 그 후에도 현종과 곽자의(郭子儀)가 경교를 비호했다는 기록이 있다.

이 비석은 당나라 덕종(德宗) 건중(建中) 2년(781년)에 세워졌는데 경교의 승려인 페르시아인 경정(景淨, Adam)이 짓고 서예가 여수암(呂秀巖)이 글씨를 썼다. 비석에는 경교의 교지(教旨)와 교의(教義) 및 경교가 중국에 전래된 사실(史實)이 기록되어 있다. 그래서 기독교 전교사(傳教史) 및 동서방 문화교류사의 중요한 사료로 여겨진다. 그리고 비문에는 부분적으로 시리아 문자가 들어 있어 문자학적으로도 귀중한 사료로 평가되고 있다.

이 비석은 오랫동안 모습을 감추었다가 1625년 서안의 한 불교 사찰에서 발견되었는데, 아마 845년 당나라 무종(武宗)의 '회창법난(會昌法難, 무종 회창 연간에 있었던 불교탄압)' 때 땅속에 매장되었다가 발굴된 것이 아닌가 한다.

대진경교유행중국비(大秦景敎流行中國碑) '대진'은 동로마제국, '경교'는 네스토리우스 기독교를 말한다. 역사적·예술적 가치가 뛰어난 당나라 때의 명비로 동·서방 문화교류사의 귀중한 자료로 평가된다. 해외 전시가 금지된 국보급 문화재이다. 진열실 오른쪽에 비문 탁본이 걸려 있다.

황보탄비(皇甫誕碑)(부분) 당나라 초기의 서예 대가 구양순 해서의 특징이 잘 드러난 작품이다.

제2실에는 이밖에도 수많은 당비(唐碑)가 있는데 그중에서 '황보탄비(皇甫誕碑)'는 초당(初唐) 4대가의 한 사람으로 일컬어지는 구양순(歐陽詢)의 글씨이다. 지금까지 남아 있는 구양순 비석 중 가장 완벽하게 보존된 것으로 구양순 해서(楷書)의 특징이 잘 드러난 작품으로 평가된다. '다보탑 감응비(多寶塔感應碑)'는 안진경(顔眞卿) 초기 해서의 대표작으로 성당 시기 장안 불교 천태종(天台宗)의 중요 문헌이며 '안씨 가묘비(顔氏家廟碑)'는 가장 원숙기에 접어든 안진경의 대표작이다. '현비탑 비(玄秘塔碑)'는 유공권(柳公權) 해서의 대표작이며, 이백의 족숙(族叔) 이양 빙(李陽氷)의 '삼분기비(三墳記碑)'는 소전체(小篆體)의 대표작이다.

제2실에 있는 또 하나의 걸작은 '집왕대당삼장성교서비(集王大唐三藏聖敎序碑)'이다. 이 비석은 당나라 때 승려 회인(懷仁)이 왕희지의 글자를 집자해서 만든 「대당 삼장 성교서(大唐三藏聖敎序)」를 새긴 것이다. 앞서 「삼장법사 현장과 대자은사 대안탑」에서 설명했듯이 이 글은 현장법사의 요청에 따라 태종이 성교서(聖敎序)를 짓고 고종이 성교서기(聖敎序記)를 지어 저수량의 글씨로 비석을 만들어 새운 것인데, 후에 회인이 왕희지의 글자를 집자하여 다시 만든 것이다. 이 비석은 성교서와 성교서기

안씨가묘비(顏氏家廟碑)**와 탁본** 당나라의 명필 안진경의 원숙기의 작품으로, 안씨 가문의 계보와 관직 경력 등이 기록되어 있다.

그리고 반야심경을 24년에 걸쳐 완성한 것이다.

제3실: 해서, 예서, 초서, 전서의 비석

제3실에는 한대(漢代)부터 북송(北宋)까지의 해서, 예서, 초서, 전서 등 각종 서체의 비석들이 진열되어 있다. 이 중 '조전비(曹全碑)'는 동한(東

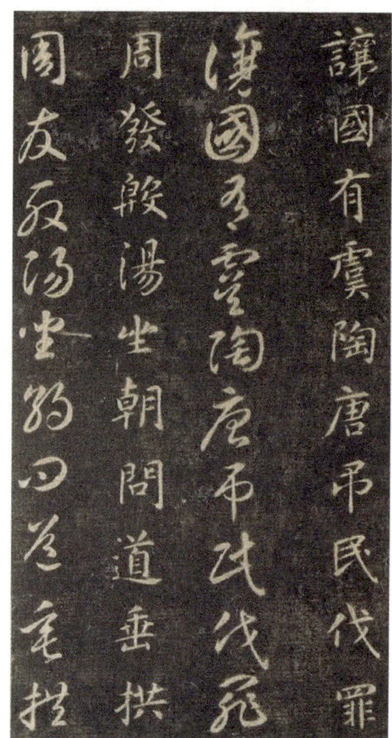

지영(智永)**의 진초천자문**(眞草千字文) **(부분)**
왕희지의 필법을 계승한 지영의 작품으로,
초서를 배우는 사람의 교과서적인 글씨이
다. 해서와 초서가 병기되어 있다.

漢) 말기 예서(隸書) 전성기의 걸작으로 국보급 문물인데, 한나라 예서 대부분이 그렇듯이 글씨 쓴 사람의 이름이 밝혀져 있지 않다. 이 전시실에는 또 안진경 해서의 대표작이라 할 수 있는 '안근례비(顔勤禮碑)'와 '곽가묘비(郭家廟碑)' 그리고 우세남(虞世南)의 '공자묘당비(孔子廟堂碑)'가 수장되어 있다.

제3실에서 눈길을 끄는 것은 지영(智永), 장욱(張旭), 회소(懷素)의 초서(草書) 비석이다. 지영은 왕희지(王羲之)의 7대손으로 일생 동안 왕희지 필법을 계승하고 널리 알리는 데 힘썼다. 그는 절강성 소흥의 영흔사(永欣寺)에 30년간 거주하면서 왕희지 글씨를 집자한 천자문 800여 본을 써서 강동의 여러 사원에 배포했다고 하는데, 제3실에 전시된 '진초천자문(眞草千字文)'은 그중 하나로 해서와 초서가 병기되어 있다. 초서를 배우는 사람들의 교과서적인 글씨이다.

장욱은 당나라 때 초서의 대가로 '초서의 성인〔草聖〕'이라 불린다. 두보는 그의 시 「음중팔선가(飮中八仙家)」에서 장욱을 이렇게 묘사했다.

200

장욱은 술 석 잔에 초성(草聖)이라 전하니
모자 벗고 왕공(王公) 앞에 맨머리 드러내나
붓 휘두르면 종이 위에 구름 안개 같은 글씨

張旭三杯草聖傳　脫帽露頂王公前　揮毫落紙如雲煙

장욱은 술을 좋아해서 술에 취하면 왕공(왕과 공, 즉 신분이 높고 귀한 사람)들 앞에서 관모(冠帽)도 쓰지 않은 맨머리로 붓을 휘둘러 글씨를 썼다고 한다. 일설에는 그가 술에 취해 머리카락을 먹물에 적신 후 휘둘러 글씨를 쓰고는 깨어나 스스로 신기하게 여겼다는 일화도 있다. 그래서 장욱을 당시 사람들은 '장전(張顚)'으로 불렀다고 하는데 '장전'은 '장욱의 이마'라는 뜻으로 이마를 휘둘러 글씨를 썼다는 데에서 나온 별칭이다.

제3실에는 장욱의 글씨를 새긴 비석이 두 종류가 있다. 하나는 6개의 비석으로 이루어진 '초서천자문단석(草書千字文斷石)'인데 '단천자문각석(斷千字文刻石)'으로도 불린다. '단석(斷石)'이라 한 것은 천자문 중에서 비석에 235 글자만 남아 있기 때문이다. 그렇지만 이 비석은 후대 초서를 학습하고 연구하는 데 중요한 자료가 되고 있다.

또 하나는 '두통첩(肚痛帖)'을 새긴 비석이다. 두통첩은 초서 중에서 '광초(狂草)'에 속하는 것으로 실용적 가치보다는 보고 즐기는 예술적 가치가 높은 글씨이다. 두통첩은 모든 글자가 고립되지 않고 모두 연결되어 있어 마치 무용가가 빠른 속도로 고난도의 회전과 도약을 연기하는

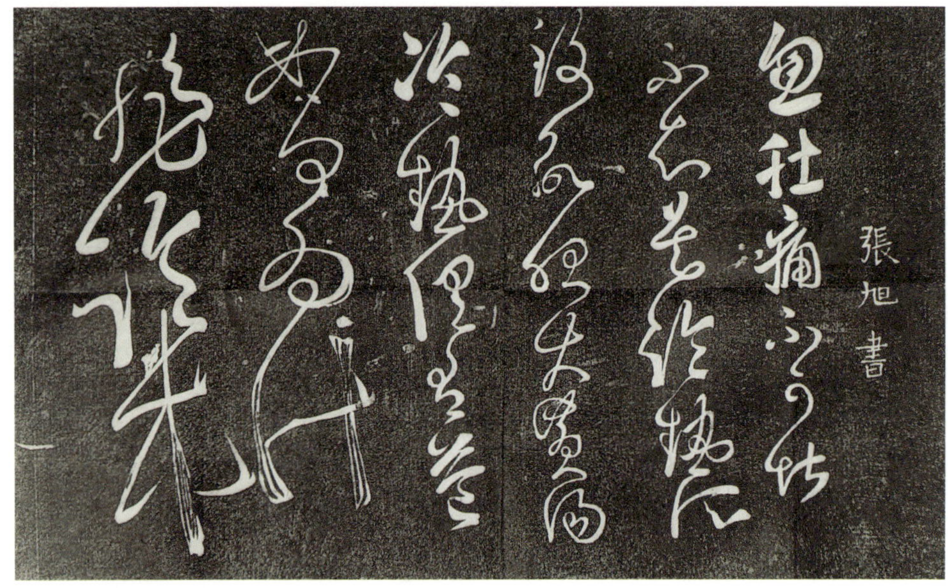

두통첩(肚痛帖) **탁본** 당나라 초서의 대가 장욱의 작품으로, 갑자기 견디기 힘든 복통이 일어나 스스로 치료법을 생각하는 글이다. 모두 30자의 짧은 글이지만 서법예술의 최고의 경지에 이른 작품으로 평가된다.

것과 같다는 평을 받는다. 또 그의 글씨는 음악의 절주(節奏, 일정한 박자나 규칙에 의해서 음의 장단이나 세기 등이 반복될 때 그 규칙적인 음의 흐름)와 같아서 때로는 저속(低速)으로 때로는 중속(中速)으로 또 때로는 고속(高速)으로 연주하는 악곡(樂曲)에 비유되기도 한다. 모두 30자의 짧은 글이지만 서법예술의 최고의 경지에 이른 작품으로 평가된다.

회소(懷素)는 장욱의 '광초' 서법을 계승했는데 당시에 이 두 사람을 '전장광소(顚張狂素)'라 불렀다. 이백은 그의 시 「초서가행(草書歌行)」에서 회소의 글씨 쓰는 모습을 이렇게 묘사했다.

(…)

회오리바람 소낙비가 놀라서 몰아치고

눈처럼 날리는 꽃잎이 어찌 그리 아득한가

일어나서 벽을 향해 손 멈추지 않으니

한 줄에 몇 글자씩 크기가 말〔斗〕만 한데

황홀하여 귀신 놀라는 소리 들은 듯하고

때때로 용과 뱀이 달리는 것만 보일 뿐

좌우로 휘몰아치니 빠른 번개와 같고

형상은 초(楚)와 한(漢)이 서로 싸우는 듯

(…)

飄風驟雨驚颯颯　　落花飛雪何茫茫
起來向壁不停手　　一行數字大如斗
怳怳如聞神鬼驚　　時時只見龍蛇走
左盤右蹙如驚電　　狀同楚漢相攻戰

　　제3실에 전시된 회소의 글씨 비석은 '초서천자문(草書千字文)' '장진
율공이첩(藏眞律公二帖)' '동릉성모첩(東陵聖母帖)'인데 이 중 초서천자문
은 가장 널리 알려지고 서예가들에게 많은 영향을 끼친 작품이다.

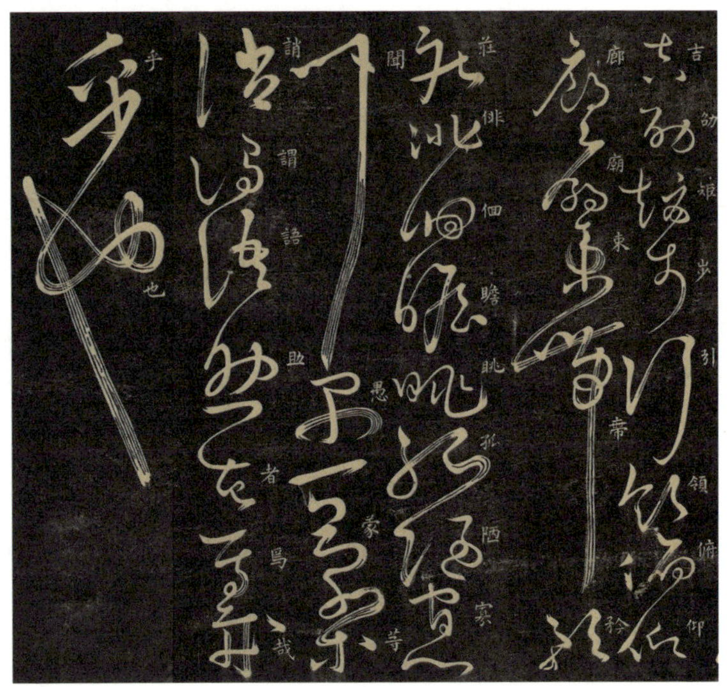

회소(懷素)의 초서천자문(부분)

제4실: 송, 청대 서예가 글씨의 비석

　제4실에는 송대부터 청대까지의 서예가 소식(蘇軾), 황정견(黃庭堅), 미불(米芾), 문징명(文徵明) 등의 글씨를 새긴 비석과, '황하도설비(黃河圖說碑)' 등 이 시기의 사료적 가치가 있는 비석 그리고 많은 선각화(線刻畵) 비석이 진열되어 있다.

　선각화 중에는 당나라 오도자(吳道子)의 '관음상(觀音像)', 왕유(王維)의 '화죽(畵竹)', 명나라 풍전(風顚)의 '달마 동도(達摩東渡)'와 '달마 면벽

역산석각과(嶧山石刻)과 탁본　진시황이 천하를 통일하고 첫 번째로 군현을 순시할 때 역산에 올라 세운 비석으로, 비문의 소전체 글씨는 진나라 이사가 쓴 것이다.

(達摩面壁)', 청나라 주집의(朱集義)의 '송학도(松鶴圖)' 등이 유명하다.

제5실: 송, 원, 명, 청대의 기사비

제5실에는 송, 원, 명, 청대의 각종 기사비(記事碑, 역사적인 일이나 사건 등을 기록한 비석)들이 전시되고 있는데 그중 진(秦)나라 이사(李斯)의 '역산각석(嶧山刻石)'이 눈에 뜬다. 이 비석은 진시황이 천하를 통일한 후 첫 번째로 동쪽의 여러 군현(郡縣)을 순시할 때 역산에 올라 세운 비석이다. 비문의 글씨는 이사가 썼다. 이사는 진시황을 도와 16국의 문자를 통일하여 소전체(小篆體) 문자를 창시한 인물이다. 그는 종전의 들쭉날쭉한 대전(大篆)을 정리하여 간결하고 규범적인 서체를 창안하여 '소전의 시조'로 불린다. 그의 글씨로는 '태산각석(泰山刻石)' '낭야대각석(琅琊臺刻石)' '회계각석(會稽刻石)' 등이 있다고 하지만 모두 비바람에 마멸되었는데, 오직 '역산각석'만 송나라 때 서현(徐鉉)의 임모본(臨摹本)을 돌에 새긴 것이 지금까지 남아 있는 것이어서 중국 문자사(文字史)의 중요한 자료로 평가된다.

제6,7실: 문인의 시문 비석 및 순화각첩

제6실에는 조맹부(趙孟頫), 동기창(董其昌), 임칙서(林則徐) 등 원, 명, 청대 문인 학사들의 시문을 새긴 비석들이 진열되어 있고, 제7실에는 '순화각첩(淳化閣帖)' 145석이 진열되어 있다.

'순화각첩'은 송나라 태종 순화 3년(992년)에 황제가 한림시서(翰林侍書) 왕저(王著)에게 명하여 선진(先秦)부터 수당(隋唐)에 이르기까지의 역대 서예가 103명의 글씨 420점을 대추나무판에 모각(模刻)케 하고 이를 탁본하여 신하들에게 나누어준 서첩(書帖)이다. 전 10권인 이 책의 제1권은 역대 제왕들의 서첩이고 제2권에서 제4권까지는 명신(名臣)들의 서첩이며 제5권은 제가(諸家)들의 서첩이고 제6권에서 제8권까지는 왕희지의 서첩이며 제9권에서 제10권까지는 왕희지의 아들 왕헌지(王獻之)의 서첩이다.

'순화각첩'은 처음 나온 송나라 때부터 이미 수많은 모각본(模刻本)들이 나올 만큼 인기가 있었는데, 비림이 소장하고 있는 것은 청나라 순치(順治) 3년(1646년)에 난주(蘭州) 숙부본(肅府本)을 돌에 새긴 것이다.

묘지랑의 묘지석

비림 제1실과 제3실 사이, 제3실과 제4실 사이, 제5실과 제6실 사이에 역대 묘지석(墓志石)을 진열하고 있는데 이를 묘지랑(墓志廊)이라 부른다. 묘지를 우리나라에서는 묘지(墓誌)라 하는데 죽은 사람의 가족 세계(世系, 조상으로부터 대대로 내려오는 계통)와 평생 사적 등을 돌이나 도자기에 새겨 무덤 옆에 매장하는 것으로, 당시의 사회생활을 반영하고 있어 사료(史料)로서의 가치가 높다. 비림의 묘지랑에는 우우임(于右任)이 기증한 '원앙칠지재장석(鴛鴦七志齋藏石)'과 근년 서안에서 출토된 당송 시기의 묘지들이 보관되어 있다.

우우임(1879~1964)은 민국 시기 국민당 정부의 감찰원장 등 요직을 지낸 인물로 빼어난 서예가이기도 하다. 그가 수집해온 한대(漢代)부터 송대(宋代)까지의 묘지석 387석을 '원앙칠지재장석'으로 이름 짓고 1936년 비림에 기증했다. 중일전쟁이 발발하자 이를 비림 동원(東院)에 매장했다가 1947년에 꺼내었는데 지금 그 정품(精品)을 골라 묘지랑에 진열한 것이다.

석각예술실과 석각예술관

비림 광장 서쪽에 1963년에 건립된 '서안 석각예술실'에서는 먼저 동한(東漢, 25~220) 시대의 석수(石獸, 돌로 된 짐승 형상)를 볼 수 있고, '공자견

동한 시대 '석수(石獸)' 석각예술실에 전시된 암수 한 쌍 중 수컷 석수이다. 민첩하고 역동적인 자세, 긴 턱수염 등이 눈길을 사로잡는다.

노자(孔子見老子, 공자가 노자를 만나다)' '동왕공견서왕모(東王公見西王母, 동왕공이 서왕모를 만나다)' 등의 다양한 화상석(畫像石)이 진열되어 있다. 또한 당 고조 이연의 헌릉(獻陵) 앞에 세워졌던 코뿔소 모양의 석조상 '헌릉 석서(石犀)', 당 무종의 단릉(端陵)에 있던 타조 모양의 석조상 '단릉 석타조(石鴕鳥)' 등이 있고, 당나라 때의 '노자상'도 전시되어 있다. 이곳의 걸작은 '소릉 육준(昭陵六駿)' 석각이다. 국가 1급 문물인 소릉 육준은 당 태종의 무덤 소릉에 세워졌던 여섯 마리 준마의 대형 부조 석조물을 말하는데, 이에 대해서는 뒤에 「산을 능으로 삼은 당 태종의 소릉」에서 자세히 다룬다.

2010년 비림 광장 동쪽에 신축된 '석각예술관'에는 '장안 불운(長安佛

208

북위 시대 불상 비석 '주보백조상비(朱輔伯造像碑)' 높이 178센티미터, 너비 85센티미터, 두께 19센티미터, 북위 건명 2년(531년). 불교와 도교의 합일을 주제로 한 불상 비석으로 국가1급 문화재이다.

韻)’이란 주제하에 북조(北朝, 439~581. 북위北魏, 서위西魏, 동위東魏, 북제北齊, 북주北周의 다섯 왕조), 수나라, 당나라 때의 불교 조상(造像, 불상이나 부처의 화상) 150여 건이 전시되고 있다.

10대 명비와 3대 국보

서안비림박물관이 소장하고 있는 비석들 중 다음 비석들이 ‘10대 명비(名碑)로 일컬어진다. ① 석대효경비(石臺孝經碑) ② 안씨가묘비(顔氏家廟碑, 제2실) ③ 현비탑비(玄秘塔秘, 제2실) ④ 황보탄비(皇甫誕碑, 제2실) ⑤ 대진경교유행중국비(大秦景敎流行中國碑, 제2실) ⑥ 회소천자문(懷素千字文, 제3실) ⑦ 조전비(曹全碑, 제3실) ⑧ 삼분기비(三墳記碑, 제2실) ⑨ 집왕대당삼장성교서비(集王大唐三藏聖敎序碑, 제2실) ⑩ 소릉 육준(昭陵六駿, 석각예술실). 이 10대 명비는 공식적인 분류가 아니고 선자(選者)에 따라서 달라지기도 한다.

또 다음과 같은 문물이 서안비림박물관의 3대 국보로 꼽힌다. ① 석대효경 ② 개성석경 ③ 대진경교유행중국비. 이것도 선자에 따라서 경운종(景雲鐘), 소릉 육준, 대진경교유행중국비를 3대 국보로 꼽기도 한다.

석각예술실에서 ‘소릉 육준’을 찾고 있었는데 보이지 않아서 가이드에게 물어보니 현재 비림의 문물들을 재배치하고 있다고 했다. 전시 문물을 대대적으로 재배치하고 있는 듯했다. 그러고 보니 제3실에서 장욱의 초서를 찾았으나 보지 못했고 묘지랑도 없어졌다. 어디로 이동했는지 물으니 가이드도 모른다고 했다. 아마 몇 년 후에야 다시 정비될 듯한데 중국에서는 이런 일이 자주 일어난다. 그러므로 비림에 관한 앞의 기술은 내가 마지막으로 본 2019년 당시의 현황임을 밝혀둔다.

구법고승 의정과 천복사 소안탑

천복사와 의정 스님

비림 관람을 마치고 우리는 소안탑(小雁塔)이 있는 천복사(薦福寺)로 향했다. 천복사는 당나라 중종 사성(嗣聖) 1년(684년) 장안의 개화방(開化坊) 남쪽에 건립되었다. 이곳은 원래 수양제(隋煬帝)가 황제에 등극하기 전에 살았던 왕부(王府, 왕족의 저택)였고 당나라 때는 중종이 황제가 되기 전에 거처했던 저택이었다.

중종은 황제가 된 후 684년 부친 고종(高宗) 사후 100일째 되는 날 부친의 명복을 빌기 위하여 자신이 살던 집을 사원으로 개조하고 '대헌복사(大獻福寺)'라 이름했는데 690년에 천복사로 개명했다. 이 사원은 원래 개인의 저택이었기 때문에 탑을 세울 위치가 마땅치 않아 미루어오다가 그로부터 20년 후인 710년에 개화방 맞은편의 안인방(安仁坊)에 탑을 세

212

왔다. 당나라 말의 전란으로 천복사가 소실되자 후에 탑이 있는 안인방에 천복사를 재건하여 오늘에 이르고 있다.

앞에서 살펴본 바와 같이 자은사(慈恩寺)가 현장법사(玄奘法師)와 밀접한 관계에 있듯이 천복사도 고승(高僧) 의정(義淨, 635~713)과 인연이 있다. 의정은 법현(法顯), 현장과 함께 당나라 때 3대 구법고승(求法高僧)으로 일컬어진다. 구법고승은 불법을 구하기 위해 인도나 서역 등의 불교 성지로 먼 길을 떠난 승려들을 말한다. 그는 671년에 인도로 건너가서 현장이 수학했던 나란타(那爛陀) 사원에서 11년간 공부하는 등 25년 동안 인도에 머물다가 695년에 불경 400여 부를 가지고 귀국했다. 706년부터는 천복사에 머물면서 역경(譯經) 사업에 종사하여 총 61부 239권의 불경을 번역했다.

수많은 지진을 견뎌낸 기적의 소안탑

안인방에 건립된 탑은 당송 시기에 천복사탑으로 불리다가 그 후에 자은사 탑을 대안탑(大雁塔), 천복사 탑을 소안탑으로 부르게 되었다. 소안탑은 인도 불교의 건축 형식이 중국에 전래된 초기 형태인 밀첨식(密檐式) 전탑(塼塔)의 대표적인 건축물이다. 밀첨식 탑은 탑신이 생략되거나 매우 낮게 처리되어 지붕 부분만 겹겹이 쌓아 올린 것 같은 탑이다. 원래는 15층의 탑인데 현재는 13층까지만 남아 있다.

소안탑에 관해서 믿기 어려운 신비한 이야기가 전한다. 1484년의 대

소안탑 당나라 때(710년) 장안의 안인방에 세워진 밀첨식(密檐式) 전탑(塼塔)으로, 인도 불교의 건축 양식이 중국에 전래된 초기 형태의 대표적인 건축물이다. 원래는 15층인데 현재는 13층(43.4미터)까지만 남아 있다. 유네스코 세계문화유산에 등재되어 있다.

지진으로 탑이 수직으로 갈라져 틈이 벌어졌는데 34년 뒤인 1521년의 대지진을 거친 후 다시 원상으로 회복되었다. 1555년의 대지진으로 탑이 또 갈라졌는데 그후 1563년의 지진 때 다시 원상 복구되었다. 그뿐만 아니라 1691년의 대지진 때 벌어진 틈이 1721년의 지진 때 다시 자연 복구되었다고 한다. 사람들은 이를 '안탑 신합(雁塔神合)'이라 하여 신(神)의 가호(加護)라 여겼다.

그러나 신중국 성립 후 정밀 조사한 결과 이 현상은 '신합(神合)'이 아닌 '인합(人合)'인 것으로 밝혀졌다. 즉 갈라진 틈을 신이 합해놓은 것이 아니라 인간이 합했다는 뜻이다. 조사 결과는 이렇다. 탑을 조성할 때 밑

부분을 단단히 다져서 반원형
(半圓形)으로 만들었기 때문에
마치 오뚜기가 기울어도 넘어지
지 않듯이 탑도 무너져 붕괴되
지 않았다는 것이다. 탑을 만들
당시의 장인(匠人)들이 지혜를
짜내어 미리 지진에 대비했다는
이야기이다. 이 이야기를 어디
까지 믿어야 할지 모르겠다.

당나라 때 진사 급제자가 대
안탑 밑에 가서 합격 기념으로
자신들의 이름을 새겼던 '안탑
제명(雁塔題名)'을 본떠서 명청

1964년 수리하기 전의 갈라진 소안탑

시기에는 섬서성 지방의 무과(武科) 급제자들이 소안탑에 자기 이름을
새기는 풍습이 생겼다고 한다. 이를 '안탑무거제명(雁塔武擧題名)'이라
하는데 지금도 그 흔적이 남아 있다.

저녁 식사는 중국 측 여행사인 '섬서 중국 여행사'의 이성철(李成哲)
부장이 우리를 접대한 듯했다. 식당 이름은 '고금일가(古今一家)'인데 상
당히 고급스러운 식당이어서 음식도 다양하고 맛있었다. 이성철 부장이
직접 와서 지휘하고 있었다.

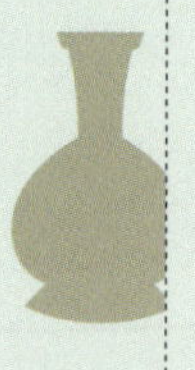

몽지람, 천지람, 해지람

몽지람(夢之藍), 천지람(天之藍), 해지람(海之藍)은 '강소성 양하주창고분유한공사(江蘇省洋河酒廠股份有限公司)'에서 2003년에 출시한 농향형(濃香型) 백주이다. 이 술이 생산되는 강소성 숙천시(宿遷市) 양하진(洋河鎭)에서는 이미 수당(隋唐) 시기부터 술을 빚기 시작하여 전국적인 명성을 얻고 있었다. 그래서 이런 말이 생겼다.

술기운이 하늘을 찔러
나는 새가 향을 맡고 봉황새로 변하며

술지게미가 강에 흘러들면
물고기가 맛을 보고 용이 된다네

酒氣沖天　飛鳥聞香化鳳
糟糠入水　游魚得味成龍

양하주창의 양조 공법은 '삼저공예(三低工藝)'로 유명한데, 저온입교(低溫入窖, 저온으로 발효 구덩이에 넣는 것), 저온발효(低溫醱酵), 저온유주(低溫鎦酒, 저온으로 증류하는 것)가 그것이다. 이렇게 만들어진 술은 '양하대국(洋河大麯)'이란 상표로 널리 사랑을 받았다. 이 술은 품질이 우수하여 1979년 제3회 중국평주회에서 중국 명주로 선정된 이래 4회, 5회 연속으로 중국 명주에 선정되는 영예를 누렸다.

이 회사가 2000년대 초에 대량의 인적·물적 자원과 거액의 자금을 투입하여 대대적인 시장조사를 토대로 새 시대에 맞는 술을 개발한 것이 이른바 '양하 삼형제' 또는 '양하 삼검객(三劍客)'으로 일컬어지는 '양하 남색 경전계열(洋河藍色經典系列)'의 몽지람, 천지람, 해지람이다. 전통적인 '양하대국' 상표의 술이 '양하대국 신천람(新天藍)' '양하대국 노천람(老天藍)' 등의 이름으로 지금도 생산되긴 하지만 현재 이 회사의 주력 산품은 '양하 삼형제'이다.

'양하 삼형제'에 대한 회사 측의 광고문구는 이렇다. "세계에서 가장 넓은 것이 바다(海)이고 바다보다 더 높고 먼 것이 하늘(天)이고 하늘보다 더 넓고 큰 것이 남자의 정회(情懷)이다." 여기서 '남자의 정회'를 꿈(夢)이라 한 것이다. 아울러 '양하 삼형제'의 '남색(藍色)'에 대한 설명이 이어진다. "하늘이 높아서 남색이 되고 바다가 깊어서 남색이 되고 남자의 꿈(夢)이 요원해서 남색이 된다."

'양하 삼형제' 중 가장 고급스러운 것이 '몽지람'이고 그다음이 '천지람'이고 그다음이 '해지람'이다. 이 세 가지 술의 차이는 주로 저장 연도에 있다. 해지람은 3년에서 5년, 천지람은 15년에서 20년, 몽지람은 50여 년의 저장 끝에 출시된다고 한다.

이 중 몽지람은 현재 M1, M3, M6, M9의 4개 품종을 생산하고 있다. 가격도 엄청나다. M3가 600위안(한화 약 12만 원), M6가 900위안(한화 약 18만 원)을 호가하고 M9은 무려 2,600위안(한화 약 52만 원)을 호가한다. 이 밖에도 2018년에 '개띠' 기념주로 출시된 것은 시중가 3,800위안(한화 약

76만 원)에 거래되었고, 2024년에 출시된 M9의 '수공반 대사판(手工班大師版)'은 7,999위안(한화 약 160만 원)을 호가한다.

　최근에 중국의 백주 가격이 천정부지로 오르고 있는데 이 '양하 삼형제'도 예외가 아니다. 그러나 좋은 술임에는 틀림없다.

한 무제의 무릉과 곽거병 무덤

여행 4일째, 우리는 먼저 한(漢)나라의 수도였던 함양(咸陽, 셴양)에 있는 무릉(茂陵)을 찾았다. 무릉은 한나라 제5대 황제 무제(武帝)의 무덤인데 무릉과 배장묘(陪葬墓)가 있는 일대를 '무릉경구(茂陵景區)'라 하여 잘 정비해놓고 있었다.

'한무성세'의 빛과 그늘

우리가 먼저 간 곳은 배장묘 중에서 곽거병 묘(霍去病墓)를 중심으로 한 구역인데 이곳에 들어가는 대문에 '무릉박물관' 편액이 걸려 있었다. 여기가 사실상 무릉 경구의 중심인 셈이다. 이 무릉박물관을 관람한 후에 다시 버스를 타고 한참을 가면 무릉이 나타나는데 정작 무릉에는 비석과 봉분 이외에는 볼 것이 없다. 먼저 한 무제에 대해서 살펴본다.

한 무제 유철(劉徹, 기원전 156~기원전 87)은 기원전 139년, 16세에 즉위하여 55년간 한나라를 통치한 정치가이자 군사 전략가이며 문학가였다.

그는 위청(衛靑), 곽거병(霍去病), 이릉(李陵), 소무(蘇武), 장건(張騫) 등을 등용하여 북으로 흉노를 정벌하고 남으로 남월(南越, 지금의 광동, 광서, 베트남 북부)과 민월(閩越, 지금의 복건성 남부)을 정복했으며 서쪽으로는 대완(大宛, 지금의 우즈베키스탄 동북부)을 멸하여 영토를 확장했다. 또 동으로는 위만조선(衛滿朝鮮)을 멸하고 한사군(漢四郡)을 설치했다.

이러한 잦은 대외 정벌과 대규모 토목공사로 국가의 재정이 고갈되자 무제는 상인 집안 출신으로 회계에 밝은 상홍양(桑弘羊)을 등용하여 여러 가지 경제정책을 펼쳤다. 먼저 염철관(鹽鐵官)을 두어 국가가 소금과 철을 전매하고 술의 판매까지 전매함으로써 국가 재정을 확충했다. 다음으로는 균수법(均輸法, 지방에서 올라오는 공물의 운송을 관청에서 통제하는 제도)과 평준법(平準法, 물자를 저장했다가 흉년에 내놓아 물가를 조절하는 제도)을 도입했다. 이 법은 국가가 상품의 운반과 물가를 통제함으로써 대상(大商)의 이윤을 억제하는 것인데 여기서 나온 이익은 국고에 귀속시켰다. 또 한 무제는 상홍양으로 하여금 오수전(五銖錢, 동전의 무게가 오수여서 붙여진 명칭)을 만들게 하여 화폐의 위조 방지와 통화 안정을 꾀했는데 오수전은 이후 700여 년간 통용되었다. 이 소금·철·주류의 전매와 균수·평준법으로 소상인과 일반 백성들의 불만이 커지자 소제(昭帝) 6년(기원전 81년)에 당시의 실권자인 곽광(霍光)이 이 문제를 주제로 한 유명한 '염철회의'를 소집하기도 했다.

한 무제의 업적 중 눈에 띄는 것은 유학(儒學)의 장려였다. 그는 동중서(董仲舒)를 등용하여 당시 유행하던 노장사상 등 백가(百家)를 배척하고 태학(太學)을 설치하여 이곳에서 오경박사(五經博士)로 하여금 『시경』 『상서』 『예기』 『주역』 『춘추』 등의 오경을 가르치게 함으로써 유학을 국가의 통치 이념으로 만들었다. 이후 유학은 청나라 말까지 국가를 통치하는 기본 이념이 되었다.

그러나 강력한 중앙집권제를 확립한 한 무제의 통치는 '양유음법(陽儒陰法)' 또는 '외유내법(外儒內法)'으로 불릴 만큼, 겉으로는 유학을 내세웠지만 안으로는 법가(法家) 사상을 따랐다. 무제 시대의 경제정책을 주도한 상홍양도 법가였고, 가혹한 법으로 다스렸던 장탕(張湯)과 같은 혹리(酷吏)가 한 무제의 신임을 얻어 득세한 것이 그 한 예이다. 그런 정책으로 한 무제는 정치·경제적으로 역대 왕조의 골격을 마련하는 토대를 마련했다. 후대에 한 무제의 시대를 '한무성세(漢武盛世)'라 부르는 이유가 여기에 있다.

만년에는 신선 사상에 빠져 이소군(李少君), 이소옹(李少翁), 난대(欒大) 등 방술사(方術士)를 가까이하여 불로장생을 꾀하는 지경에 이르렀다. 한 무제는 건장궁(建章宮)에 승로반(承露盤, 하늘에서 내리는 불로장생의 감로수를 받아먹기 위하여 만들었다는 쟁반)을 만들었는데 높이 45미터의 기둥 위에 커다란 쟁반을 매달아 아침 이슬을 받아서는 옥(玉)가루에 타서 마셨다고 한다. 그렇게 하면 불로장생한다고 믿었기 때문이다. 이 승로반을 '선인장(仙人掌)'이라 부른다. '신선의 손바닥'이라는 뜻이다.

한 무제는 문학적으로도 재능이 있어 매승(枚乘), 사마상여(司馬相如)

등의 사부(辭賦)를 즐겨 읽었고 그 자신도 여러 작품을 남겼다. 그의 작품 중 널려 알려진 「추풍사(秋風辭)」를 소개한다.

가을바람 일어나니 흰 구름 흩날리고
초목은 떨어지고 기러기 남으로 가네

난초는 빼어나고 국화는 향기로워
가인(佳人)에 대한 그리움 잊을 길 없네

누선(樓船)을 띄워 분하(汾河)를 건너는데
강 가운데 지나려니 흰 파도 일어나네

북소리 울리고 뱃노래 부르지만
환락이 지극하면 슬픈 정도 많아지네

젊은 시절 얼마런가, 늙음을 어이하리

秋風起兮白雲飛　草木黃落兮雁南歸
蘭有秀兮菊有芳　懷佳人兮不能忘
泛楼船兮濟汾河　橫中流兮揚素波
蕭鼓鳴兮發棹歌　歡樂極兮哀情多
少壯幾時兮奈老何

기원전 113년, 즉위 27년째 되는 44세 때의 작품인데 당시에 산서성 분음(汾陰)에서 후토(后土, 토지를 맡아 다스린다는 신)에 제사 지내고 분하(汾河)를 유람하며 쓴 시이다. 이 작품에서 '가인(佳人)'은 현재(賢才), 선인(仙人), 그가 총애했던 이부인(李夫人), 자신의 이상 등 다양하게 해석된다. 한 무제는 『초사(楚辭)』를 매우 좋아했는데 이 작품도 초사의 영향을 깊이 받았다. 이 시로 인해서 후대의 이하(李賀), 소식(蘇軾)이 한 무제를 '추풍객(秋風客)'으로 부르게 된 것은 너무도 유명한 일이다. 한 무제의 「추풍사」는 무릉 경구 곳곳에 걸려 있다.

'동방의 피라미드' 무릉

한 무제는 즉위한 다음 해(기원전 140년)부터 53년간 자신의 무덤을 조성했다. 현재의 능은 높이가 46.5미터, 밑바닥 동서의 길이가 231미터, 남북의 길이가 234미터로 함양에 있는 서한(西漢) 11개 황제 능 중에서 가장 규모가 큰 것으로 중국인들은 이를 '동방 금자탑'이라 부른다. '금자탑'은 이집트의 피라미드를 가리킨다.

한 무제는 매년 조세 총수입의 3분의 1을 능 건축과 수장품 구입에 투입했다고 한다. 무덤에 넣은 물품은 희대의 보물들인데 나중엔 더이상 들여놓을 공간이 없을 만큼 가득 찼다고 한다. 한 무제가 죽은 후 능 옆에 사당을 세우고 능원(陵園)에 침전(寢殿)과 편전(便殿)을 건설하여, 침전에

무릉(茂陵) **전경**　서한(西漢) 11개 황제릉 중에서 규모가 가장 큰 무덤으로 '동방의 피라미드'라 불린다.

서는 매일 네 번 상식(上食)을 하고 사당에서는 매월 제사를 지내며 편전에서는 1년에 네 번 제사를 지냈다. 이 모든 행사를 주관하고 능 주위를 관리하는 인원이 5,000명이 넘었다고 하니 그 규모를 짐작할 만하다.

무릉은 다섯 차례 도굴을 당했다. 기원전 84년과 기원전 73년 그리고 26년에 도굴을 당했고 190년에는 후한의 동탁(董卓)이 여포(呂布)를 파견해 무릉을 도굴했으며 881년에는 황소(黃巢)가 도굴했다는 기록이 있다.

한 무제는 능을 조성하던 해부터 능원 주위에 무릉읍(茂陵邑)을 조성하여 문무 대신과 부호들 그리고 명문가를 이곳에 이주시켰다. 그래서 한때는 이곳의 인구가 6만여 호, 27만 7천여 명이나 되었다고 한다. 기원전 127년에는 이곳으로 이주하는 자에게 돈과 전답을 주어 이주를 촉진

224

했기 때문에 자연히 경제적으로 번창했다. 그래서 사람들은 이곳에 사는 것을 자랑으로 여기기도 했다. 후에는 사마상여, 사마천, 동중서 등도 여기에 장기 거주했다고 한다.

흉노를 정벌한 위청과 곽거병

한 무제가 가장 총애한 장군은 위청(衛靑, ?~기원전 106)과 곽거병(霍去病, 기원전 140~기원전 117)이었는데 두 사람은 흉노와의 전쟁에서 혁혁한 공을 세워 한 무제의 환심을 샀다. 이 두 사람과 한 무제와의 관계는 매우 복잡하다. 그 대강을 간추리면 이렇다.

한 무제의 누이 평양공주(平陽公主) 집에서 하인으로 일하던 위온(衛媼)이 위씨(衛氏) 성의 한 남성과의 사이에서 1남 3녀를 두었다. 이 중 3녀는 위군유(衛君孺), 위소아(衛少兒), 위자부(衛子夫)이다. 이후에 위온은 평양공주 집안의 관리로 일하던 정계(鄭季)와 사통하여 3남을 두었는데 장남이 위청이다. 이 3남은 모두 아버지 성을 따르지 않고 위씨를 성으로 삼았다.

한편 위온의 둘째 딸 위소아는 평양공주 댁에 파견되어 있던 현리(縣吏) 곽중유(霍仲孺)와 사통하여 곽거병을 낳았다. 이후 곽중유는 임무를 마치고 본현(本縣)으로 돌아가 다른 여자와 결혼하고 자식도 두었다. 위온의 셋째 딸 위자부는 우연히 입궁할 기회를 얻어 한 무제의 총애를 받고 나중에는 황후가 된다. 그리고 위청은 청소년 시절의 여주인으로 과

기련산 모양을 본뜬 곽거병 무덤　1914년 프랑스의 빅토르 세갈랑(Victor Segalen, 1878~1919)이 촬영한 사진이다. 기련산에서 흉노를 물리친 곽거병의 공적을 기리기 위해 설치되었던 석물들은 현재 무덤 입구에 진열되어 있다.

부가 되었던 평양공주와 결혼을 하게 되었다. 그러므로 한 무제와 위청은 처남 매부 사이가 되었고, 위청은 곽거병의 외삼촌이 된다. 그후 곽거병은 황후가 된 이모 위자부에 힘입어 조정에서 중용되었다.

위청은 한 무제의 신임을 얻어 7차례나 흉노 정벌에 나서서 큰 공을 세웠다. 그가 흉노와의 전쟁에서 죽이거나 포로로 잡은 적군이 5만여 명에 달했다고 한다. 그가 죽은 후 무제는 자신이 조성하고 있던 무덤 동북쪽 1킬로미터 지점의 곽거병 무덤 옆에 음산(陰山) 모양의 묘총을 만들어 그를 기렸다. 음산은 흉노와의 전쟁에서 승리를 거두었던 곳이다. 높이 24.72미터의 위청 묘 앞에는 '한 대장군 대사마 장평후 위공청 묘(漢大將

軍大司馬長平侯衛公靑墓)'라 새겨진 묘비가 서 있다. 청나라 건륭 연간에 섬서(陝西) 순무어사(巡撫御使) 필원(畢沅)이 자기 글씨로 세운 비석이다.

곽거병은 18세에 외삼촌 위청의 5차 흉노 정벌 때부터 전쟁에 참여하기 시작하여 총 6차에 걸친 원정에서 많은 공을 세웠다. 위청의 6차 정벌에 종군한 후 개선한 곽거병에게 한 무제는 '표기장군(驃騎將軍)'과 '관군후(冠軍侯)'란 작위를 내렸다. 표기장군은 한 무

곽거병 무덤 앞의 비석 '한 표기장군 대사마 관군후 곽공 거병 묘(漢驃騎將軍大司馬冠軍侯霍公去病墓)'라 쓰여 있다.

제가 곽거병을 위해서 창설한 관직으로 삼공(三公)의 지위보다 높았다. 관군후는 문자 그대로 '공이 전군에서 으뜸'이라는 뜻인데 이 역시 한 무제가 곽거병을 위해서 처음으로 만들어 내린 작위이다. 그만큼 한 무제는 곽거병을 좋아해서 평소에 말하기를 "그대는 짐(朕)의 장성(長城)이다"라 했다고 한다. 그가 전공을 올리자 한 무제는 그의 벼슬에 걸맞은 저택을 지으라고 권했음에도 그는 "흉노를 멸하기 전에는 집을 가지지 않겠다"라 말했을 만큼 국가에 대한 그의 충성심은 강했다.

불행히도 곽거병은 24세에 일찍 죽었는데 한 무제는 자신의 무덤 옆에 기련산(祁連山) 모양으로 그의 무덤을 만들어주었다. 기련산은 하서

주랑(河西走廊)에 있는 산으로 그가 흉노와 치열한 전투를 벌여 승리한 곳이다. 하서주랑은 중원과 서역을 연결하는 통로이고, 유럽까지 이어지는 실크로드의 중요한 경로 중 하나였다. 높이 18.3미터의 곽거병 무덤 앞에는 필원의 글씨로 세운 비석이 서 있다. '한 표기장군 대사마 관군후 곽공 거병 묘(漢驃騎將軍大司馬冠軍侯霍公去病墓)'. 계단을 통해서 무덤 위에까지 올라갈 수 있는데 무덤 위에는 '남승정(覽勝亭)'이라는 조그마한 정자를 지어놓았다. 정자의 기둥에 이런 영련(楹聯)이 쓰여 있다.

轉戰西陲開絲路 (전전서수개사로)
永留高冢象祁連 (영류고총상기련)

서쪽 변방 전장을 누비며 비단길 개척했고
기련산 닮은 높은 무덤을 영원히 남겼네

남승정에서 바라보면 왼쪽 멀리 위청의 묘가 보이고 더 먼 곳에 한 무제의 능이 보인다.

곽거병 무덤 석각군

곽거병 묘 앞에는 17건의 석조상(石彫像)과 석각(石刻)이 놓여 있는데 후대에 붙인 이들 각각의 이름은 이렇다. 석조상은 마답흉노(馬踏匈奴, 말이 흉노를 짓밟다), 기마(起馬, 일어나는 말), 약마(躍馬, 뛰는 말), 석인(石人, 돌사람), 인여웅(人與熊, 사람과 곰), 괴수식양(怪獸食羊, 괴수가 양을 먹다), 야저(野猪, 멧돼지), 섬(蟾, 두꺼비), 와(蛙, 개구리), 석어(石魚) 2건, 복호(伏虎, 엎드린 호랑이), 와우(臥牛, 누워 있는 소), 와상(臥象, 누워 있는 코끼리), 그리고 석각 문자는 '좌사공(左司空, 관직명)' 2건 및 '평원악릉숙백아곽거익(平原樂陵宿伯牙霍巨益)'. 이 중 국보가 12건이다.

그의 무덤에 왜 이런 석물들이 있었던 것일까? 지금은 이 석물들이 묘역에 따로 진열되어 있지만 원래는 무덤 주위에 설치되었던 것으로 보인다. 그러면 왜 무덤 주위에 이런 석물들을 설치했던 것일까? 기원전 117년에 곽거병이 24세의 나이로 죽었을 때 한 무제는 그의 공적을 기려서 무덤을 기련산(祁連山) 모양으로 조성하라고 명령했다. 하서주랑에 있는 기련산은 곽거병이 흉노와 여러 차례 싸워 전공을 세웠던 곳이다.

한 무제의 명을 받은 실무자들은 기련산 모양으로 봉분을 만들고 나서 봉분에 기련산과 같은 환경을 조성하려고 했다. 기련산은 험준하고 원시적 풍경을 간직한 산이다. 이곳에는 보지 못한 새가 날고 괴수가 출몰한다. 기련산은 초목과 암석과 냇물 이외에도 여러 가지 동물들이 날뛰는 곳이다. 호랑이나 멧돼지, 양을 잡아먹는 괴수, 곰과 결투를 벌이는 신기한 거인 등의 석물은 깊고 험준한 기련산의 환경을 나타내기 위해서 설치되었다. 곽거병의 무덤을 보는 사람들로 하여금 기련산 속에 있는 것 같은 느낌을 주기 위해서 이 석물들을 배치한 것이다.

또 이 석물들은 흉노 토벌에 큰 공을 세운 곽거병의 전공을 보여주기 위한 기념비의 성격을 지니도록 조성되었다. 그 대표적인 것이 '마답흉

마답흉노(馬踏匈奴) **석상**　말이 앞다리로 한나라의 숙적이었던 흉노를 밟고 있는 형상이다. 흉노와의 기나긴 전쟁에서 한나라의 승리를 보여주는 기념비적인 성격을 지닌다.

노(馬踏匈奴)' 석상이다. 높이 1.68미터, 길이 1.90미터의 이 석조상은 말이 앞다리로 흉노를 누르고 있는 형상인데 말굽에 깔려서 위를 보고 있는 흉노의 왼팔은 활을, 오른팔은 화살을 잡고 있지만 어쩔 줄을 몰라 낭패한 모습이다. '석인(石人)'이라는 석상도 기련산 전투에서 패퇴한 흉노를 형상화한 것으로 보인다.

　기타 동물들의 석상도 일차적으로는 기련산의 환경을 조성하기 위해 설치되었지만 동물들 모두 용맹한 모습이고 곽거병의 명령을 받으면 언제라도 출격할 태세를 갖추고 있다. '엎드린 호랑이'는 사냥감을 덮치기 직전에 호흡을 가다듬는 모습이고, '일어나는 말'은 달리기 위해서 막

기마(起馬, 일어서는 말) 석상

와우(臥牛, 누워 있는 소) 석상

일어나려는 초동(初動) 자세를 나타내고, '멧돼지' '두꺼비' '개구리' 등도 전방을 주시하며 주인의 출격 명령을 기다리고 있다. 그러므로 이 석상들은 동물들 본래의 특성을 강조하지 않고 장군에게 복종하려는 의지를 나타낸 것이다. 말하자면 호전적인 곽거병의 성격과 공로를 표현하기 위한 보조 수단인 것이다.

무릉박물관

무릉박물관은 1979년 곽거병 묘역 안에 건립되었다. 이 박물관은 일반 박물관과는 달리 고건축과 주위 풍경이 어울어진 원림식(園林式) 박물관이다. 소장 문물의 대부분은 무릉 주위의 농촌에서 발굴되어 현지

곽거병 묘역 안에 조성된 무릉박물관　진열실이 동서로 나누어져 있고, 정문 앞쪽 연못 너머로 곽거병 무덤과 그 위의 남승정(覽勝亭)이 보인다.

농민들이 헌납한 유물로 지금까지 5,150건이 모아졌다. 그중 1981년 속칭 '양두총(羊頭冢)' 남쪽에서 발굴된 236건의 유물이 중요하다. 여기에는 동기(銅器), 유금기(鎏金器) 등 국보급 유물이 포함되어 있다.

진열실은 동, 서로 나뉘어 있는데 동 진열실은 '한 무릉 역사문화 정화(菁華) 진열실'로 여기에 유금동마(鎏金銅馬), 착금은동서준(錯金銀銅犀尊), 사신문옥조포수(四神紋玉雕鋪首) 등 115건이 진열되어 있고, 서 진열실은 '한 무릉 출토 문물 정화 진열실'로 여기에 유금은죽절훈로(鎏金銀竹節熏爐), 동온주기(銅溫酒器) 등 135건의 귀중한 유물이 전시되어 있다.

이 중 국보로 지정된 중요한 몇 건만 소개한다.

유금동마(鎏金銅馬)

• 유금동마(鎏金銅馬): '유금'은 일종의 도금(鍍金)이다. 그러므로 '유금 동마'는 도금한 청동 말인데 서역의 대완(大宛)에서 나는 한혈마(汗血馬), 일명 천마(天馬)가 그 모델이다. 하루에 천리를 달리며 피와 같은 땀을 흘린다고 해서 붙여진 이름이다. 이 유금 동마는 1981년 무릉 근처에 있는 한 무제의 누이 양신장공주(陽信長公主), 즉 평양공주(平陽公主)의 묘에서 출토되었다. 평양공주가 죽은 후 몇 년이 지났을 때 무제가 죽은 누이를 위해서 '유금은죽절동훈로'와 함께 무덤에 넣어주었다고 한다. 유금 동마는 높이 62센티미터, 길이 76센티미터로, 신체 각 부위가 해부학적 비례와 맞아서 "일 푼만 늘려도 너무 길고, 일 푼만 줄여도 너무 짧다"고 느낄 만큼 실물 비례에 꼭 맞는 걸작으로 평가된다.

• 유금은죽절동훈로(鎏金銀竹節銅熏爐): '훈로'는 향로이다. 이 유물은 1981년에 유금동마와 함께 출토된 것으로 높이가 58센티미터이다. 원반형의 받침대 위에 대나무 모양의 기둥을 세우고 그 위에 향로를 얹었는데 향로의 모양이 해상에 있다는 박산

유금은죽절동훈로
(鎏金銀竹節銅熏爐)

착금은운문청동서준(錯金銀雲紋靑銅犀尊)

(博山)과 닮았다고 해서 흔히 '박산로'라 불린다. 1993년 우리나라 충남 부여읍 능산리에서 발굴된 국보 제287호 '백제금동대향로'를 연상하면 된다. 이 향로는 중국 고대 금속 조각 및 주조(鑄造) 예술의 걸작으로 꼽힌다.

• 착금은운문청동서준(錯金銀雲紋靑銅犀尊): '착금은청동'은 상감(象嵌) 기법을 말한다. 금속이나 도자기 표면에 여러 가지 무늬나 글자를 파서 금, 은, 적동(赤銅) 등을 채워 넣는 기법이다. 우리나라의 상감 청자를 연상하면 된다. 이 유물은 물소 모양의 술그릇(酒器)이다. 1963년에 근처의 한 농민이 땅을 고르다가 발굴한 것으로 높이 34.1센티미터, 길이 58.1센티미터, 무게 13.3킬로그램이다. 당시 청동 공예 기술의 발전 수준을 보여준다.

• 사신문옥조포수(四神紋玉雕鋪首): '포수'는 일종의 문고리이다. 1975년 무릉 근처에서 발굴된 유물로 높이 34.2센티미터, 넓이 35.6센티미터, 두께 14.7센티미터의 옥으로 만든 문고리이다. 청룡, 백호, 현무, 주작의 사신(四神) 모양의 무늬가 조각되어 있다. 이 역시 국보이다. 이밖에도 무릉박물관은 다량의 청동기, 옥기, 도기를 소장하고 있다.

234

무릉의 배장묘

무릉원과 무릉읍 주위에 수많은 배장묘(陪葬墓)가 있는데 고증을 통해서 묘주(墓主)가 알려진 것만 해도 20여 기가 있다. 위청과 곽거병 묘에 대해서는 이미 살펴보았거니와 그 이외의 배장묘 중에서 몇 개만 소개한다.

• 곽광 묘(霍光墓): 곽광은 곽거병의 배다른 동생으로 10세 때 곽거병을 따라 궁중에 들어온 이래 겸손하고 신중한 성격과 치밀한 사무처리로 한 무제의 신임을 얻어 광록대부(光祿大夫) 시중(侍中), 대장군의 자리에까지 올랐다. 무제가 죽은 후 김일제(金日磾), 상관걸(上官桀), 상홍양(桑弘羊)과 더불어 무제의 고명대신(顧命大臣, 뒷일을 부탁하는 임금의 유언을 받은 대신)이 되어 당시 7세의 나이로 즉위한 소제(昭帝)를 보필했다. 곽광은 서한(西漢) 황실에서 유일하게 무제, 소제, 선제(宣帝) 삼대 황제를 보필한 '삼대 중신(三代重臣)'이 되었다. 사후 무릉 동쪽에 배장되었다.

• 김일제 묘(金日磾墓): 김일제는 곽거병이 기련산 대첩에서 사로잡은 흉노왕 휴도(休屠)의 태자이다. 그는 모친, 동생과 함께 장안으로 잡혀온 후 궁중에서 말을 기르는 일을 맡았는데 성실하고 재능이 있어 무제가 발탁하여 후에는 높은 벼슬을 하게 되었다. 사후 무릉 동쪽 곽거병 묘 옆에 배장되었다.

• 이부인 묘(李夫人墓): 이부인은 당대 최고의 음악가 이연년(李延年)의 누이동생이다. 일찍이 이연년은 한 무제 앞에서 이런 노래를 부르면서 자기의 누이동생을 추천했다.

북방에 아름다운 사람 있는데
견줄 수 없이 뛰어났네

한 번 돌아보면 성(城)을 기울이고
두 번 돌아보면 나라를 기울이네

성과 나라 기울이는 미녀를 어찌 못 알아보는가
아름다운 사람은 두 번 얻기 어렵나니

北方有佳人　絶世而獨立
一顧傾人城　再顧傾人國
寧不知傾城與傾國　佳人難再得

이에 무제가 그녀를 불러 매우 총애했으나 아깝게도 몇 년 못 가서 병으로 죽었다. 죽은 후 무릉 서쪽에 배장되었고 곽광은 그녀를 효무황후(孝武皇后)로 추존했다.

이밖에도 공손홍(公孫弘), 상관걸(上官桀), 양신장공주(陽信長公主) 등의 배장묘가 있다.

양귀비 무덤에서 다시 생각해보는 것들

무릉 관람을 마친 후 섬서성 흥평시(興平市, 싱핑시)에 있는 양귀비 묘(楊貴妃墓)로 향했다. 그러나 불행히도 양귀비 묘는 수리 중이어서 여기저기 파헤쳐 있었다. 수리가 끝나려면 약 3년이 걸린다고 한다. 그래서 여기서는 지난번에 갔던 기억을 되살려 소개하기로 한다. 수리가 끝나고 새로 단장할 양귀비 묘는 어떤 모습일지 궁금하다.

양귀비의 죽음

양귀비와 당 현종에 관해서는 앞에서 자세히 언급한 바 있다(「로맨스와 역사의 현장, 여산 화청궁」 참조). 안녹산이 반란을 일으켜 현종 일행이 촉(蜀)으로 피난을 가던 도중 양귀비가 죽은 사건의 전말은 이렇다. 755년

11월 안녹산이 범양(范陽, 지금의 북경)에서 '간신 양국충(楊國忠) 토벌'의 기치를 들고 반란을 일으켜 물밀듯이 장안을 향해 진격했다. 반란군이 장안에 가까이 접근하자 현종은 양귀비와 측근 신하들과 함께 병사 3,000여 명의 호위를 받으며 756년 6월 13일 새벽에 장안을 탈출하여 촉으로의 피난길에 나섰다.

이튿날인 6월 14일 일행이 장안 서북쪽 약 60킬로미터 지점에 있는 마외(馬嵬, 현재 섬서성 흥평시에 있음) 역에 도착했을 때 굶주림과 피곤에 지친 장병들이 반란의 책임을 물어 양국충을 죽였다. 이어 양국충의 아들 양훤(楊暄)과 양귀비의 두 언니 한국부인과 진국부인도 살해되었다. 주위에서는 양귀비도 처리할 것을 건의했지만 현종이 망설이자 고력사(高力士)가 설득한 끝에 현종은 할 수 없이 고력사로 하여금 양귀비를 불당(佛堂)으로 데리고 가서 교살(絞殺)하도록 지시하였다. 양귀비는 불당 앞 배나무에 걸어놓은 비단 끈으로 목을 매어 자살했다. 그녀의 나이 38세. 이후 양국충의 처와 양귀비의 언니 괵국부인도 도망가다가 잡혀 처형되었다.

양귀비 무덤의 봉분

양귀비는 죽은 후 포대에 쌓여 길가에 임시 매장되었는데 현종이 장안으로 돌아온 뒤에 비밀리에 사람을 시켜 그녀의 무덤을 조성케 한 것이 지금 우리가 보고 있는 양귀비 무덤이다. 양귀비 묘는 1979년에 '양

양귀비 무덤 원래는 흙으로 덮어 봉분을 만들었으나 지금은 벽돌로 덮여 있다. 부녀자들이 봉토(封土)를 '귀비분(貴妃粉)'이라 하여 얼굴에 바르려고 파갔기 때문이다. 이 무덤 흙을 얼굴을 바르면 양귀비처럼 피부가 맑고 매끄러워진다고 믿었다는 것이다.

귀비 묘 문물 보관소'로 되었다가 2008년에 '양귀비 묘 박물관'으로 승격하여 오늘에 이르고 있다.

길에서 20여 계단을 올라가면 높은 곳에 '당 양씨 귀비지묘(唐楊氏貴妃之墓)'라 쓰인 편액이 걸린 대문이 나타난다. 이 편액은 1936년에 당시 섬서성 성장(省長) 소력자(邵力子)가 쓴 것이다. 대문을 들어서면 헌전(獻殿)이 나오는데 내가 갔을 때에는 '당나라 시대 부녀 생활전(唐時婦女生活展)' 간판이 달려 있었다.

헌전 뒤에 양귀비 묘가 있다. 묘 앞에는 1979년에 세워진 비석이 있는

양귀비 한백옥 조각상　　한백옥으로 만든 3.8미터의 양귀비상이 2미터의 높은 기단 위에 서 있다.

데 '양귀비지묘(楊貴妃之墓)'라 쓰여 있다. 봉분은 원래 흙으로 되어 있었는데 지금은 봉분 전체가 벽돌로 덮여 있다. 양귀비는 원통하게 죽었기 때문에 영혼이 흩어지지 않고 무덤 속에 모여 있다고 믿어, 민간의 부녀자들이 봉토(封土)의 흙을 가져다 얼굴에 바르면 양귀비처럼 백설 같은 피부가 된다고 여겼다. 이에 부녀자들이 봉토의 흙을 '귀비분(貴妃紛)'이라 하여 파갔기 때문에 항일전쟁 직전에 봉분 전체를 청석(靑石)으로 덮었던 것이다.

묘의 동서 양쪽 비랑(碑廊)에는 양귀비 묘를 방문하고 남긴 기록인 유기(游記)와 시(詩) 등을 새긴 38통의 비석이 있다. 여기에는 희종(僖宗) 황제, 시인 이상은(李商隱), 가도(賈島)를 비롯하여 근대의 정치가 임칙서(林則徐), 우우임(于右任) 등의 작품이 새겨져 있다.

무덤 뒤에는 한백옥(漢白玉)으로 만든 양귀비 조상(彫像)이 높이 서 있다. 고개를 옆으로 비스듬히 기울인 모습인데 커다란 머리채에 꽃이 얹혀 있고 두 손은 앞으로 모아져 있다. 기단이 2미터이고 조각상의 높이가 3.8미터인데 '38'은 그녀가 이 세상에서 누린 햇수를 가리킨다고 한다. 조각상 뒤에는 2층의 태진각(太眞閣)과 망도정(望都亭) 건물이 있다. '태진(太眞)'은 양귀비의 여도사(女道士) 시절의 도호(道號, 도교에서 받은 호)이다. 또 '장한가 화랑(長恨歌畫廊)'이란 데가 있어 여기에 백거이의 「장한가」를 그림으로 표현한 30폭의 그림이 걸려 있다.

양귀비 죽음을 둘러싼 수수께끼

양귀비가 죽은 후 그녀의 죽음을 둘러싸고 여러 가지 이야기들이 전한다. 이야기의 대부분은 그녀가 마외에서 죽지 않고 살아남았다는 것이다. 그중 하나는, 대장군 진현례(陳玄禮)가 양귀비를 차마 죽일 수 없어 고력사와 의논 끝에 시녀를 대신 죽이고 양귀비를 지금의 상해 부근 바닷가로 보냈다가 일본으로 갔다는 이야기이다. 그래서 지금 일본에는 양귀비가 상륙했다는 곳에 표지판을 세우고 양귀비의 무덤까지 조성해 놓았다. 1960년대 초에는 양귀비의 후손이라 자처하는 사람이 일본 TV에 출연하기도 했다는 소문이 있다.

중국의 유평백(兪平伯, 위핑보) 교수는 1920년대에, 양귀비가 죽지 않고 살아서 민간의 여도사(女道士)가 되었다는 설을 제기했고, 풍한용(馮漢鏞, 펑한융) 교수는 1996년에, 양귀비가 마외에서 가사(假死) 상태로 있다가 살아나서 후에 촉(蜀)의 태봉산에 숨어 살았다고 말하기도 했다.

또 이런 이야기도 전한다. 양귀비가 죽은 후 마외에 사는 한 노파가 길 옆 사당의 배나무 아래에서 양귀비의 비단 버선 한 짝을 얻었는데, 길 가는 사람들에게 이를 한 번 보는 데 100전을 받아 큰돈을 모았다고 한다. 소식을 전해 들은 현종은 거금을 주고 이 버선을 매입해서 양귀비 묘에 묻어주었다고 한다.

양귀비를 보는 두 가지 시선

후대에 당 현종과 양귀비의 세기적 애정 비극을 보는 시각은 두 갈래로 나뉜다. 하나는 모든 정치적·윤리적 규범을 초월해서 한 남자와 한 여자의 지고지순(至高至純)한 사랑의 이야기로 보는 시각이다. 앞에서 살펴본 백거이의 「장한가」가 여기에 속한다. 다른 한 시각은 대부분의 후대 문인들이 취한 태도인데 양귀비를 악마화(惡魔化)하는 것이다. 안녹산의 난이 일어난 원인이 양귀비에게 있다는 것이다. 아편전쟁의 영웅 임칙서(林則徐)는 그의 시 「노경태진묘(路經太眞墓)」에서 이렇게 노래했다.

육군(六軍)은 어이하여 말을 멈췄나
군왕 위한 첩의 죽음 달게 여길 일이었네

미인을 버리고 장사(將士) 안정시켰으니
이로부터 세상에선 생남(生男)을 중히 여겼네

六軍何事駐征驂　妾爲君王死亦甘
抛得蛾眉安將士　人間從此重生男

　　임칙서가 아편전쟁 후 신강성(新疆省)으로 귀양 가다가 양귀비 묘에
들러 지은 시인데, 양귀비가 죽은 것이 지극히 정당하다는 것이다. 왜냐
하면 그녀가 죽음으로 인해서 성난 장사들을 안정시켜 현종을 무사히
보호했기 때문이다. 한때는 "마침내 천하의 부모들 마음에/아들보다 딸
낳기 중히 여겼네"(백거이 「장한가」)라 할 만큼 천하의 부모들은 양귀비
같은 딸을 낳아 호강해보려고 했지만 지금은 딸보다 아들 낳는 것을 더
중히 여기게 되었다는 것이다. 양귀비와 환락에 빠져 국정을 돌보지 않
은 현종을 비판한 시각도 있다. 다음은 당나라 말기에 재상을 지낸 정전
(鄭畋)의 「마외파(馬嵬坡)」이다.

　　현종은 돌아와도 양귀비는 죽고 없어
　　운우지정(雲雨之情) 못 잊어도 강산이 바뀌었네

양귀비 죽은 것, 성명천자(聖明天子) 일이거니

경양궁(景陽宮) 우물에 또 누가 빠졌겠나

玄宗回馬楊妃死　　雲雨難忘日月新

終是聖明天子事　　景陽宮井又何人

　　마지막 구절은, 남북조 시기 진(陳)나라의 마지막 황제 후주(後主)가
총희(寵姬) 장려화(張麗華)와 경양궁에서 환락을 즐기다가 수(隋)나라 군
대가 침입해오자 급한 김에 경양궁 우물 속으로 들어가 숨었으나 결국
포로로 잡힌 고사를 말한다. 시인은 겉으로는, 양귀비를 죽게 한 것이 고
명한 천자가 한 잘한 일이라 말함으로써 현종을 비호한다. 만일 양귀비
를 죽이지 않았더라면 현종도 진나라 후주의 전철을 밟았을 것이지만
화근(禍根)인 양귀비를 죽였기 때문에 후주와 같은 운명을 피할 수 있었
다고 말한 것이다. 그러나 현종을 폭군인 진나라 후주에 견줌으로써 간
접적으로 현종을 비판하고 있는 것이다. 나도 시 한 수를 써서 거들었다.
시 제목을 「마외파에서 양귀비를 조문하다(馬嵬坡弔楊貴妃)」로 붙였다.

　　羞花美女此長眠　　冒得風霜月幾圓

　　家國興亡天子事　　世人何必罪楊仙

수화미녀 여기에 깊이 잠들어

비바람 무릅쓴 지 몇 해이던가

국가의 흥망은 천자의 일이거늘

세상 사람 왜 반드시 양귀비를 나무라나

'수화미녀(羞花美女)'는 '양귀비의 미모가 모란꽃을 부끄럽게 했다'고
해서 그녀에게 붙여진 별명이고, '양선(楊仙)'은 '양신선(楊神仙)' 즉 양귀
비를 지칭하는데 양귀비를 이렇게 부른 것은, 백거이가 「장한가」에서 양
귀비가 죽어서 신선이 되었다고 노래한 구절에 근거한 것이다.

충절의 신하, 소무의 무덤

흉노에 사절로 간 소무

다음 행선지는 소무 묘(蘇武墓)이다. 소무(기원전 140~기원전 60)는 서한(西漢)의 정치가이자 외교가로 장군 집안인 부친의 공적 덕택으로 젊어서 벼슬길에 나서 문서 작성과 관리 등을 맡아보는 낭관(郎官)이 되었다. 이어 기원전 100년에는 중랑장(中郎將, 지휘관급 장교)이 되어 100여 명의 사절단을 인솔하고 흉노에 사신으로 가게 되었다. 임무를 마치고 귀국할 무렵에 흉노국 내부에서 반란이 일어났는데, 소무와 함께 사신으로 갔던 부(副)중랑장 장승(張勝)이 이 반란에 연루됨으로써 소무도 체포되었다.

소무는 체포된 후 한나라 천자를 욕되게 했다는 자책감으로 자살을 시도했으나 가까스로 목숨을 부지했다. 흉노 왕(선우)은 소무의 충절을 높이 사서 그를 신하로 삼고자 했다. 그러나 여러 번의 회유와 설득에도 소무가 응하지 않자 그를 지하 움 속에 가두고 음식을 주지 않았다. 흉노 왕은 소무가 움 속에서 눈을 받아 먹고 담요의 털을 먹으며 버티는 것을 보고는 그를 신인(神人)이라 여겨 멀리 북해(北海, 지금의 바이칼호수)로 추방하여 숫양을 기르게 했다. 그리고 '숫양이 새끼를 낳으면 석방하겠다'고 말했다. 사실상 거기서 죽으라는 말이다. 이 추운 불모의 땅에서 그는 들쥐가 모아놓은 곡식과 풀씨로 연명하면서 버텼다.

흉노 왕의 동생이 바이칼호수로 사냥 왔을 때 소무가 그를 도와준 것을 계기로 한때는 음식을 제공받기도 했으나 여전히 절망적인 나날을 보내고 있었는데, 흉노 왕은 아직도 그를 회유하려는 희망을 버리지 않고 이릉(李陵)을 바이칼호수로 파견해서 설득했다. 이릉은 한나라 조정에서 소무와 같이 벼슬을 하던 친구 사이로, 흉노와의 전쟁에서 패한 후 투항하여 흉노 왕의 사위가 되어 있었다. 소무는 이릉의 간곡한 설득에도 한나라에 대한 충성심을 지켰다. 이후 흉노 왕은 여러 번 이릉을 보내어 회유했으나 소무의 뜻을 꺾지 못했다.

한 무제가 죽고 기원전 87년에 소제(昭帝)가 즉위한 후에 한나라와 흉노는 화친을 맺었다. 이에 흉노국에 간 한나라 사신이 소무의 환국을 요청하자 소무가 죽었다는 답이 돌아왔다. 한나라 사신은 여기서 유명한 '안서(雁書) 사건'을 꾸몄다. 즉 '한나라 천자가 상림원에서 사냥을 하던 중 기러기 한 마리를 쏘아 잡았는데 발에 비단 쪽지가 매어 있었다. 그 쪽지에는 소무가 북해에 살아 있다는 내용의 글이 쓰여 있었다'라고 말하니 흉노도 하는 수 없이 소무를 석방해주었다.

소무(蘇武) **목양 동상**　양들을 곁에 둔 소무가 한절(漢節)을 들고 수염을 휘날리며 먼 곳을 응시하는 모습이다. 소무 옆의 양들은 그가 불모의 땅 바이칼호수에서 기른 양이다.

소무는 기원전 81년, 한나라를 떠난 지 19년 만에 귀국했다. 조정에서는 그에게 전속국(典屬國)의 벼슬을 내리고 후한 상을 주었다. '전속국'은 속국 즉 소수민족을 관장〔典〕하는 직책을 맡은 관직이다. 선제(宣帝) 즉위 후에는 관내후(關內侯)에 봉해지고 300호의 식읍(食邑)을 하사받기도 했다. 소무가 80세로 세상을 떠나자 조정에서는 그를 기린각(麒麟閣) 11공신 중의 일인으로 표창했다. 기린각은 한나라 때 공신들의 초상화를 그려 봉안한 누각을 말한다. 이후 소무는 지금까지 중국에서 민족 영웅으로 추앙받고 있다.

소무기념관과 소무의 무덤

섬서성 함양시 무공현(武功顯) 무공진(武功鎭) 용문촌(龍門村)에 소무의 무덤과 소무기념관이 있다. 1938년에 필리핀의 화교(華僑) 단체가 '남양 무공 소씨 종친회(南陽武功蘇氏宗親會)'를 결성하고 1993년에는 '세계 소씨 종친회'로 개칭했는데 이 단체가 국내외 소씨 후예들의 성금을 모아 2006년에 소무의 고향인 이곳에 소무기념관을 개관했다.

기념관 밖 화강암에 가로로 '불망초심 뇌기사명(不忘初心 牢記使命)' 여덟 글자가 새겨져 있다. '초심을 잊지 않고 부과된 직무를 똑똑히 기억하다'라는 뜻이다. 기념관 앞 광장에 '소무 목양 동상(蘇武牧羊銅像)'이 서 있다. 양들을 곁에 둔 소무가 손에 한절(漢節, 한나라 천자가 신표로 내린 깃대)을 들고 수염을 휘날리며 고개를 들어 먼 곳을 응시하는 모습이다. 소무 옆에 있는 양들은 그가 바이칼호수에서 길렀다는 양이다. 동상 기단에는 '한 소무(漢蘇武)' 세 글자가 새겨져 있다.

동상 뒤 19미터 거리에 기념관이 있다. 19미터는 그가 바이칼호수에서 보낸 19년을 상징한다고 한다. '소무기념관(蘇武紀念館)' 편액의 글씨는 모택동 사후 국가주석을 역임한 화국봉(華國鋒, 1921~2008, 화궈펑)이 쓴 것이다. 화국봉의 본명은 '소주(蘇鑄)'인데 1938년 항일 유격대에 가입하면서 화국봉으로 개명했다. 소무기념관 현판의 글씨를 그가 쓴 것은 그의 원래의 성씨가 소무와 같은 무공 소씨였기 때문일 것이라 추측된다. 기념관 안에 소무의 좌상이 놓여 있고 벽에는 16개의 글과 그림이 파란만장한 그의 일생을 보여주고 있다. 또 '무공 소씨 한·송 세계 약도

소무 무덤

(武功蘇氏漢宋世系略圖)'가 도표로 전시되어 있는데 한나라와 송나라 때의 선조들만을 올린 것이다. 여기에 송나라 소순(蘇洵)·소식(蘇軾)·소철(蘇轍) 3부자와 소순흠(蘇舜欽) 등의 이름이 보인다. 기념관 건물 뒤편에도 화국봉의 글씨로 '고풍양절(高風亮節)' 편액이 걸려 있다. '높은 풍모와 깨끗한 절개'라는 뜻이다.

기념관 뒤에 소무의 묘가 있는데 사각형으로 높이가 4미터이다. 이 무덤은 중국의 다른 무덤과는 달리 봉분이 깔끔히 정돈되어 있다. 무덤 앞에는 3개의 비석이 나란히 서 있다. 하나는 '한 전속국 소공 묘(漢典屬國蘇公墓)'로 청나라 건륭 연간에 필원(畢沅)의 글씨로 세워진 것이고, 또 하나는 '한 전속국 소자경지묘(漢典屬國蘇子卿之墓)'로 무공현령(武功縣令)

완서(阮曙)의 글씨로 되어 있으며, 다른 하나는 '중수 소무 묘문비(重修蘇武墓門碑)'로 민국 시기에 세운 것이다.

광장 옆에는 '소씨 문화 장랑(蘇氏文化長廊)'이 조성되어 있다. 여기에는 소순·소식·소철 3부자, 소정방(蘇定方) 등 역사에 이름을 남긴 유명 인사들의 초상을 오석(烏石)에 선각(線刻)하고 설명문을 새겨놓았다. 그리고 오석 뒤쪽에는 소무에 관한 시들이 새겨져 있었다.

소무를 노래한 다산의 시

소무는 어려운 상황에서도 충절을 지킨 영웅이기 때문에 수많은 문인들이 그를 기리는 시를 썼다. 우리나라의 다산(茶山) 정약용(丁若鏞)은 「영사(詠史)」 제3수에서 소무를 이렇게 노래했다.

순결 지켜 죽은 자 예부터 많지만
소무 유독 절개 굳다 일컫는 것은

모진 형벌 저항함은 쉬울 수 있어도
이익으로 유혹함은 거절하기 어렵기 때문

금방 죽는 것 또한 할 수 있는 일이지만
오랫동안 견뎠으니 어찌 굳세다 않으리오

길고도 긴 십구 년 세월
봄바람, 가을 바뀌어 눈 내리는데

양 먹이고 움 속에 누운 사실은
대강을 말한 것에 불과하다네

옛사람들 원래 말이 적어서
험한 고난 자세한 것 생략했지만

그가 처한 상황을 곰곰이 생각하면
간장이 쇠 같음을 알 수 있다네

殉潔古紛紛　蘇武獨稱節
刑虐或易抗　利誘誠難截
溘逝有能辦　耐久豈不烈
悠悠十九年　春風遞秋雪
看羊與臥窖　不過大綱說
古人寡言詞　險艱略瑣屑
靜言思所値　乃知肝如鐵

오장원에서 제갈량을 조문하다

제갈량의 마지막 전장 오장원

오장원(五丈原)은 지금의 섬서성 보계시(寶鷄市, 바오지시) 기산현(岐山縣, 치산현)에 있는 지명으로 삼국시대 촉(蜀)의 제갈량(諸葛亮)이 위(魏)의 사마의(司馬懿)와 대치하다가 목숨을 거둔 곳이다. 오장원은 남북의 길이 약 4킬로미터, 동서의 길이 약 1.8킬로미터가 되는 해발 750미터의 넓은 평원이다. 이곳은 남쪽으로 진령산맥(秦嶺山脈, 친링산맥), 북쪽으로 황하강의 큰 지류인 위수(渭水, 웨이수이강), 동서 양쪽에 깊은 강이 있어 천연의 요새를 형성하고 있기 때문에 군사가들이 반드시 쟁취하려고 하는 땅이다.

223년에 유비(劉備)가 죽은 후 227년에 제갈량은 황제 유선(劉禪)에게 「출사표(出師表)」를 올리고 위나라 원정에 나섰으나 뜻을 이루지 못한다.

이어 228년 봄에 본격적인 북방 정벌에 나섰는데 이것이 제1차 북방 정벌이다. 이때 '읍참마속(泣斬馬謖, 눈물을 흘리며 마속을 베다)'의 사건이 일어난 것으로도 알 수 있듯이 1차 북방 정벌도 실패로 끝났다. 제갈량은 1차 정벌의 실패를 만회하고자 같은 해 겨울에 「후출사표(後出師表)」를 올리고 제2차 북방 정벌을 감행했지만 역시 실패하고 만다. 229년의 제3차 북방 정벌에서 일정한 성과를 이루었으나 231년의 제4차 북방 정벌에서는 군량미 보급 사정이 여의치 않아 또 실패로 끝났다.

이렇게 거듭된 북벌로 국력이 크게 소모되었기 때문에 제갈량은 232년과 233년의 2년 동안은 군사행동을 하지 않고 수리시설(水利施設)을 확충하는 등 농업 생산에 힘을 기울였다. 또 촉 땅은 험악한 산지로 둘러싸여 수비하기에는 좋으나 공격하기에는 쉽지 않아 군량미 수송의 어려움을 절감했기 때문에 그는 '목우(木牛)'와 '유마(流馬)'라는 운반 수단을 만들어 백마산(白馬山)에서 이를 집중적으로 훈련했다. 목우와 유마는 지금 그 실체를 자세히 알 수는 없으나 아마 나무로 만든 수레의 일종이었을 것으로 추정된다.

드디어 234년 봄에 제갈량은 위연(魏延)을 선봉장으로 삼아 10만 대군을 이끌고 5차 북벌에 나서 이곳 오장원에 진을 치고 사마의와 대치했다. 그는 지난 여러 차례의 원정 때마다 군량미 부족으로 실패한 경험이 있기 때문에 이를 해결하기 위하여 둔전(屯田) 정책을 실시했다. 둔전 정책이란 군사들로 하여금 현지에서 농사를 지어 군량미를 조달하는 제도이다.

제갈량이 군사적 요충지를 점거하고 둔전 정책을 펴면서 장기전을 벌이자 사마의는 선뜻 공격하지 않고 굳게 성을 지키고 있었다. 이에 제갈량은 사마의에게 여성용 머리 장식과 옷을 보내면서 사내대장부답게 나오라고 싸움을 걸었지만 사마의는 응하지 않았다. 이렇게 사마의와 대치한 지 100여 일 만에 제갈량은 군중에서 병으로 사망했다. 때는 234년 음력 8월 말. 그의 나이 53세, 유비의 군사(君師)가 된 지 27년째 되는 해였다.

제갈량을 모신 오장원 무후사

제갈량이 죽은 후 그의 사당, 즉 무후사(武侯祠)가 최초로 건립된 것은 사후 30년이 지난 263년이었다. 조정에서는 습융(習隆), 상충(向充) 등의 건의로 그의 묘소가 있는 사천성 면양(沔陽)에 사당을 세웠다. 이후 중국에는 13곳에 사당이 세워졌는데 사천성 성도(成都)의 무후사가 가장 규모가 큰 사당이다(사천성 성도의 무후사에 관해서는 졸저『중국 인문 기행』제4권에 자세하다). 오장원의 사당이 언제 건립되었는지는 정확한 기록이 없다. 여러 정황으로 추측하건대 빠르면 촉한(蜀漢) 말년 또는 진(晉)나라 초기, 늦어도 당송(唐宋) 시기에 건립된 것으로 추측된다. 이후 역대 왕조에 의하여 10여 차례 중수를 거쳤는데 지금의 건물은 대체로 청나라 말의 규모를 유지하고 있다. 이하에서 중요 건물들을 소개한다.

산문(山門)

무후사의 대문으로 청나라 광서(光緒) 4년(1878년)에 세워졌다. 대문

오장원 무후사 산문

위 중앙에 '오장원제갈량묘(五丈原諸葛亮廟)' 일곱 글자가 저명한 서예가 서동(舒同, 수퉁)의 글씨로 걸려 있고, 대문 양측 기둥에 손문(孫文, 쑨원)의 비서를 지낸 손묵불(孫墨佛, 쑨모푸)이 짓고 현대 서예가 여계(茹桂, 루구이)가 쓴 다음과 같은 주련(柱聯)이 달려 있다.

一詩二表 三分鼎 (일시이표 삼분정)
萬古千秋 五丈原 (만고천추 오장원)

시 한 수, 두 표문, 삼국의 정립
천추만고의 오장원이네

256

‘시 한 수’는 제갈량이 썼다고 하는 「양보음(梁甫吟)」이고 ‘두 표문’은
북벌 때 올린 「전 출사표(前出師表)」와 「후 출사표(後出師表)」를 말한다.
대문 양측 담벽에 노장(老將) 안엄(顔嚴)과 황충(黃忠)의 화상이 그려져
있다. 대문 뒤편에 또 이런 주련이 걸려 있다.

　　伐曹魏 名留漢簡 (벌조위 명류한간)
　　出祁山 氣吞中原 (출기산 기탄중원)

　　조위(曹魏)를 정벌한 그 이름 한적(漢籍)에 남아 있고
　　기산(祁山)에서 출동한 그 기세 중원을 삼켰네

　대문 양측의 곁방에는 제갈량을 따라 오장원에 온 장수 위연(魏延)과
마대(馬岱)의 소상(塑像)이 대문을 지키는 듯 무장을 하고 서 있다.

　무후 헌전

　대문 뒤의 종루(鍾樓)와 고루(鼓樓)를 지나면 헌전(獻殿)이 나온다. ‘헌전’
은 ‘배전(拜殿)’ ‘제전(祭殿)’으로도 불리는데 제사를 지내는 곳이다. ‘오장
추풍(五丈秋風)’이란 편액 밑 양측 기둥에 다음과 같은 주련이 걸려 있다.

　　三顧許馳驅 三分天下 隆中對 (삼고허치구 삼분천하 융중대)
　　六軍彰討伐 六出祁山 綱目書 (육군창토벌 육출기산 강목서)

세 번 돌보심에 신하 되길 허락하고 '융중대'를 통하여 천하 삼분
제시했네
　육군(六軍)이 토벌을 천명하여 '강목서' 올리고 여섯 번 기산에서
출동했네

'융중대(隆中對)'는 제갈량이 천하대세를 분석하고 유비에게 천하를
삼분할 것을 건의한 내용이고, '여섯 번 기산에서 출병했다'는 것은 제
갈량이 위(魏)를 정벌하기 위하여 여섯 번이나 기산에서 군사를 출동시
켰다는 사실을 말한다.(사실은 기산 출병이 두 번이지만 일반적으로 '육
출기산'으로 일컬어진다.) '강목서(綱目書)'는 북벌에 나서면서 황제에
게 올린「출사표」를 말한다. 그는「출사표」에서 자신이 없는 동안 국정
운영의 대강(大綱)과 세목(細目), 즉 조정 대소사의 처리를 황제에게 당부
했기 때문에「출사표」를 '강목서'라 말한 것이다.
　헌전 좌우 담벽에 『삼국지(三國志)』 고사가 채색화로 그려져 있고, 헌
전 벽에는 악비(岳飛)가 쓴「출사표」가 석각되어 있는데 삼절비(三絶碑)
라 일컬어진다. 제갈량의 문장과 악비의 글씨와 번등운(樊登雲)의 각(刻)
을 합하여 삼절이라 한 것이다. (「출사표」에 관해서는 졸저 『중국 인문 기행』 제
4권에 자세하다.)

무후 정전
　헌전 뒤의 팔괘정(八卦亭)을 지나면 대전(大殿) 곧 무후사 정전(正殿)이

무후 정전 안에 우선을 들고 윤건을 쓴 제갈량 좌상이 놓여 있다.

나온다. 삼국시대 말기에 건립되어 청나라 광서(光緖) 연간(1875~1908)에 중수한 건물이다. 처마 밑의 '영명천고(英名千古)' 편액 아래 기둥에 이런 주련이 걸려 있다.

成大事以小心 一生勤愼 (성대사이소심 일생근신)
仰風流于遺迹 萬古淸高 (앙풍류우유적 만고청고)

조심하여 큰일을 이루었으니 일생을 근면하고 삼갔도다
유적에서 (선생의) 풍류를 우러러보니 만고에 맑고 높도다

정전 안 중앙에 우선(羽扇)을 들고 윤건(綸巾)을 쓴 제갈량 좌상이 놓여

있고 그 위에 '장상사표(將相師表, 장군과 승상 즉 무관과 문관의 모범이 될 만한 훌륭한 인물)' '출장입상(出將入相, 나가서는 장수가 되고 들어와서는 재상이 된다는 말로 문무를 겸비함을 뜻함)' '북정중원(北定中原, 북으로 중원을 평정하다)'이라 쓰인 편액이 걸려 있다. 또 제갈량 좌상 좌우에는 유명한 서예가 오삼대(吳三大, 우싼다)의 다음과 같은 영련(楹聯)이 있다.

短兵五丈原 (단병오장원)
長眠一臥龍 (장면일와룡)

칼 들고 싸운 오장원에
길이 잠든 한 마리 와룡(臥龍)

'단병(短兵)'은 칼과 같이 짧은 무기를 말하고, '와룡(臥龍)'은 제갈량의 별호(別號)이다. 대전 안 오른쪽에 장포(張苞)·요화(廖化), 왼쪽에 왕평(王平)·관흥(關興)의 소상이 서 있다. 그리고 대전 양쪽 곁방에 양의(楊儀)와 강유(姜維)가 배향되어 있다.

의관총

대전 뒤 숲속에 제갈량의 의관총(衣冠冢)이 있다. 제갈량이 죽은 후 그의 유언에 따라 시신을 한중(漢中)으로 운반한 후 면양(沔陽)의 정군산(定軍山)에 장사지냈는데 군사들이 제갈량의 의복을 따로 이곳 오장원에 매장하고 그 후 지방민들이 제사를 지냈다. 의관총에는 둘레에 28개의 돌

의관총　제갈량이 죽은 후 시신은 면양(沔陽)의 정군산에 모시고, 그의 의복은 이곳 오장원에 매장했다.

기둥이 있는데 이것은 제갈량이 융중을 나와 유비, 유선을 섬기고 오장원에서 숨지기까지의 28년을 상징한다고 한다.

낙성정, 월영전

의관총 뒤에 있는 팔각형의 낙성정(落星亭) 안에는 길이 1미터의 낙성석(落星石)이 놓여 있는데, 제갈량이 숨을 거둘 때 하늘에서 떨어진 장군별〔將星〕이라고 한다. 오장원 주변에는 지금도 '낙성파(落星坡)' '낙성만(落星灣)' '낙성향(落星鄕)' 등의 지명이 남아 있다.

사당 동쪽 죽림(竹林) 속에 제갈량의 부인 황월영(黃月英)을 모신 월영전(月英殿)이 있다. 안에는 그녀의 소상(塑像)이 있고 두 아들 제갈교(諸葛喬)와 제갈첨(諸葛瞻)이 양쪽에 시립(侍立)해 있다. 그녀는 총명하고 지혜로워서 제갈량의 사업에 많은 도움을 주었다고 한다. 제갈량이 목우(木牛), 유마(流馬)를 발명하는 데에도 결정적인 도움을 주었다고 전해진다.

월영전 북쪽에 팔괘진(八卦陣) 건물이 있다.『주역』의 팔괘를 기초로 하여 제갈량이 만들었다는 팔진도(八陣圖)를 근거로 한 체험장이다. 사문(死門)과 활문(活門)이 있는데 건물 구조가 복잡하여 안으로 들어갔다가 잘못하면 출구인 활문을 찾지 못하고 헤매게 되도록 만들어놓았다. 제갈량이 실제로 이 진법(陣法)을 사용하여 큰 전과를 거두었다고 하나 지금은 그 실체를 알 길이 없다.

사당 후원에 비랑(碑廊)과 문신무장랑(文臣武將廊)이 있다. 비랑에는 역대의 각종 비석 50여 통이 진열되어 있고, 장랑(長廊) 동쪽에는 장완(蔣琬), 비위(費褘), 이복(李福), 이회(李恢), 양옹(楊顒) 등 5명의 문신상(文臣像)이 있고 서쪽에는 마충(馬忠), 장익(張翼), 오의(吳懿), 오반(吳班), 장의(張嶷) 등 5명의 무장상(武將像)이 놓여 있다.

심외무도비

심외무도비(心外無刀碑)는 사당 앞 광장 동쪽에 있는 비석으로, 1993년 중일우호협회(中日友好協會)가 제갈량 서거 1760주년을 기념하여 오장원에서 거행한 제1회 '제갈공명배' 서법대회에서 일본 국제 서화원 원장 노로 마사미네(野呂雅峰)가 쓴 글씨를 새겨서 비석으로 만든 것이다. '심외무도'는 '마음 바깥에 칼이 없다'는 말로 이 말을 뒤집으면 '마음속

심외무도비(心外無刀碑)　　1993년 중일우호협회가 제갈량 서거 1760주년을 기념하여 세운 비석으로, '심외무도'는 '마음 바깥에 칼이 없다', 즉 '마음속에 칼이 있다'는 뜻이다.

에 칼이 있다'는 뜻으로 제갈량의 마음속에 백만 대군의 병력이 있다는 말이다. 여기서 칼은 무기 또는 병력을 상징하는 말이다. 제갈량이 희대의 군사 전략가라는 뜻으로 쓴 것이다.

비석은 높이 3미터로 6개의 청석(青石)으로 구성되어 있는데 '6'은 '육출기산(六出祁山)'을 나타낸다고 한다. 또 높이 1.5미터의 기단은 54개의 붉은 화강암으로 둘렀는데 붉은색은 촉(蜀)에 대한 제갈량의 충성심을 나타내고 '54'는 그가 세상에 살아 있던 기간을 상징한다고 한다. 그리고 기단 밑에는 28개의 청석으로 된 받침대가 있는데 이는 그가 유비, 유선을 보좌한 28년을 가리킨다고 한다.

심외무도비 근처의 '대필정(大筆亭)'에는 길이 1.2미터, 무게 40킬로그램의 커다란 붓이 천장에 매달려 있다. 이 정자는 1994년 제2회 제갈공명배 서법대회를 마친 후 건립한 건물로 그 안에 있는 거대한 붓은 노로마사미네가 '심외무도' 글씨를 쓴 붓이라 한다.

제갈량과 오장원을 노래한 시

제갈량과 오장원을 두고 후대인들이 수많은 시를 썼는데 그중에서 명나라 양신(楊愼)의 「무후묘(武侯廟)」를 소개한다.

검강의 봄 물결 푸르게 굽이치고
오장원 머리에 해가 또 지는구나

중원 통일 이루어 후주(後主)에게 가기 전에
큰 별이 이미 군중에 떨어졌네

남양 땅 사당엔 하릴없이 가을 풀만
서촉의 관산은 저문 구름에 막혀 있네

정통(正統)을 잇지 못함 부끄러울 것 없으니
성패(成敗)로 삼분(三分)을 논하지 말라

劍江春水綠沄沄　　五丈原頭日又曛

舊業未能歸後主　　大星先已落前軍

南陽祠宇空秋草　　西蜀關山隔暮雲

正統不慚傳萬古　　莫將成敗論三分

나도 어설픈 시 한 수를 남겼다. 제목은「오장원에서 제갈공명을 조문하다(五丈原弔諸葛孔明)」로 붙였다.

削立巍巍五丈原　　漢師氣勢動乾坤

雄圖未遂身先死　　遺恨綿綿似尙存

깎아지른 높고 높은 오장원에서

한(漢)나라 군대 사기 천지를 흔들었는데

큰 계획 못 이루고 몸이 먼저 죽으니

남긴 한이 끝없이 지금까지 이어진 듯

당나라 말기의 지하 예술궁전, 대당 진왕릉

오대십국 시기의 군벌 이무정

오장원을 뒤로하고 보계시(寶鷄市)에 있는 대당 진왕릉(大唐秦王陵)으로 향했다. 대당 진왕릉은 당말(唐末) 오대(五代) 시기의 번진(蕃鎭, 당나라 중기 이후에 변방과 중요 지역에서 그 지방의 군정을 관장하던 절도사) 군벌이었던 이무정(李茂貞, 856~924)과 그 부인인 '현덕태부인 유씨(賢德太夫人劉氏)'의 합장묘이다. 부부가 함께 묻힌 무덤이지만 관이 있는 지궁(地宮)은 분리되어 있는 구조이다. 이무정의 묘를 '진왕릉'이라 한 것은 그가 진왕(秦王)에 봉해졌기 때문이다. '왕'은 황제가 봉건 왕족이나 공신에게 부여하는 최고의 작위(爵位)이다.

이무정이 활동했던 오대십국(五代十國)을 간략히 살펴본다. 오대십국은 907년 당나라가 멸망한 때부터 송나라가 전 중국을 통일한 979년까지의 약 70년간 존속한 15개 국가를 말한다. 907년에 선무군 절도사(宣武軍節度使) 주온(朱溫)이 당나라 애제(哀帝)를 폐출시켜 당나라를 멸하고 대량(大梁)을 건국했는데 후세에 이를 후량(後梁)이라 부른다. 이후 중국 북방지역에는 후량을 이어 후당(後唐), 후진(後晋), 후한(後漢), 후주(後周)가 차례로 일어났으니 이를 '오대(五代)'라 한다. 후대의 사가(史家)들은 이 다섯 나라만 정통 왕조로 인정

이무정 좌상　이무정 지궁의 관이 모셔진 후 묘실(後墓室)에 놓여 있다.

했다. 960년 조광윤(趙匡胤)이 후주를 멸하고 북송을 건국함으로써 오대는 종식되었다.

한편 902년부터 979년까지 중원지방에 할거했던 전촉(前蜀), 후촉(後蜀), 양오(楊吳), 남당(南唐), 오월(吳越), 민국(閩國), 남초(南楚), 남한(南漢), 형남(荊南), 북한(北漢)을 '십국(十國)'이라 한다. 이 십국은 조광윤의 송나라가 건국된 후에도 몇몇 국가가 존속하다가 979년 북한(北漢)이 멸망하면서 십국 시대는 종식되었다.

이무정(李茂貞)의 본명은 송문통(宋文通), 자(字)는 정신(正臣)이다. 그는 874년(18세)에 아버지 대신 종군(從軍)하여 881년에 황소(黃巢)의 군대를 격퇴시킨 공로로 신책군 지휘사(神策軍指揮使)에 임명되었고 886년

(30세)에는 주매(朱玫)의 반란 때 당나라 희종(僖宗)을 호종한 공로로 '이씨(李氏)' 성과 '무정(茂貞)'이란 이름을 하사받아 황족의 일원으로 편입되었다. 이어 봉상 절도사(鳳翔節度使), 농우 절도사(隴右節度使)로 임명되는 등 승승장구하다가 비대해진 세력을 기반으로 조정에 간섭하면서 소종(昭宗)과 여러 번 충돌하기도 했다.

이무정은 897년에 하사받은 이름을 일시적으로 박탈당하기도 했으나 곧 회복하여 901년에는 기왕(岐王)에 봉해졌다. 그리하여 최전성기에는 서북지방 최대의 군벌세력인 번진(蕃鎭)으로서 지금의 섬서성 대부분, 영하성(寧夏省) 남부, 감숙성(甘肅省) 서부, 사천성(四川省) 북부 지역을 장악하여 막강한 권력을 행사했다.

907년(51세) 당나라가 멸망하고 주온(朱溫)이 후량(後梁)을 세우자 그는 후량에 칭신(稱臣, 신하로서 임금의 명령에 복종함)하지 않고 기왕(岐王)으로서 당나라의 천우(天祐) 연호를 그대로 사용하면서 촉왕(蜀王), 진왕(晉王)과 더불어 당실(唐室) 부흥 운동을 벌였다.

그러다가 진왕(晉王) 이극용(李克用)의 아들 이존욱(李存勖)이 923년에 후량을 멸하고 후당(後唐)을 건국했으니 이가 곧 장종(莊宗)이다. 이무정은 자신을 이존욱의 동성(同姓) 계부(季父, 아버지의 막내아우, 막내 삼촌)로 자처하고 표(表, 신하가 임금에게 올리는 글)를 올려 장종의 즉위를 축하했으며 아들 종엄(從儼)으로 하여금 후당에 조공을 바치고 신하가 되도록 했다. 이에 장종도 이무정을 옛 조정의 노신(老臣)으로 대우하여 924년 그를 진왕(秦王)에 봉했다. 그래서 이무정의 무덤을 '진왕릉(秦王陵)'이라 부르는 것이다. 이무정은 진왕으로 봉해지던 그해 4월에 봉상 자택에서

대당 진왕릉 신도(神道) 황제에 버금가는 규모의 신도 양쪽에 34개의 석상들이 놓여 있어 당시 진왕의 위세가 어떠했는지를 짐작할 수 있다.

69세를 일기로 세상을 떠났다.

이무정은 무력으로 많은 사람을 살상하고 당나라 조정에 대해서도 오만불손한 태도로 황제를 업신여겼지만, 한 가지 특기할 일은 그가 독실한 불교 신자로서 법문사(法門寺) 재건에 큰 공헌을 했다는 점이다. 845년의 이른바 '회창법난(會昌法難)'으로 거의 폐허가 된 법문사 재건을 위해 901년부터 922년까지 거의 20여 년 동안 재정적 도움을 주었다. 그리하여 법문사가 '황가 사원'의 옛 명성을 회복하는 데 크게 기여했다.

황릉에 버금가는 진왕의 무덤

대당 진왕릉(大唐秦王陵)은 지금의 섬서성 보계시(寶溪市) 금태구(金台區) 금하진(金河鎭)에 있다. 능의 규모로 보아 단시일에 조성된 것이 아니고 이무정 생시에 오랜 기간에 걸쳐 조성된 것으로 보인다. 907년에 착공해서 920년경에 완성되었을 것으로 추측된다. 매장 시기는 이무정이 925년, 그의 부인이 945년이다. 영혼은 죽지 않는다는 관념에 따라 무덤을 크고 화려하게 꾸미는 것이 효도하는 길이라 여겨 진왕릉도 규모가 대단하다.

진왕릉은 청나라 초에 대부분 시설이 훼손되고 돌조각 등 일부만 남아 있었는데 1747년(건륭 12년)에 중수하여 원래의 모습을 거의 회복했으나 신중국 건국 초기와 문화대혁명 기간에 다시 크게 훼손되었다. 1982년에야 능을 보호하기 시작하다가 2001년부터 보계시 각 단체가 연합하여 본격적인 보수에 착수하여 능의 중심 부분이 복원되었고 이후 점차적으로 보수하여 오늘에 이르고 있다.

진왕릉의 대문을 들어서면 길이 150미터, 폭 10미터의 신도(神道)가 나타난다. 신도 양측에는 34개의 석조(石造) 옹중(翁仲)과 신수(神獸)가 놓여 있다. 이 신도는 황제에 버금가는 규모로 조성되어 있어 당시 그의 위세가 어떠했는지를 짐작할 수 있다. 신도가 끝나는 곳에 제사대전(祭祀大殿)이 있고 이곳을 중심으로 동쪽의 묘도(墓道)를 따라가면 이무정 지궁(地宮, 관이 있는 곳)이 나오고, 서쪽의 묘도를 따라가면 부인 지궁이 나온다. 각각의 지궁에는 당나라 말기의 생동감 넘치는 벽화와 정교한 조각 등으로 예술궁전처럼 꾸며져 있어 볼거리가 풍성하다.

이무정 지궁의 봉문(封門)　목조 건축물을 연상케 하는 겹처마 지붕 구조로 정교하게 축조되어 있다. 봉문 안쪽 전실에는 '대당 진왕 묘지명'이 안치되어 있다.

진왕 이무정 지궁

이무정 지궁은 묘도(墓道), 봉문(封門), 용도(甬道)와 묘실(墓室), 후용도(後甬道), 후장랑(後長廊), 후묘실(後墓室)의 6개 부분으로 구성되었으며 입구로부터 지궁까지의 총 길이가 50.7미터, 지상으로부터의 깊이가 20미터이다.

남쪽에서 북쪽으로 나 있는 36.1미터의 묘도는 남단과 북단으로 구성되어 있다. 북단은 아래쪽으로 경사가 나 있다. 묘도의 벽에는 각종 벽화가 화려하게 그려져 있는데 세월이 흘러 희미하게 남아 있는 것을 최근에 보정(補整)한 것이라 한다. 묘도 양쪽에는 10개의 이실(耳室)이 있다. 이실(耳室)은 고대의 무덤에서 묘실(墓室)과 연결된 아치형의 작은 부속 공간을 말한다. 여기에는 말이나 낙타를 탄 한인(漢人), 호인(胡人) 악공(樂工)들의 모습을 묘사한 각종 조각품〔陶俑〕들이 진열되어 있다. 이들의 두발 모양과 복식, 손에 들고 있는 기물 등이 당시 사람들의 풍부하고 다채로운 생활상을 엿볼 수 있게 한다.

묘실 봉문 동쪽 감실(龕室)에 '이룡희주(二龍戱珠)', 서쪽 감실에 '쌍봉조양(雙鳳朝陽)' 두 개의 전조(磚雕, 벽돌에 무늬나 그림을 새겨 넣은 조각)가 있는데 당말 오대 시대의 예술 걸작으로 평가받고 있다. 봉문을 들어서면 지궁의 전실(前室)과 중실(中室)이 나온다. 전실에는 '대당 진왕 묘지명'이 안치되어 있고 중실에는 묘 주인이 쓰던 생활용품이 배장되어 있다. 묘지명은 행서, 초서, 예서의 세 가지 서체로 쓰여 있다.

중실을 지나면 나오는 장랑(長廊)의 벽에는 유명한 '십이생초도(十二

낙타를 탄 악사 도용(駱駝載樂俑)　이무정 지궁의 묘도 이실에 진열된 것으로 당나라 시대 실크로드를 통해 이루어진 서역과의 문화 교류를 보여주는 도자기 인형(陶俑)이다.

악기도(樂伎圖)**(부분)**　　14명의 악공이 앉아서 다양한 현악기와 타악기를 연주하고, 2명의 무용수는 서서 춤추는 모습을 벽면에 새긴 부조이다. 연주자는 모두 여성이고 각기 다른 의상, 자태, 표정 등이 생생히 표현되어 있다.

십이생초도(十二生肖圖)**(부분)**　　'십이생초도' 부조 중에서 '원숭이'(왼쪽)와 '쥐'(오른쪽) 띠에 해당하는 인물의 모습이다. 자신의 띠(십이지)가 부조된 관(冠)을 쓴 12명의 인물들이 조복(朝服)을 입고 홀(笏)을 든 문신과 무신의 모습으로 진왕의 관을 향해 도열해 있다.

이무정 지궁의 묘실 석곽(石椁)

生肖圖)’를 새긴 전조(磚雕)가 있다. 즉 자기의 띠(12지)에 해당하는 동물이 부조(浮彫)된 관(冠)을 쓴 12명의 인물들이 조복(朝服)을 입고 홀(笏)을 든 문신과 무신의 모습으로 묘실 뒤쪽 진왕의 관이 있는 후실(後室)을 향하여 도열해 있는 모습이다. 홀은 관료들이 국가의 중요한 의례에서 손에 드는 상아, 나무 등으로 만든 좁고 긴 판(板)이다. 또 이곳에는 ‘악기도(樂伎圖)’가 부조되어 있는데 2명의 무용수는 춤을 추고 14명의 악공들이 모두 앉아서 다양한 현악기와 타악기를 연주하고 있는 모습이다. 장랑 북쪽이 지궁의 후묘실(後墓室)이다. 이곳에 이무정의 좌상(坐像, 267면 사진 참조)과 관곽이 안치되어 있다.

현덕태부인 지궁의 단문(端門)　　지궁(地宮)에 들어가는 문으로, 하단은 청석(靑石)으로 견고하게 쌓고 상단에는 겹처마 지붕의 목조 누각 건축물처럼 정교하게 축조되어 있다. 세계적으로도 보기 드문 고분(古墳) 건축물로 평가된다. 하단의 돌 하나만 제거해도 전체가 무너지도록 설계된 것은 도굴을 막기 위함이다. 발굴 당시에 단문 옆에 내놓은 통로를 통해 지궁에 들어갈 수 있다.

현덕태부인 유씨 지궁

　이무정의 부인 현덕태부인 유씨(賢德太夫人劉氏)의 지궁은 이무정의 지궁보다 복잡하고 장식도 많다. 지궁은 묘도, 단문(端門), 정원(庭院), 묘문(墓門), 용도, 전실, 후용도, 후실로 이루어져 있다.

　양쪽 벽에 청룡과 백호가 그려진 25.6미터의 묘도를 지나면 유명한 단문(端門)이 나온다. 단문은 지궁에 들어가는 석문(石門)으로 높이가 8미터, 폭이 4미터에 달하는 웅장한 규모의 건축물이다. 하단이 청석(靑石)으로 정교하게 축조되어 돌 하나만 제거해도 전체가 무너지도록 설계되어 있어 도굴 방지용으로도 쓰였다. 단문의 최상단 동서 양쪽 벽에 '가학서유도(駕鶴西游圖)'가 조각되어 있는데(좌측 사진 네모 표시) 진왕 부인이 학을 타고 하늘을 날고 두 명의 시녀가 역시 학을 타고 좌우에서 시중드는 모습이다. 또한 단문 3층 동서 양쪽 벽에는 각각 '부인계문(婦人啓門)'상이 조각되어 있다(좌측 사진 동그라미 표시). 동쪽에는 한 시녀가 문을 열

단문 영객도(迎客圖)　단문 3층 동쪽 벽(좌측의 단문 사진에서 왼쪽의 동그라미 표시)에 한 시녀가 문을 열고 손님을 맞이하는 모습을 부조한 것이다.

팔인대교도(八人擡轎圖)　묘주인 현덕태부인이 생전에 타고 다니던 가마를 묘사한 부조이다. 당나라 복장을 한 건장한 가마꾼들의 발걸음이 역동적으로 표현되어 있다. '이인대교'는 왕궁 안에서, '팔인대교'는 왕궁 밖으로 나갈 때 사용한 것이라 한다.

고 손님을 맞이하는 모습을, 서쪽에는 손님을 보내는 모습을 만들어놓았다.

단문을 지나 북쪽으로 나아가면 정원(庭院)이 나온다. 정원은 동서가 3.3미터, 남북이 2.34미터의 직사각형으로 되어 있고 동쪽과 서쪽에 두 개의 이실(耳室)이 있다. 동이실(東耳室) 옆 벽에 '이인대교도(二人擡轎圖)'를, 서이실(西耳室) 옆 벽에 '팔인대교도'를 벽돌에 조각한 전조(磚雕)가 있다. 대교도(擡轎圖)는 가마를 메고 가는 모습을 그린 그림이다. 이 가마

호인견타도(胡人牽駝圖)　호인 차림을 한 남성이 낙타를 끌고 있는 모습을 부조한 것으로 물건이 실린 낙타의 등에는 담요가 둘러져 있다. 여기서 '호인'은 서역의 상인을 말하는데 묘주의 생존 당시에 번성했던 실크로드 무역의 한 단면을 재현한 것으로 보인다.

들은 묘주인 현덕태부인이 생전에 타고 다녔던 것을 묘사한 것이라 한다. 당나라 복장을 한 건장한 가마꾼들의 발걸음이 역동적으로 표현되어 있다. 그리고 동이실 벽면과 서이실 벽면에 각각 '한인견마도(漢人牽馬圖, 중국인이 말을 끄는 그림)'와 '호인견타도(胡人牽駝圖, 서역인이 낙타를 끄는 그림)'가 새겨져 있다. 당나라와 서역 간의 교역을 엿볼 수 있게 하는 조각들이다. '호인견타도'는 고삐를 잡고 낙타를 끄는 서역(중앙아시아)인의 모습을 양쪽 벽면에 부조한 것이다. 낙타는 고개를 꼿꼿이 들고 정

산악도(散樂圖)(부분)   14명의 악공이 서서 피리, 비파, 생황 등을 연주하고 2명의 무용수가 서서 춤추며 공연하는 모습을 벽면에 부조한 것이다. 연주자는 모두 남성이다.

면을 바라보고 있으며, 짐을 실은 등에는 붉은색 술이 달린 흰색 담요가 둘러져 있다.

용도 다음의 전실에는 부인의 묘지명이 놓여 있다. 그리고 후용도(後甬道)에 이르면 동서 양벽에 '산악도(散樂圖)'가 부조(浮彫)되어 있다. 산악(散樂)은 노래(악기 연주)와 춤 등 다양한 요소가 결합된 중국의 전통 공연 예술이다. 여러 명의 악기(樂伎)들이 박판(拍板), 비파, 갈고(羯鼓), 경

(磬), 생황(笙簧), 피리 등을 연주하는 표정과 동작이 매우 생동감 있게 조각되어 있다. 이무정 지궁의 악기(악공)와 다른 점은 모두 서 있는 모습이다. 지궁의 최후 묘실 바닥에는 '지면 천상도(地面天象圖)'가 그려져 있고 벽에는 빛바랜 채색 벽화의 흔적이 남아 있다.

우리는 시간이 촉박해서 대충 둘러보고 나왔는데, 이곳은 여유를 가지고 천천히 관람할 필요가 있다. 진왕릉 자체가 최근에 정비되었기 때문에 우리를 안내한 가이드도 처음 와본다고 했다. 가이드 김서광은 진왕릉 현지 가이드의 설명을 열심히 들으며 공부하고 있었다.

오늘의 관람을 마치고 우리는 호텔로 향했다. 호텔은 보계 시내에 있는 Crown Praza 호텔인데 매우 쾌적했다. 내일 다시 서안 시내로 들어가면 우리가 처음 묵었던 호텔이 아닌 다른 호텔로 갈 예정이었다.

공자의 멘토
주공(周公)을
모신 사당

주공의 공적

여행 5일째, 우리는 먼저 보계시 기산(岐山)에 있는 주공(周公)의 사당, 주공묘(周公廟)로 향했다. 주공묘가 위치한 기산은 고대 왕조 주(周)나라의 발상지이다. 주나라의 시조는 기(棄) 또는 후직(后稷)으로 일컬어지는데, 그는 요(堯)임금의 조정에서 농업을 관장하는 농사(農師)였다. 후직은 후세에 '농경의 신' 또는 '오곡의 신'으로 추앙되었다.

후직의 12세손 고공단보(古公亶父)가 기산 아래의 주원(周原, 지금의 섬서성 기산 동북 지방)에 도읍하여 세력을 확장했다. 그의 손자 문왕(文王)은 은(殷)나라의 신하였는데 반란을 일으켜 은나라와 전쟁을 하던 중 사망했다. 그러나 그는 군사 전략가 강태공(姜太公)을 등용하여 주 왕조의 토대를 닦았다. 문왕을 이어 즉위한 무왕(武王)이 드디어 기원전 1046년에 강태공과 주공의 보좌를 받아 은나라를 멸망시키고 주나라를 건국한 후 호경(鎬京, 지금의 섬서성 서안)에 도읍을 정했다. 무왕이 병들어 일찍 죽은 후 그의 아들이 즉위했으니 그가 곧 성왕(成王)이다. 성왕은 나라를 다스릴 수 없는 어린 나이였기 때문에 무왕의 동생이자 성왕의 숙부인 주공(周公)이 섭정하였다.

　주공은 이름이 단(旦), 문왕의 넷째 아들로 탁월한 정치가이자 사상가이며 군사가였다. 그는 섭정 초기에 친동생인 관숙(管叔), 채숙(蔡叔) 등이 은나라의 종실 신하인 무경(武庚, 은나라 주왕紂王의 아들)과 함께 반란을 일으키자 이를 진압하여 은나라의 잔여 세력을 토벌했으며 일련의 원정을 통하여 지방의 유력자들을 주나라에 복속시켰다. 그뿐만 아니라 그는 정전제(井田制), 종법제(宗法制), 분봉제(分封制) 등을 확립하여 국가 통치의 기본적인 제도와 백성의 윤리 규범을 제정함으로써 주나라의 기틀을 튼튼히 마련했다. 여기서 정전제는 토지를 우물 정(井) 자 모양으로 아홉 등분하여 중앙의 한 구역은 공전(公田)으로 정해서 공동 경작하여 세금을 내게 하고, 주위의 여덟 구역은 사전(私田)으로 정해서 백성들이 사적으로 소유할 수 있도록 하는 제도이다. 종법제는 맏아들인 적장자를 중심으로 가계를 계승하고 제사를 지내도록 하는 친족법 제도이며, 분봉제는 천자가 친족이나 공신들에게 토지를 나누어주고 그곳의 제후로 봉하는 제도이다. 이러한 기본 토대가 마련되자 그는 섭정 7년 만에 물러나고 모든 권력을 성왕에게 넘겼다. 그의 사상은 그가 저술했다고 전해지는 『주례(周禮)』에 수록되어 전해지고 있다. 그를 '주공(周公)'이라 부르는 이유는, 무왕이 그에게 주원(周原)을 채읍(采邑)으로 하사했기 때문이다. 채읍은 황제가 공신들에게 논공행상(論功行賞)으로 주는 영지(領地)를 말한다.

공자의 인생 멘토, 주공

공자가 가장 존경했던 인물이 주공이다. 공자는 "심하도다 나의 노쇠함이여, 오래되었도다 내가 꿈에 주공을 뵙지 못한 지가(甚矣 吾衰也 久矣 吾不復夢見周公)"(『논어』「술이述而」)라 탄식할 만큼 주공을 그의 인생의 사표(師表)로 삼았다. 서한(西漢) 초의 문인인 가의(賈誼, 기원전 200~기원전 168)도 이렇게 말했다.

문왕은 큰 덕을 지녔으나 공업(功業)을 이루지 못했고, 무왕은 큰 공을 이루었으나 통치를 완성하지 못했다. 주공은 큰 덕(大德)과 큰 공(大功)과 큰 통치(大治)를 한 몸에 모았으니 황제(黃帝) 이후 공자 이전까지 중국과 크게 관련 있는 사람은 주공 한 사람뿐이다.

당나라의 한유(韓愈, 768~824)는 유가(儒家)의 도통(道統)을 요(堯)—순(舜)—우(禹)—탕(湯)—문왕(文王)—무왕(武王)—주공(周公)—공자(孔子)—맹자(孟子)로 이어지는 것으로 정리했다. 이렇게 후세 사람들은 주공을 성인(聖人)의 반열에 올려놓고 추앙했다. 후세에 그는 최고 성인인 '원성(元聖)'으로 추앙되었다.

우리나라의 실학자 다산 정약용(丁若鏞)이 쓴 『경세유표(經世遺表)』는 국가기구 및 관제 개편을 담은 저서인데 그는 이 책에서 중앙 행정기구 의 부서 명칭인 이조(吏曹), 호조(戶曹), 예조(禮曹), 병조(兵曹), 형조(刑曹), 공조(工曹)를 『주례』의 예(例)에 따라 천관(天官), 지관(地官), 춘관(春官), 하관(夏官), 추관(秋官), 동관(冬官)으로 바꾸었을 정도로 『주례』를 당시 관제 개혁의 모델로 삼았다.

'악발토포(握髮吐哺)' 고사의 주인공

성왕 초기에 주공은 자신의 봉지(封地, 제후의 영토)인 노(魯)나라에 아 들 백금(伯禽)을 대신 보내면서 이렇게 훈계했다. 그는 어린 성왕을 보필 하기 위해서 수도에 남아 있어야 했기 때문에 아들을 대신 보낸 것이다.

나는 문왕의 아들이고 무왕의 동생이며 성왕의 숙부이니, 천하에서 내 신분이 낮지는 않다. 그러나 나는 머리를 감을 때 세 번이나 '머리 카락을 움켜쥐고(握髮)', 한 끼 밥을 먹는 데도 세 번이나 '씹던 걸 뱉어 놓고(吐哺)' 나아가 어진 선비를 맞이하면서도 오히려 천하의 어진 선 비를 잃을까 걱정했다. 네가 노나라 땅에 가거든 나라를 가졌다고 남 에게 교만하지 말아라. (사마천 『사기』 「노주공 세가魯周公世家)

'악발(握髮)'은 머리를 감다가 손님이 왔다는 전갈을 들으면 빨리 만

주공묘(周公廟) 대문 대문 앞에 서 있는 두 그루의 고목은 당나라 때 심었다는 측백나무로 수령 1200여 년에 달한다.

나고 싶은 마음에 젖은 머리칼을 손으로 움켜쥐고 나가서 손님을 맞이했다는 것이고, '토포(吐哺)'는 식사할 때 손님이 찾아오면 행여나 놓칠세라 먹던 음식을 뱉어버리고 나가서 맞이했다는 고사이다. 그만큼 그는 어진 선비(인재)를 찾아서 잘 대우해주었다는 것이고 또 그렇게 함으로써 주나라의 기초를 굳건히 마련했다는 것이다. 손님을 맞는 정성 어린 자세를 보여주는 고사 '악발토포(握髮吐哺)'는 여기서 유래되어 오늘날에도 널리 쓰이고 있다.

주공의 사당, 주공묘

주공묘(周公廟) 즉 주공의 사당은 지금의 보계시(寶鷄市) 기산현(岐山縣) 봉황산(鳳凰山) 남쪽 기슭에 자리하고 있다. 봉황산은 기산의 옛 이름인데, 주공묘가 있는 그 남쪽 기슭을 '권아(卷阿)'라 한다. '봉황산'과 '권아'의 명칭은 『시경』 '대아(大雅)' 편에 실린 「권아(卷阿)」에서 유래되었다.

有**卷**者阿　飄風自南
豈弟君子　來游來歌
以矢其音
(…)
鳳凰鳴矣　于彼高岡
梧桐生矣　于彼朝陽

감돌아 굽은 큰 언덕에
회오리바람 남쪽에서 불어오네
점잖은 군자가
와서 노닐고 노래하며
그 소리 늘어놓네
(…)
봉황이 우네

저 높은 언덕에서

오동나무가 자라네

산 동쪽에서

주나라 성왕이 신하들과 함께 이곳에 와서 잔치를 벌였는데 성왕의 숙부인 소강공(召康公)이 성왕의 은덕을 찬양하며 부른 노래가 「권아」라고 한다. 이들이 와서 잔치를 벌였던 곳인 '감돌아 굽은 큰 언덕' 즉 '권아(卷阿)'가 나중에 지명이 된 것이다. 그리고 이 언덕에서 봉황이 울었다고 해서 산을 봉황산이라 불렀다. 이 권아 땅에 당나라 고조(高祖)가 618년에 주공의 사당을 건립한 것이다. 대문의 정면에는 '주공묘' 편액이 걸려 있고 대문 뒤편에는 '고권아(古卷阿)'란 편액이 걸려 있다. 주공묘의 주요 사적(史蹟)은 다음과 같다.

악루, 팔괘정

주공묘(周公廟) 현판이 걸린 커다란 대문을 들어서면 바로 보이는 건물이 악루(樂樓)인데 정면에 걸린 편액은 '표풍자남(飄風自南)'이고 뒤편의 편액이 '악루(樂樓)'이다. 회오리바람이 남쪽에서 불어온다는 '표풍자남'은 앞의 시 「권아」에서 따온 말이다. 악루는 주공이 제례작악(制禮作樂), 즉 예(禮)를 제정하고 악(樂)을 만든 것을 기념하기 위하여 원나라 때인 1290년에 창건한 건물이다. 매년 묘회(廟會, 명절이나 정해진 날 사당에 모이는 집회) 때 이곳에서 성대한 제사 의식이 거행된다. 지금의 악루는 1988년에 중건한 것이다. 주공묘 좌측 담벼락에는 '주공토포(周公吐哺,

악루(樂樓) 정면 주공이 예(禮)를 제정하고 악(樂)을 만든 것을 기념하기 위해 원나라 때 지은 건물이고, 편액 '표풍자남(飄風自南)'은 회오리바람이 남쪽에서 불어온다는 뜻이다.

주공이 식사 중 손님이 찾아오면 씹던 걸 뱉어놓고 나가서 맞았다는 고사)'봉명기산(鳳鳴岐山)''주공고리(周公故里, 주공의 고향)''주례지방(周禮之邦)' 등을 새긴 석판이 붙어 있다. '주례지방'은 '주례의 나라' 곧 서주(西周)를 말한다.『주례』는 주공이 제정한 국가 통치의 기본 제도 및 백성의 윤리 규범을 제시한 법전이다. 또한 앞서 소개한『논어』「술이(述而)」편의 구절(甚矣 吾衰也 久矣 吾不復夢見周公, 심하도다 나의 노쇠함이여, 오래되었도다 내가 꿈에 주공을 뵙지 못한 지가)도 전서(篆書)로 석판에 새겨져 있다. 그러나 이들과 나란히 '홍양전통문화 발전여유사업(弘揚傳統文化 發展旅遊事業, 전통문화를 널리 선양하여 관광 사업을 발전시키자)'이 적힌 석판이 붙어 있는 것은 어울리지 않는다.

악루 후면

악루를 지나면 곧 주공상(周公像)이 서 있다. 주공상은 한백옥(漢白玉)
으로 만든 2.5미터의 소상(塑像)으로 중국 고대 역사인물 전문 화가인 이
연성(李延聲, 리옌성)의 작품이다. 주공상 뒤편의 팔괘정(八卦亭)은 주나라
때 『주역』을 완성한 것을 기념하기 위해서 1906년에 세운 건물이다. 『주
역』의 작자에 관해서는 정설이 없다. 8괘와 64괘를 모두 복희씨(伏羲氏)

290

주공상과 팔괘정 팔괘정은 주나라 때『주역』을 완성한 것을 기념하기 위해 1906년에 세운 건물이다.

가 창안했다는 설, 복희씨가 8괘를 창안하고 문왕이 64괘와 괘효사(卦爻辭)를 완성했다는 설, 64괘의 괘사는 문왕이 지었고 384효의 효사는 주공이 지었다는 설 등이 분분하다. 그러나 문왕과 주공이 어떤 형태로든『주역』과 관계가 있기 때문에 이곳에 팔괘정을 지은 것이다.

주공, 소공, 태공 헌전과 정전

팔괘정 뒤에 주 삼공(周三公)의 헌전(獻殿)과 정전(正殿)이 있다. '주 삼공'은 주나라 건국 초기에 공을 세운 주공, 소공(召公), 태공(太公) 세 명을 가리키는데 이들을 기념하기 위해서 각각 헌전과 정전이 건립되었다.

주공전의 주공상 주공은 공자가 가장 존경했던 인물로 후세에 최고의 성인인 원성(元聖)으로 추
앙되었다.

헌전은 참배하고 제사를 지내는 곳이다. 중앙에 주공 헌전이 있고 왼쪽
에 소공 헌전, 오른쪽에 태공 헌전이 있는데 모두 이들의 제사를 지내는
곳이다. 이 중에서 청나라 광서(光緒) 연간(1875~1908)에 풍공신(馮拱宸)
이 찬한 주공 헌전의 대련이 널리 알려져 있다.

制大禮作大樂 幷戡大亂 大德大名垂宇宙

(제대례작대악 병감대란 대덕대명수우주)

訓多士誥多方 兼膺多福 多才多藝冠古今

(훈다사고다방 겸응다복 다재다예관고금)

소공전의 소공상 소공은 성왕과 강왕 2대에 걸친 중신이다. 편액 '감당유애(甘棠遺愛)'는 소공이 감당나무 아래에서 베푼 자애로움을 말한다.

큰 예(禮)를 제정하고 큰 악(樂)을 만들었으며 아울러 큰 난리를 진압했으니 큰 덕(德)과 큰 이름이 우주에 드리웠고

여러 신하에게 훈계하고 여러 나라에 고했으며 겸하여 많은 복을 받았으니 다재다능함이 고금에 으뜸일세

주 삼공 헌전 뒤에 세 채의 정전이 있다. 헌전과 마찬가지로 중앙에 주공 정전이 있고 왼쪽에 소공 정전, 오른쪽에 태공 정전이 있다. 주공에 관해서는 앞에서 설명한 바와 같다. 왼쪽의 소공 정전은 문왕의 서자(庶子)

이자 성왕의 또 다른 삼촌인 희석(姬奭)의 사당인데 채읍(采邑)이 소(召) 땅이기 때문에 소공으로 불린다. 소강공(召康公), 소백(召伯), 소공석(召公奭)으로도 불린다. 소공은 성왕과 강왕(康王) 2대에 걸친 중신으로, 성강(성왕과 강왕)의 치세에 천하가 안정되어 40여 년간 형벌을 가하지 않았다는 '성강지치(成康之治)'를 이룬 주역이고, 800년 주 왕실의 기초를 마련한 인물이다.

태공 정전은 걸출한 군사가로 '병법의 조상(兵法之祖)'이라 불리는 이른바 강태공의 사당이다. 그는 70세에 문왕을 만나 주나라를 건국하는 데 크게 공헌한 인물이다.

강원전, 후직전

주 삼공전 뒤에 강원전(姜嫄殿)이 있고 강원전 뒤에 후직전(后稷殿)이 있는데 이들도 각각 헌전과 정전으로 구성되어 있다. 강원은 주나라 시조 후직의 어머니이다. 헌전 문 양쪽에 이런 대련이 걸려 있다.

廟貌枚枚似閟宮 神靈赫赫綿瓜瓞

(묘모매매사비궁 신령혁혁면과질)

사당 모양 치밀하여 비궁(閟宮)과 같고
신령(神靈)이 빛나고 빛나 오이가 주렁주렁

'매매(枚枚)'는 『시경』 '노송(魯頌)' 편에 실린 「비궁(閟宮)」에 나오는

강원전(姜嫄殿)의 강원상　강원은 주나라의 시조이자 농업의 시조인 후직의 어머니이다.

말로 '치밀하다'는 뜻이다. '비궁(閟宮)'은 종묘(宗廟) 또는 '깊숙한 집'을 뜻하는데 중국 현대 시인이자 학자인 문일다(聞一多, 원이둬)의 고증에 의하면 여기서는 아들을 낳게 한다는 신(神) 고매(高禖)를 모시는 집을 뜻한다고 한다. '신령(神靈)'의 내력은 이렇다. 강원이 교외에 나가 거인의 발자국을 보고는 감응하여 밟았는데 그후 후직을 잉태했다고 한다. '신령'은 이 거인을 가리킨다. '과질(瓜瓞)'은 크고 작은 오이를 말한다. 오이가 주렁주렁 열리듯 자손이 번창한다는 뜻이다. 그래서 강원 사당에서 제사를 올리는 날에는 자식을 낳지 못하는 여자, 아들을 낳지 못하는 여자들이 와서 고매 신이 된 강원에게 자식을 바라는 기도를 드린다고 한다.

강원 정전에는 강원의 소상이 있고 그 좌우에 태강(太姜, 고공단보의 처), 태임(太任, 문왕의 어머니), 태사(太姒, 문왕의 비), 읍강(邑姜, 무왕의 비)이 배향되어 있다. 정전 안에는 이런 대련이 있다.

培斯世奇男異女 育周家聖子賢孫
(배사세기남이녀 육주가성자현손)

이 세상의 기특한 남자와 특이한 여자를 배양하고
주나라의 훌륭하고 현명한 자손들을 길렀네

강원에 대한 후세 사람들의 숭배와 존경심을 표현한 것이다.

후직은 주나라의 시조이고 그 어머니가 강원이다. 전설에 의하면 강원이 거인의 발자국에 감응하여 후직을 잉태하여 낳았는데 강원은 이 아이를 상서롭지 못하다고 여겨 골목에 버렸더니 소와 말이 지나면서 밟지 않고 피해 다녔고, 다시 시냇가 얼음 위에 버렸더니 새들이 날아와 날개로 덮어주었다. 이에 강원이 이 아이가 범상치 않음을 알고는 길렀는데 처음에 아이를 버리려〔棄〕 했다고 해서 이름을 '기(棄)'로 지었다. 자라서는 요(堯)임금 밑에서 농업을 주관하는 농사(農師)의 직책을 수행했으며 그의 12대손 고공단보(古公亶父)가 기읍(岐邑)에 도읍하여 주나라의 기틀을 마련했다.

후직전 앞면에는 '농업 시조(農業始祖)'란 편액이 달려 있고 안에는 후직의 소상이 안치되어 있다. 그리고 소상 오른쪽에 고공단보의 두 아들

태백(太伯)과 중옹(仲雍)이, 왼쪽에는 고공단보의 아들이자 문왕의 아버지인 왕계(王季)가 배향되어 있다.

소백감당도비

주공묘에는 수많은 비석(碑石)이 있는데 그중에서 세인의 주목을 받는 비석이 '소백감당도비(召伯甘棠圖碑)'이다. 이 비석의 내력은 이렇다. 성왕 때 소백(소공)이 지방을 순시하면서 백성들에게 부담을 주지 않기 위하여 감당(甘棠)나무 아래

소백감당도비(召伯甘棠圖碑) 감당나무 아래에 머물며 백성들의 송사(訟事)를 판결해준 소백(소공)을 기리기 위해 세운 비석이다.

에 초막을 짓고 지내면서 송사(訟事)를 판결하고 안건을 처리하여 백성들을 편안하게 살도록 해주었다고 해서 그가 떠난 후 이 나무를 소중히 가꾸었다고 한다. 『시경』 '소남(召南)' 편에 실린 「감당」에 그 사실이 기록되어 있다.

무성한 팥배나무
자르지 말고 베지도 말라
소백의 초막이 있었다네

무성한 팥배나무

자르지 말고 꺾지도 말라

소백이 쉬었던 곳이니라

무성한 팥배나무

자르지 말고 휘지도 말라

소백이 머물렀던 곳이니라

蔽芾甘棠　勿翦勿伐　召伯所茇

蔽芾甘棠　勿翦勿敗　召伯所憩

蔽芾甘棠　勿翦勿拜　召伯所說

　　청나라 도광(道光) 25년(1845년)에 기산읍(岐山邑)의 읍장 이문한(李文瀚)이 막료들과 함께 유가원(劉家塬)에 있는 감당수(甘棠樹)를 관상하고 소백을 경모하는 마음으로 감당나무를 그림으로 그렸다. 그로부터 2년 후에 그곳 사람 징득(澄得)이 이 그림을 얻어 돌에 새기고 소공전 앞에 세웠다. 비석 하부에 감당나무가 그려져 있고 비석 상부 오른쪽에 전서(篆書)로 '소백감당도(召伯甘棠圖)'라 쓰여 있다. 그리고 비석 상부 왼쪽에는 이문한이 짓고 쓴 '감당도기(甘棠圖記)'가 새겨져 있다. 그림과 글씨 모두 뛰어나 예술적 가치가 있는 것으로 평가된다. 지금 이 비석은 악루 옆에 보존되어 있다.

윤덕천(潤德泉)과 당비정(唐碑亭)   신령스러운 샘 '윤덕천'은 선종 황제가 하사한 이름이고, 당비정 안의 '윤덕천기비'에는 이 샘의 내력이 새겨져 있다.

상서로운 샘, 윤덕천

주공묘 악루 동쪽에 윤덕천(潤德泉)이 있고 그 북쪽의 당비정(唐碑亭)에 '윤덕천기비(潤德泉記碑)'가 있다. 주공묘가 있는 옛 권아(卷阿) 땅에 오래된 샘이 하나 있는데 간헐천(間歇泉)이어서 때로는 물이 마르고 때로는 물이 솟아올랐다고 한다. 전하는 말에 의하면, 샘물이 솟으면 풍년이 들어 나라가 태평하고 백성이 편안하고(國泰民安), 샘물이 마르면 흉년이 들어 세상이 어지러워진다고 해서 그곳 사람들은 이를 '서천(瑞泉, 상서로운 샘)' '신천(神泉) 또는 영천(靈泉, 신령스러운 샘)'이라 불렀다.

'윤덕천기비'에 의하면 이 샘이 여러 해 말랐다가 당나라 대중(大中) 원년(847년) 어느 날 밤에 큰바람이 불더니 샘물이 솟아올랐다. 이에 봉상 절도사(鳳翔節度使) 최공(崔珙)이 나라의 경사라 여겨 조정에 아뢰니 선종(宣宗) 황제가 이 샘에 '윤덕천'이란 이름을 하사했다고 한다.

원(元)나라 때 샘(윤덕천) 위에 정자를 지어 보호했고 명나라 때에는 샘 옆에 '주공성수비(周公聖水碑)'를 세워 기념했다. 지금 우리가 보고 있는 팔각형의 윤덕천은 1847년에 중수한 것으로 샘의 난간과 정자 기둥 등에 각종 동식물을 조각하여 아름답게 꾸며놓았다.

'윤덕천기비'는 주공묘에 있는 여러 비석들 중에서 가장 오래된 것으로 황제(선종)가 샘 이름을 하사한 다음 해인 848년에 세워졌다. 이 비석에는 윤덕천의 내력이 자세히 기록되어 있다. 즉 '봉상 절도사 최공의 주장(奏狀, 천자에게 올리는 상소문)' '중서성과 문하성의 첨정(簽呈, 정부의 하급기관이 상급기관에 보고하는 문서)' '당 선종(宣宗)의 조칙(詔勅, 임금의 명령을 백성에게 알리기 위한 문서)' '최공의 사례 표문(表文, 신하가 군주에게 올리는 글)'의 4가지 글이 전부 비석에 새겨져 있다. 이로써 당나라 때 공문서의 규정과 처리 과정을 연구하는 중요한 자료가 되고 있다.

불지사리를 모신 황실 사찰 법문사

불지사리를 모신 진신보탑

법문사(法門寺)는 서안시에서 동쪽으로 110킬로미터 떨어진 보계시 부풍현(扶風顯, 푸펑현)에 위치하고 있다. 석가모니 사후, 기원전 3세기경에 최초로 인도를 통일한 마우리아 왕조의 제3대 왕 아소카왕(기원전 265~기원전 238, 또는 기원전 273~기원전 232)이 8만 4천 개의 부처님 진신사리(眞身舍利)를 8만 4천 개의 유리 보함(寶函)에 넣고 8만 4천 필의 비단으로 싸서 세계 각국에 보내어 8만 4천 개의 보탑(寶塔)을 짓게 했다. 이 중 19개가 중국에 와서 19기의 사리탑을 건조했는데 법문사의 사리탑은 중국에서의 다섯 번째 탑이다. 부처님 진신사리를 보관하고 있기 때문에 이 탑을 '진신보탑(眞身寶塔)'이라 부른다.

탑과 함께 사원도 건립되었는데 동한(東漢, 25~220) 말 2세기경에 건립된 것으로 추정된다. 창건 당시의 명칭은 '아육왕사(阿育王寺)'로, 불타의 진신사리를 전해준 아소카왕을 중국에서 '아육왕'으로 부른 데에서 비롯되었다. 이 사찰은 북주(北周, 557~581) 무제(武帝) 시기에 한때는 승려가 500여 명에 달하는 큰 사찰로 발전했다. 수 문제(隋文帝) 때인 583년에 '성실사(成實寺)'로 개칭되기도 했으나 618년에 당나라 고조(高祖)가 법문사로 다시 명칭을 바꾸었다.

2세기경에 세워진 법문사 탑도 이후 여러 차례의 변천을 거쳤다. 명나라 홍치(弘治) 18년(1505년)에 당나라 때의 4층 목탑이 팔각형의 7층 목탑으로 중창되었고 1609년에는 13층 전탑(塼塔)으로 신축되었다. 1654년에는 대지진으로 탑신이 서남 방향으로 기울어졌다. 그러다가 청나라 동치(同治) 1년(1862년)에 병화(兵火)로 법문사가 소실되었는데 다행히 탑은 화를 면했다. 법문사 건물은 1884년, 1886년에 중수했다.

1910년 이후 민국 시기에는 군벌이 사원에 주둔하는 등 불교 사찰로서의 기능을 상실하고 황폐된 채 방치되어 있었다. 이후 화북 자선단체 연합회장 주경란(朱慶瀾, 1874~1941)이 이곳을 지나다가 파괴된 현장을 보고서는 그냥 방치할 수 없다고 생각하여 중수하기로 결심했다. 이에 그는 각계 인사들의 재정적 도움을 받아 1938년에 법문사 탑과 사원 건물을 중수했다.

이후 법문사 탑은 1981년에 홍수로 탑신 반쪽이 세로로 무너졌는데 이때 탑 안에 있던 48개의 동불상(銅佛像)과 다수의 불경(佛經)이 밖으로 떨어져 나왔다. 그리고 반파(半破)된 탑을 정리하던 중에 수많은 유물들이 발견되었다. 이를 계기로 탑을 전면적으로 중수하기로 결정하고 작

법문사 전경 탑이 앞에 있고 대웅전이 뒤에 있는 탑전전후(塔前殿後) 구조의 사찰이다. 산문 다음 건물이 동불전(보광명전)이고, 그 뒤에 법문사의 상징인 진신보탑(13층)이 있다.

업을 하던 과정에서 1987년에 탑 밑 지하의 지궁(地宮)을 발굴했다. 지궁은 길이 21.12미터, 폭 2~2.3미터, 총면적 32.48 평방미터의 넓은 공간으로 여기에서 4매의 불지사리(佛脂舍利, 부처님 손가락뼈 사리)와 2,499건의 각종 진귀한 물품이 발굴되어 세상을 놀라게 했다. 일부에서는 이를 '세계 제9대 기적'이라고까지 말했다.

사실 지궁의 이 유물들은 1938년에 이미 발견되었는데 당시 발굴 책임자였던 주경란이 모든 물품을 원위치에 그대로 두고 봉인했었다. 주경란은 이 유물들을 다른 곳으로 옮기면 산실되거나 도난당할 우려가 있다고 판단했던 것이다. 불지사리 4매를 제외한 대부분의 유물들은 당나라 의종(懿宗)과 희종(僖宗)이 법문사에 공납한 것으로 희종은 874년에 이 물품들을 시주하고 문을 봉쇄했는데 그후 1113년 만에 처음 공개된 것이다. 그러니 이 유물들이 1000년 이상 보존될 수 있었던 것은 주경란의 공이라 할 수 있다.

황제들의 '영봉불골' 행사

법문사 탑 지궁(地宮)에 있는 부처님 진신사리, 즉 불골(佛骨)을 30년마다 한 번씩 궁중으로 모셔오면 풍년이 들고 전쟁이 일어나지 않는다는 말이 전해져왔다. 이에 따라 당나라 황제들은 이 불골을 모셔오는 '영봉불골(迎奉佛骨)' 행사를 총 6차에 걸쳐 거행했다. 1차는 659년 고종(高宗) 때, 2차는 705년 무측천(武則天) 때, 3차는 757년 숙종(肅宗) 때, 4차는 790년 덕종(德宗) 때, 5차는 819년 헌종(憲宗) 때, 6차는 873년 의종(懿宗) 때 이루어졌다.

이렇게 모셔진 불골은 짧게는 며칠, 길게는 몇 년 후에 법문사에 반환되는데 황제가 있는 궁중에 모셔지다가 국내의 여러 사찰로 순회 전시되기도 했다. 고종 때부터 시작된 영봉불골 행사가 이후 역대 황제들에 의하여 계속되었기 때문에 법문사도 따라서 번창했다. 한때는 24원(院) 규모를 갖춘 대사찰로 법문사 주지를 황제가 임명하기도 했다. 그래서 후에 송나라 휘종(徽宗)은 법문사 산문(山門)에 '황제불국(皇帝佛國)'이란 어필(御筆)을 내렸다고 한다. 불국(佛國)은 사찰이란 뜻으로 '황제 불국'은 '황가의 사원'과 같은 말이다.

영봉불골도(迎奉佛骨圖) 당나라 황제들이 법문사 지궁에 있는 부처님 진신사리(佛骨)를 궁중으로 모셔오는 장면을 묘사한 그림이다.

　영봉불골 행사가 있을 때면 나라 전체가 들끓었다고 한다. 법문사에서 장안까지 300리에 걸쳐 수레와 인파가 길을 메웠고, 불골이 장안에 도착하면 어떤 신도는 머리카락에 향을 피워 태우기도 하고 팔을 지지거나 잘라서 공양하기도 하며 재산을 과도하게 시주하여 파산에 이르기도 했다는 기록이 있다.

　이런 행태를 보고 당시 형부시랑(刑部侍郎)이었던 한유(韓愈)는 819년 황제에게 장문의 건의서를 올렸는데 이것이 유명한 「논불골표(論佛骨表)」이다. 정통 유학자임을 자처하는 한유는 이 글에서 불교가 국가에 아무런 이익이 되지 않는다는 점을 강조하고 영봉불골 행사를 중지할 것을 건의했다. 이 글을 본 헌종 황제는 크게 노하여 한유를 당장 사형에 처하라고 명령했다. 특히 헌종의 분노를 산 것은, 불교가 중국에 들어오기 전 상고시대의 제왕들은 모두 장수했는데 동한(東漢) 이래 불교를 믿은 제왕들은 모두 단명(短命)했다고 말한 부분이다. 불로장생의 비법을 찾고 있던 헌종의 격노를 불러일으킬 만한 대목이 아닐 수 없었다. 다행히 재상 배도(裴度) 등의 요청으로 사형은 면하고 광동성 조주자사(潮州刺史)로 좌천되었다. 형식이 좌천이지 유배나 다름없었다. 며칠 후 유배길에 오른 그가 섬서성 남관(藍關, 藍田關)에 이르렀을 때 쓴 시 한 수가 널리 애송되고 있다. 제목은「좌천되어 남관 땅에 이르러 종손자 상(湘)에게 보인다(左遷至藍關示姪孫湘)」이다.

아침에 한 통 상소문을 조정에 올렸더니
저녁에 팔천 리 길 조주(潮州)로 귀양이라

임금 위해 잘못된 일 제거하려 한 것이니
노쇠한 이 몸 어찌 여생을 아끼리오

진령(秦嶺)에 구름 비껴 집이 어디 있는지
남전관(藍田關)[1]을 눈이 막아 말이 가지 못하네

1 남전관(藍田關): 섬서성 남전현(藍田縣) 일대의 진령(秦嶺)에 있는 관문(關門). '남관(藍關)'으로도 불림.

306

너 멀리서 왔으니 응당 뜻이 있을 터

장기(瘴氣)[2] 서린 강변에서 나의 뼈를 거두어다오

一封朝奏九重天　夕貶潮州路八千
欲爲聖明除弊事　肯將衰朽惜殘年
雲橫秦嶺家何在　雪擁藍關馬不前
知汝遠來應有意　好收吾骨瘴江邊

이 시는 '상(湘)'에게 써준 것인데 그는 한유의 조카 한노성(韓老成)의 아들이다. 그러니 '상'은 한유에게는 종손자가 되는 셈이다. 그는 한유가 유배길에 오른 후 뒤늦게 뒤따라오다가 남관에서 서로 만난 것이다. 시에서 한유는 유배되어 가는 자신의 처절한 심경을 토로하고 있다. 이 시는 그의 「논불골표」와 꼭 함께 읽히는 유명한 작품이다.

법문사의 주요 건축물

현재 법문사 일대는 2009년에 준공된 '법문사 불문화 경구'로 크게 확장·정비되어 있어서 옛 법문사는 '불문화 경구'의 작은 일부분에 불과하다. 우리는 옛 법문사부터 먼저 관람했다. 법문사의 연혁에 관해서

2 장기(瘴氣): 축축하고 더운 땅에서 생기는 독한 기운. 장독(瘴毒).

는 앞에서 언급했거니와 오랫동안 수없이 흥폐를 거듭하다가 지금 우리가 보고 있는 법문사 건물군은 1988년에 새롭게 중건한 것이다. 한때는 24원(院) 규모의 거대한 사찰이었으나 지금은 많이 축소되었다. 중요 건물은 이렇다.

송나라 휘종(徽宗)의 '황제불국(皇帝佛國)' 어필이 새겨진 패루(牌樓)를 지나면 법문사 산문(山門)이 나온다. 산문 안의 건물은 전형적인 탑전전후(塔前殿後), 즉 탑이 앞에 있고 대웅전이 뒤에 있는 구조로 되어 있다(303면 사진 참조). 산문 바로 다음 건물은 동불전(銅佛殿)으로 '전전(前殿)' 또는 '보광명전(普光明殿)'으로 불리기도 한다. 여기에는 석가모니상과 문수보살상, 보현보살상, 십팔나한상 등이 있다.

진신보탑(眞身寶塔)은 법문사의 상징으로 석가모니 진신사리를 모시기 위해서 세운 탑이다. 이 탑도 1988년에 옛 '명탑실측도(明塔實測圖)'에 의거하여 명나라 때의 13층 탑을 새롭게 복원한 현대식 탑이다. 높이는 47미터이다.

대웅보전은 1994년에 중건된 건물로 중앙에 오방불(五方佛)을 비롯한 42존 불상이 있다. 대웅전 뒤에 장경루(藏經樓)가 있고 대웅전 동쪽에 천불각(千佛閣), 와불전(臥佛殿), 객당(客堂), 불학원(佛學院) 건물이 있다.

법문사 지궁의 놀라운 보물들

법문사의 대당 지궁(大唐地宮)은 1987년 반파(半破)된 탑을 정리하던 중에 발견된 지하궁으로, 이곳에서 부처님 진신사리를 포함하여 2,499건의 진귀한 유물들이 발굴되어 세계를 놀라게 하였다. 이 유물들은 대부분 당나라 역대 제왕들이 봉납한 것으로, 일상이나 의례 등에서 사용된 각종 금은기(金銀器)를 비롯해 비색자기(秘色瓷器), 유리기, 사직물(絲織物), 동기(銅器), 칠기(漆器), 그리고 2,700여 매의 화폐 등이다. 여기에는 궁중에서 사용한 진귀한 다구(茶具)와 향구(香具, 향을 즐기는 기구), 도금한 불상, 불경, 그리고 진귀한 지팡이 '은화쌍륜십이환석장(銀花雙輪十二環錫杖)'과 13매의 '대모화폐(玳瑁貨幣)' 등이 포함되어 있다.

이 중에서 '은화쌍륜십이환석장'은 해외 전시가 금지된 문화재 중의 하나로, 불교 최고의 권위를 상징하는 지팡이다. 길이 1.96미터, 직경 2.2센티미터, 무게 2,390그램의 이 지팡이는 머리 부분에 부착된 복숭아 모양의 네 갈래에 각각 3개씩의 링(環, 고리)이 총 12개가 달린 형태인데, 역사적·예술적 가치가 높고 세계적으로도 유일무이한 것이라 한다. 여기서 네 갈래는 고통의 원인과 소멸 등에 관한 부처님의 네 가지 가르침인 사성체(四聖諦)를 나타내고, 12개의 고리는 모든 존재와 현상이 12가지 조건(연기)에 의해 서로 연결되어 발생하고 소멸한다는 불교의 핵심 교리인 십이연기

은화쌍륜십이환석장(銀花雙輪十二環錫杖)
불교 최고 권위를 상징하는 지팡이다.

(十二緣起)를 상징한다고 한다. 지팡이 측면에 새겨진 명문(銘文)에 따르면, 당나라 함통(咸通) 14년(873년)에 의종의 칙령으로 황실의 금은 세공품 전문 제작 기관인 문사원(文思院)에서 특별히 제작했다고 한다. 아마도 의종이 부처님 진신사리를 모시기 위해 석가모니 부처님의 소지품인 이 지팡이를 제작한 것으로 보인다.

법문사 지궁에서 출토된 또 하나의 중요한 유물은 궁중 다구(茶具)이다. 육우의 『다경』에 따르면 당나라 때의 차 음용 방식은 주로 전다법(煎茶法)이었다. 전다법은 찻잎을 쪄서 절구에 넣고 찧어 덩어리진 형태의 병차(餅茶)로 만들어 불에 구운 뒤에 저장했다가 필요할 때마다 연자에 갈아 '솥에 넣고 달여서 마시는 것'을 말한다. 그리고 차에 소금이나 후추 등을 곁들여 마셨다고 한다. 법문사 지궁의 유물들이 기록된 '물장비(物帳碑)'에 따르면 당나라 황제가 봉납했던 다구들은 주로 이러한 병차를 마실 때 필요한 도구들로 보인다.

이 다구들은 크게 6가지로 나눌 수 있는데 홍배기(烘焙器, 찻잎이나 병차를 불에 말려 건조하는 기구), 연라기(碾羅器, 병차를 갈아서 가루로 만들 때 사용하는 기구), 저다기(貯茶器, 차를 저장하는 기구), 저염기(貯鹽器, 소금을 저장하는 기구), 팽자기(烹煮器, 차를 끓이는 기구), 음다기(飲茶器, 차를 마시는 기구)가 그것이다. 이 중에서 중요한 몇 가지를 소개한다.

홍배기로는 유금비홍구로문은롱자(鎏金飛鴻球路紋銀籠子)가 있고, 연라기로는 유금홍안유운문은다연자(鎏金鴻雁流雲紋銀茶碾子)가 있는데 이 연자 바닥에 "함통 10년(869년) 문사원에서 제작했다(咸通十年文思院造)"는 명문(銘文)이 새겨져 있다. 함통은 당나라 말기의 의종 때의 연호이고,

310

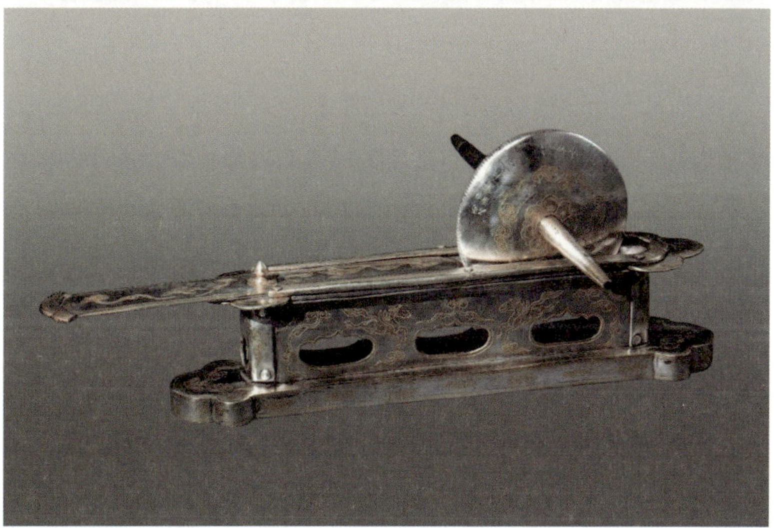

위: 유금비홍구로문은롱자(鎏金飛鴻球路紋銀籠子)　찻잎이나 병차를 불에 말려 건조할 때 사용하는 홍배기(烘焙器)이다.

아래: 유금홍안유운문은다연자(鎏金鴻雁流雲紋銀茶碾子)　병차를 갈아서 가루로 만들 때 사용하는 연라기(碾羅器)이다.

문사원은 앞서 말했듯이 당나라 황실에서 사용할 금은 세공품을 전문적으로 제작·관리하던 기구였다. 그리고 뚜껑, 접시, 세 개의 다리로 구성된 유금뇌유마갈문삼족가은염대(鎏金雷紐摩羯紋三足架銀鹽臺)는 차에 넣어 먹는 소금이나 후추 등을 담던 저염기인데 여기에도 함통 9년(868년)에 문사원에서 제작했다는 명문이 새겨져 있다. 팽자기로는 찻가루의 분량을 헤아리는 계량 스푼인 '유금비홍문은칙(鎏金飛鴻紋銀則)'이 있다. 음다기로는 유리 다완(찻잔)과 받침인 담황색파리다완(淡黃色玻璃茶碗), 담황색파리다완탁(淡黃色玻璃茶碗托) 등이 있다.

법문사 지궁에서 출토된 이와 같은 궁실 다구들은 당나라 황실의 음다법(飮茶法) 연구에 중요한 자료가 될 뿐만 아니라 세계적으로도 가장 완전하고 진귀한 유물로 평가된다.

지궁에서 출토된 이 많은 유물들은 현재 1988년에 건립한 법문사박물관에 보관 전시하고 있다. 이 물품들은 당시의 사회정치사, 문화사, 과학기술사, 중외교류사(中外交流史), 미술사 등의 연구에 매우 중요한 자료가 되고 있다.

그런데 유물들이 출토된 지궁은 우리가 간 날에는 일반인에게 공개하지 않았다. 내가 처음으로 법문사에 가본 것은 1993년이었는데 그때는 지궁에 들어가서 문물들을 직접 관람했다. 지금 지궁의 보물들은 다른 곳으로 옮겨 전시하고 있어서 지궁에는 볼 것이 없겠지만 그래도 1993년의 첫인상이 너무나 강렬했기 때문에 지궁에 한 번 들어가서 보고 싶었지만 뜻을 이루지 못했다.

처음 갔을 때의 법문사는 아늑하고 고즈넉한 사찰이었는데 지금은 사람들로 붐비는 시장판 같았다. 옛 법문사 터에서 볼만한 것은 1988년에 개관한 법문사박물관이다. 일명 '법문사 진보관(珍寶館)'이라고도 하는데 여기는 지궁에서 출토된 유물을 포함해서 총 9,439건의 문물을 수장하고 있다. 그중에서 진귀한 보물이 225건, 1급 문물이 138건이나 된다고 한다. 현재 박물관은 중앙의 진보각과 동전청(東展廳), 서전청(西展廳) 세 곳에 나누어서 문물을 전시하고 있다.

불국세계로 가는 불광대도

옛 법문사 터의 서쪽에 새롭게 조성된 것이 '법문사 불문화 경구'인데 엄청난 규모로 휘황찬란하게 조성한 이 경구 때문에 옛 법문사가 더 초라해 보인다. 이곳을 소개해본다.

산문(山門)인 불광문을 들어서면 넓은 산문 광장이 나온다. 여기에는 호텔, 식당, 기념품 판매소, 슈퍼마켓, 전동차 출발지 등의 시설이 구비되어 있다. 광장 안 정심지(淨心池)를 지나 반야문(般若門), 보리문(菩提門), 원융문(圓融門)을 지나면 불광대도(佛光大道)에 들어선다.

불광대도는 불광문으로부터 합십사리탑(合十舍利塔)까지의 1,230미터의 길인데 넓이가 108미터, 총면적이 14만 평방미터에 달한다. 대도의 넓이가 108미터인 것은 '백팔번뇌(百八煩惱)'를 상징한다고 한다. 출발점인 불광문은 차안(此岸) 즉 현세(現世)를, 종착점인 합십사리탑은 피안(彼岸) 즉 불국세계(佛國世界)를 상징한다. 그러니 현세에서 불국세계로 가

불광대도 불광대도는 현세(불광문)에서 불국세계(합십사리탑)로 가는 길을 상징한다.

는 이 길에서 중생의 백팔번뇌를 벗어던진다는 의미가 담겨 있다.

• 10보살: 불광대도 양쪽에 놓여 있는 10개의 거대한 황금빛 보살상을 말한다. 10보살은 대묘상보살(大妙相菩薩), 문수보살(文殊菩薩), 관음보살(觀音菩薩), 일광보살(日光菩薩), 관자재보살(觀自在菩薩), 법원림보살(法苑林菩薩), 보현보살(普賢菩薩), 지장보살(地藏菩薩), 월광보살(月光菩薩), 대세지보살(大勢至菩薩)이다.

• 불타 승적(佛陀勝迹): 불광대도의 동쪽 숲속에 석가모니의 일생을 보여주는 8개의 조각이 있다. ① 태자의 탄생. ② 출유감고(出游感苦): 궁중을 나와서 수행을 함으로써 늙음과 병과 죽음의 고통으로부터 벗어나기로 결심하다. ③ 야도범진(夜度凡塵): 태자가 밤에 말을 타고 궁중을 떠나다. ④ 육년고행(六年苦行): 태자가 6년의 금욕 고행 끝에 신체가 극도로 쇠약해지다. ⑤ 보리오도(菩提悟道): 보리수 밑에서 49일 좌선(坐禪) 끝

314

에 도(道)를 깨치다. ⑥ 초전법륜(初傳法輪): 부처가 녹야원(鹿野苑) 보리수 밑에서 다섯 제자들에게 '사성체(四聖諦)'를 강론하다. ⑦ 보도중생(普度衆生): 중생을 제도하다. ⑧ 쌍림멸도(雙林滅度): 석가모니가 80세에 쌍림 사이에서 입적하다. 이 쌍림멸도 조각상 옆으로 난 길을 따라 동쪽으로 가면 옛 법문사가 나온다. 우리는 옛 법문사를 관람하고 이 길을 따라 불광대도로 나왔다.

• 법계원류(法界源流): 불광대도 서쪽 숲속의 8개 조각품으로 석가모니 사후 불교가 발전한 양상을 보여준다. ① 왕사성결집(王舍城結集): 석가모니 열반 후 오백나한(五百羅漢)이 왕사성 밖 칠엽굴(七葉窟)에서 거행한 최초의 결집. ② 아육왕홍법(阿育王弘法): 아육왕, 즉 아소카왕이 8만 4천 개의 부처님 진신사리를 세계 각국에 보낸 것은 앞에서 언급했음. ③ 남전불교(南傳佛敎): 불교가 동남아 일대로 전파됨. ④ 한전불교(漢傳佛敎): 불교는 동한(東漢) 명제(明帝, 재위 57~75) 때 중국에 전래되어 8종파를 이룸. ⑤ 한전불교: 정토종(淨土宗). ⑥ 한전불교: 선종(禪宗). ⑦ 장전불교(藏傳佛敎): 불교는 티베트에 전래되어 라마교라 불렸음. ⑧ 불법동전(佛法東傳): 삼국시대 때의 조선에 그리고 일본에도 불교가 전래됨.

불광대도가 끝나는 곳에 사리탑 광장을 잇는 육도교(六度橋)가 있다. '육도(六度)'는 번뇌로부터 깨달음에 이르는 여섯 가지 수행 방법으로 보시(布施), 지계(持戒), 인욕(忍辱), 정진(精進), 선정(禪定), 반야(般若), 지혜를 말한다. 육도교는 산문에서 불광대도를 거쳐 피안(彼岸)의 부처님 진신사리를 참배하기 위해 반드시 거쳐야 하는 길이다.

세계에 단 하나인 불지사리

전하는 말에 의하면 석가모니가 열반한 후 머리뼈 사리 1매, 어깨뼈 사리 2매, 치아 사리 4매, 손가락뼈 사리 1매와 기타 수많은 사리가 수습되었다고 한다. 인도의 아소카왕이 이 사리를 세계 여러 나라에 보내어 탑을 짓게 했다는 사실은 앞에서 언급했다. 이 중에서 법문사에 보내진 사리가 부처님 손가락뼈 사리라는 것이다. 그래서 이를 '불지사리(佛指舍利)'라 한다. 사리는 백색의 골사리(骨舍利), 흑색의 발사리(髮舍利), 홍색의 육사리(肉舍利)로 구분되는데 법문사 사리는 흰색의 골사리이다. 이 손가락뼈 사리는 세계에서 하나밖에 없는 보물로 불교계의 최고 성물(聖物)이다.

법문사 탑 지궁에서는 모두 4매의 불지사리가 발견되었는데 제1매는 8중(重) 보함(寶函)에, 제2매는 3중 보함에, 제3매는 5중 보함에, 제4매는 3중 보함에 보관되어 있었다. 이 중에서 제3매가 진신사리이고 나머지 3매는 모두 모조품이다. 진신사리를 '영골(靈骨)', 모조품을 '영골(影骨)'이라 부른다. 영골(影骨)을 만든 이유는 무엇일까? 역사적으로 자행된 불교 탄압으로 인하여 진짜 사리가 훼손될 것을 우려해서, 즉 진짜를 보호하기 위하여 모조품을 만들었다는 것이다. 법문사 지궁의 경우, 영골(影骨) 중 2매는 옥(玉)으로 만들었고 1매는 어느 고승(高僧)의 사리라고 한다. 영골(影骨)은 비록 모조품이긴 하지만 진품 영골(靈骨)과 꼭 같은 성물로 취급되었다고 한다. 법문사 지궁에서 불지사리가 출토된 것을 찬양하는 조박초(趙樸初, 자오푸추)의 시「부풍 법문사 불지사리 출토 찬가

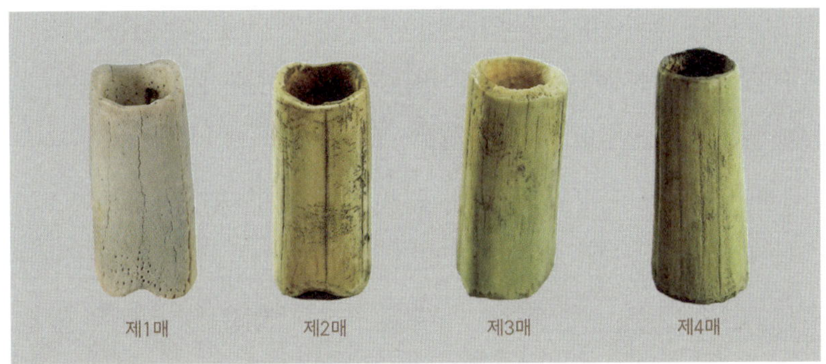

법문사 탑 지궁에서 발굴된 4매의 불지사리(佛脂舍利)　이 중에서 제3매가 진신사리이고 나머지는 모두 모조품이다. 모조품은 진품을 보호하기 위해 만든 것이다.

(扶風法門寺佛指舍利出土讚歌)」에 이런 구절이 있다.

영골(影骨)이 (진짜와) 같지는 않지만 다르지도 않아

달 하나가 세 강에 비치는 것과 같도다

影骨非一亦非異　了如一月映三江

불지사리가 보관된 합십사리탑

1,230미터의 불광대도를 지나 육도교(六度橋)를 건너면 합십사리탑 (合十舍利塔)이 나온다. 이 건물은 형태가 '두 손(雙手)을 십자(十字)로 모은' 모양이기 때문에 '쌍수합십탑(雙手合十塔)'이라고도 한다. 대만의 건

합십사리탑(合＋舍利塔)　이 탑의 지궁에 부처님 불지사리가 보관되어 있다. 탑의 형태가 '두 손(雙手)을 십자(十字)로 모은' 모양이기 때문에 '쌍수합십탑(雙手合十塔)'이라고도 한다.

축가 이조원(李祖原, 리쭈위엔)이 설계한 6층 148미터의 거대한 탑이다. 148미터의 '1'은 부처와 중생은 둘이 아니고 하나라는 뜻이고, '48'은 부처님의 탄생일인 4월 8일을 가리킨다고 한다.

이 탑의 지궁에 부처님 불지사리가 보관되어 있다. 지궁의 넓이는 5,000평방미터로 법문사 13층 탑의 지궁보다 100배나 크다고 한다. 그 안에 2,000명을 수용할 수 있을 만큼 넓은 공간이 있다. 이 지궁의 중앙에 석가모니불이 있고 양쪽에 아난존자(阿難尊者)와 가섭존자(迦葉尊者)가 협시(挾侍)하고 있다. 그리고 석가모니불 앞에 놓여 있는 금 사리탑 안에 진신사리가 보관되어 있다. 또 이 지궁에는 13층 탑의 지궁에서 출토된 여러 보물들이 진열되어 있다. 자세히 관찰하진 않았지만 지궁 출토 보물들은 법문사박물관과 이곳에 분산하여 보관하고 있는 것으로 보인다. 그러나 영골(影骨)이 아닌 영골(靈骨)이 여기 있는 것은 확실하다.

법문사 불문화 경구는 워낙 넓기 때문에 구내를 운행하는 전동 셔틀 버스가 있다.

당 고종과 무측천이
합장된 건릉

당나라 고종 이치

법문사 관람을 마치고 당나라 고종과 무측천(武則天)이 합장되어 있는 함양의 건릉(乾陵)으로 향했다. '무측천'을 내 나이 또래의 사람들은 '측천무후(則天武后)'라 불렀지만, 현재 중국에서 출판된 모든 문서에는 '무측천'으로 표기되어 있다. 그래서 앞으로 이 글에서는 무측천이란 명칭으로 부르기로 한다.

당나라 제3대 황제인 고종 이치(李治, 628~683)는 태종의 아홉 번째 아들로 16세에 태자로 책봉되고 22세 되던 649년 황제에 즉위했다. 즉위한 초기에는 선대(先代)의 중신 장손무기(長孫無忌), 저수량(褚遂良), 이적(李勣) 등의 보좌를 받아가며 의욕적인 선정을 베풀어 태종 시대의 '정관(貞觀)의 유풍(遺風)'을 이었다는 평가를 받았다. '정관'은 태종의 연호로 이

320

시대에 문물이 번성하여 태평성대를 구가했다는 말이다. 그는 민생을 안정시키기 위해 태종 때 시도했다가 실패한 고구려 원정과 대규모 토목공사를 중지했다. 또한 657년에는 소정방(蘇定方)으로 하여금 서돌궐(西突厥)을 정벌케 하여 서역의 광활한 지역을 당나라의 영역으로 편입시켜 그때까지 중국 역대 최대의 영토를 확보했다.

그러나 몸이 허약했던 그는 660년 이후 두통과 어지러움증에다 백내장까지 겹쳐 정사를 제대로 돌볼 수 없게 되자 황후인 무측천에게 대리섭정을 시켰다. 이때부터 무측천이 실질적인 수렴청정(垂簾聽政)을 시작한 것이다. 힘 있고 교활한 야심가인 무측천에게 국정을 맡기고 병고에 시달리던 그는 683년 낙양에서 숨을 거두었다. 향년 56세, 재위 기간 34년이었다.

중국 유일의 여황제 무측천

무측천(624~705)은 어떤 인물인가? 수나라 말에 섬서성에서 당 고조 이연(李淵)을 도운 덕으로 당나라 건국 후 3품인 공부상서(工部尙書)를 지낸 무사확(武士彠)의 딸로 부친 사망 후 14세(637년)에 당 태종의 재인(才人)으로 발탁되어 궁중으로 들어갔다. 당시 황제가 공식적으로 거느릴 수 있는 여인은 41명으로 황후 1인, 4품 비(妃) 4인, 2품 빈(嬪) 9인, 3품 첩여(婕妤) 9인, 4품 미인(美人) 9인, 5품 재인(才人) 9명이었다. 재인으로 입궁한 후에도 태종의 별다른 관심을 받지 못하다가 649년(무측천 26세) 태종이 사망하자 관례에 따라 감업사(感業寺)의 비구니가 되었다.

당 고종과 무측천의 인연은 태종 말년으로 거슬러 올라간다. 태종이 병석에 누워 있을 때 병시중을 들던 무측천과 태종의 아들 이치(훗날의 고종)가 우연히 만나 호감을 갖게 된다. 이후 태종 사후 1년이 지난 태종의 기일(忌日)에 감업사에 참배하러 간 고종과 무측천이 서로 만나 정을 나눈 것으로 보인다. 그후 651년(무측천 28세)에 고종의 비 왕황후(王皇后)가 소숙비(蕭淑妃)를 견제하려는 목적으로 고종의 아이를 임신한 측천을 감업사로부터 궁중에 불러들였는데 1년 만에 2품 소의(昭儀)가 되고 또 아들 이홍(李弘)을 낳았다.

이때부터 황후가 되려는 그녀의 야심이 발동하기 시작했다. 654년 그녀는 자기가 낳은 갓난아이를 몰래 이불로 덮어 죽인 뒤, 이를 왕황후의 소행으로 덮어씌우고 또 다른 방법으로 모함하여 왕황후와 소숙비를 서인으로 강등하고 태극궁에 유폐시켰다가 이후 잔인하게 살해했다. 이어 655년(무측천 32세)에 고종을 꾀어 황후의 자리에 오른 후 자기가 낳은 아들 이홍을 태자로 책봉했다. 왕황후가 낳은 원래의 태자 이충(李忠)은 무측천이 황후가 된 후 스스로 물러나 죽음을 피하기 위해 시골에서 여장(女裝)을 하고 지내다가 곧 살해당했다. 그리고 왕황후 편에 섰던 장손무기, 저수량 등 많은 사람들을 숙청했다.

660년 무렵부터 고종의 건강이 악화되면서 무측천이 실질적으로 수렴청정을 하기 시작했다. 이때부터 고종과 무측천은 '이성(二聖)' 또는 '양성(兩聖)'으로 일컬어졌다. 두 명의 성인이라는 뜻이다. 674년에는 고종과 자신의 호칭을 '천황(天皇)'과 '천후(天后)'라 개칭했다. 그리고 국정에 적극적으로 개입하여 이해에 '건언 12사(建言十二事)'를 발표했다. 건언 12사는 농상(農桑, 농업과 양잠)을 권장하고 세금을 줄여 농민의 부담을 경감시키고, 문무백관에 대한 예우를 개선하고, 언로(言路)를 확장시키며 모권(母權)을 신장시키는 등의 내용을 담고 있다.

675년(무측천 52세)에 태자 이홍이 24세의 나이에 급사했다. 이홍은 현명하고 유능한 태자였는데 무측천이 아들을 독살했다는 이야기가 전한다. 이홍이 죽자 둘째 아들 이현(李賢)을 태자로 책봉했으니 이가 곧 장회태자(章懷太子)이다. 이현 역시 똑똑하고 유능했으나 무측천의 언니인 한국부인(韓國婦人) 소생이라는 소문이 나돌자 태자를 680년에 모반죄로 폐위하고 서인(庶人)으로 강등시킨 후 멀리 유배시켰다. 이현은 유배지에서 자살을 강요당해 29세의 나이로 생을 마감했다. 이후 셋째 아들 이철(李哲)을 태자로 세우고 이름을 현(顯)으로 바꾸었다. 그녀가 두 아들을 살해한 것으로 보아, 너무 똑똑한 아들이 황제가 되면 자신의 권력 행사에 걸림돌이 된다고 생각했는지 모른다. 그녀는 이렇게 잔인했다. 이현(李賢)이 서인으로 강등되기 전 자신의 위험을 느끼고 쓴 시「황대과사(黃臺瓜辭)」가『전당시(全唐詩)』에 실려 있다.

황대의 아래에 오이를 심어
익은 오이 열매가 주렁주렁 열렸네

하나를 따면 다른 오이 더 잘 자라고
둘을 따면 오이가 성글게 되네

셋을 따도 아직은 괜찮겠지만
다 따면 덩굴만 안고 돌아가리라

種瓜黃臺下　瓜熟子離離
一摘使瓜好　再摘使瓜稀
三摘猶自可　摘絶抱蔓歸

'황대'는 특정한 장소가 아니라 상징적인 명칭이다. '과(瓜)'는 참외, 오이, 수박, 호박 등을 총칭하는 글자인데 여기서는 어느 것으로 보아도 무방하나 우선 '오이'로 해석했다. 주렁주렁 열린 오이 하나를 따면 솎아내는 효과가 있어 다른 오이가 더 잘 자라지만 두 개를 따면 오이의 수가 줄어 드물게 된다. 세 개를 따는 것까지는 괜찮지만 더이상 따버리면 오이는 없어지고 덩굴만 남을 뿐이라는 뜻이다. 이 시에서의 오이는 무측천의 자식들을 가리킨다. 이 시를 통해서 이현은 어머니 무측천에게 더이상 자식들을 죽이지 말 것을 호소하고 있는 것이다.

　683년(무측천 60세) 고종이 붕어하고 셋째 아들 이현(李顯)이 즉위하니 이가 곧 중종(中宗)이다. 중종은 무능하고 어리석은 황제였다. 이를 간파한 무측천은 즉위 54일 만에 그를 폐위시키고 지방으로 축출했다. 이어서 넷째 아들 이단(李旦)이 황위에 올랐으니 곧 예종(睿宗)이다. 예종 역시 무능한 황제여서 무측천의 꼭두각시에 불과했다. 이에 무측천은 690년(67세) 예종을 끌어내리고 스스로 황제에 등극했다. 그녀는 국호를 주(周)로 하고 예종의 성(姓)을 무씨(武氏)로 바꾸어 자신의 계승자로 삼았다. 황제가 하루아침에 태자로 변신한 것이다.

중국 최초의 여황제가 된 무측천은 재위 기간에 혹리(酷吏)를 동원하여 공포정치를 자행하고 설회의(薛懷義), 장창종(張昌宗), 장이지(張易之) 등 '남자 기생'을 가까이했으며 측천문자(則天文字)를 만들기도 했지만 그 나름의 정치적 업적을 남기기도 했다.

무측천은 황제로 등극한 지 15년 만인 705년(82세)에 신룡정변(新龍政變)으로 자신이 폐위한 중종 이현을 복위시키고 사망했다. 14세에 입궁하여 32세에 황후가 되고 40세에 고종과 함께 '이성(二聖)'으로 불렸으며 67세에 여황제가 된 그녀의 파란만장한 일생이 막을 내린 것이다. 한 남자의 첩으로 들어가서 그 남자의 아들의 아내가 되고 마지막에는 황제의 지위에까지 올랐던 여자이다.

무측천은 죽기 전 유언에서 "나를 고종의 능침에 함께 묻어주고 신주(神主)도 이씨 황실의 묘당(廟堂)에 놓아달라. 나의 황제 칭호를 취소하고 측천대성황후(則天大聖皇后)로 칭하라. 그리고 내 능묘의 비석에는 어떤 글자도 새기지 말라"고 말했다. 이는 그녀가 당 고종의 황후의 자리로 돌아가 전통 질서 속으로 다시 복귀했음을 의미한다.

무측천에 대한 후세의 평가는 엇갈린다. 정적들은 물론이고 자기 자식들까지 죽이는 비정한 여인이라는 평가와 함께 그녀의 정치적 업적에 대한 긍정적 평가도 많다. 모택동은 무측천에 관하여 이렇게 말했다.

무측천은 확실히 나라를 다스리는 재능이 있었다. 그녀는 사람을 용납하는 아량이 있었고 사람을 식별하는 지혜가 있었으며 사람을 쓰는 용인지술(用人之術)도 지녔다.

중국 황릉의 전범, 건릉

건릉은 장안에서 서북쪽으로 약 85킬로미터 떨어진 관중(關中) 땅인 함양시 건현(乾縣, 첸현) 북쪽의 양산(梁山)에 위치해 있다. 고종이 낙양(洛陽)에서 숨을 거두자 진자앙(陳子昻) 등 신하들은 고종을 낙양에 장사 지내려고 했다. 그러나 '장안으로 돌아갈 수 있다면 죽어도 여한이 없겠다'고 한 고종의 유언에 따라 무측천이 이곳에 능을 조성한 것이다. 무측천은 '인산위능(因山爲陵, 산을 능으로 만듦)' 또는 '의산위능(依山爲陵)'의 제도에 따라 능을 조성한 태종의 예(이 글 바로 뒤의 「산을 능으로 만든 당 태종의 소릉」 참조)를 본받아 별도로 봉분을 만들지 않고 해발 1,047미터의 양산(梁山) 전체를 능으로 삼아 건릉을 조성했다. 그래서 관중에 있는 당나라 십팔릉(十八陵) 중에서 도굴당하지 않은 유일한 능으로 남아 있다. 산 전체가 능이어서 지궁(地宮) 입구를 찾기가 어렵기 때문이다. 황소(黃巢)가 40만의 병력을 동원하여 도굴하려다 실패한 이유도 여기에 있다.

고종이 죽고 장례를 치른 684년에 건릉의 주요 공정은 완성되었다. 이후 705년 무측천이 죽자 양산 허리의 묘문(墓門)을 열어 무측천을 합장하고 이어 태자, 공주, 대신들의 배장묘(陪葬墓)를 조성했는데 이 배장묘 조성은 예종(睿宗) 초년까지 계속되었다. 애초의 능 조성 때부터 이때까

건릉 전경   봉분을 별도로 만들지 않고 해발 1,047미터의 양산(梁山) 전체를 건릉으로 조성했다. 입구에서 묘역의 주작문까지 700여 미터의 사마신도(司馬神道)에 120여 점의 석조 조각품이 진열되어 있다.

지 전후 57년의 세월이 소요되어 전체 능원(陵園)이 완성되었다.

건릉의 전체적인 구조는 궁성(宮城), 황성(皇城), 외곽성(外廓城)으로 구성된 당나라 장안성의 구조를 모방해서 만들어졌다. 지궁을 중심으로 동쪽의 청룡문(靑龍門), 서쪽의 백호문(白虎門), 북쪽의 현무문(玄武門), 남쪽의 주작문(朱雀門) 안쪽이 궁성 즉 내성(內城)에 해당된다. 그리고 남쪽의 주작문으로부터 700미터에 이르기까지 각종 석조물이 진열된 지역이 조정의 주요 관서(官署)가 있는 황성에 해당된다. 여러 배장묘가 있는 그 바깥 지역은 외곽성이라 할 수 있다.

신도(神道)에 진열된 석조 조각품

건릉으로 가기 위해서 우리는 먼저 건릉 동남쪽에 있는 '건릉박물관'을 찾았다. 건릉박물관의 역사는 이렇다. 1960년대 초에 발굴된 영태공주(永泰公主) 묘에서 대량의 유물이 나오자 이를 보존하기 위해서 1961년 영태공주 묘역에 '건릉 문물보호관리소'를 건립했다. 이어서 주위의 배장묘인 의덕태자(懿德太子) 묘와 장회태자(章懷太子) 묘에서 또 대량의 유물이 발굴되어 이를 보존하기 위해서 1978년에 영태공주 묘역의 '관리소'를 확장하여 '건릉박물관'을 건립한 것이다. 이 박물관에는 세 무덤에서 발굴된 유물, 특히 벽화를 중점적으로 전시하고 있다. 이 벽화에 관해서는 뒤에서 서술한다. 영태공주 묘역에서는 지궁(地宮)을 개방하고 있다.

건릉박물관을 대충 둘러보고 나서 셔틀버스를 타고 의덕태자 묘와 장회태자 묘를 지나 건릉 입구의 신도(神道)에 도착했다.

건릉 입구에서부터 묘역의 주작문까지의 약 700미터의 길을 사마신도(司馬神道)라 하는데 길 양쪽에 120여 건의 석조(石彫) 조각품이 진열되어 있어 이를 '당 석조 문화의 노천 박물관'이라 부를 만하다. 이제 신도 입구에서부터 이 석물들을 차례로 살펴본다.

• 화표(華表): 화표는 고대 중국에서 궁전, 성곽, 능묘(陵墓), 교량 등의 앞에 설치한 장식용 기둥인데 일반적으로 돌로 만들었다. 건릉 앞의 화표는 '신도석주(神道石柱)' 또는 '통천주(通天柱)'라고도 한다. 이 화표는 높이 8미터, 직경 1.12미터, 무게 46톤의 거대한 돌기둥으로 받침대는 사

각형, 꼭대기는 원형인데 이는 전통적인 '천원지방(天圓地方, 하늘은 둥글고 땅은 네모남)' 사상을 나타낸다고 한다. 또 팔각형의 기둥은 팔괘(八卦)가 표시하는 여덟 방향을 지시한다고 한다.

화표(華表)

• 익마(翼馬): 화표 북쪽 신도 양쪽에 한 쌍의 말이 있는데 이 말은 '천마(天馬)' '비마(飛馬)' 또는 '신마(神馬)'라 불린다. 『산해경(山海經)』에 "마성지산(馬成之山)에 (…) 짐승이 있는데 그 모양이 개와 같고 머리는 검으며 사람을 보면 날아간다. 그 이름을 천마(天馬)라 한다"는 기록이 있다. 이 신화 속의 말을 조각한 것인데 실제로 말 양쪽 옆구리에 구름무늬의 날개가 조각되어 있다. 높이가 3.45미터, 무게가 약 40톤에 달한다. 전문가의 견해에 의하면 익마의 체형(體型)은 페르시아 말을 닮았고 조각 수법

익마(翼馬)

은 아잔타 양식이라 한다. 내가 보기에 머리가 크고 머리에 비해 몸통이 작아 전체적인 말의 비례가 맞지 않은 듯 보였지만 "모양이 개와 같다"

타조(駝鳥)

는『산해경』의 기록에 충실한 조각이 아닌가 한다. 건릉 이후 역대 황릉 앞에는 이 익마를 만들어 세웠다고 한다.

• 타조(駝鳥): 익마 북쪽 약 220미터 지점에 한 쌍의 타조가 신도 양쪽에 있다. 타조상은 입체적 조각이 아니고 석판에 새긴 부조상(浮彫像)으로 높이가 1.75미터이다.『구당서(舊唐書)』에 "타조는 모양이 낙타와 같은데 높이 날지 못하고 풀과 고기를 먹는다" "영휘(永徽) 원년(650년)에 토화라(吐火羅, 지금의 아프카니스탄 경내)에서 사신을 보내 낙타와 같이 큰 새를 바쳤다"는 기록이 있는 것으로 보아 서역과의 왕래가 있었음을 알 수 있는데 희귀한 타조를 헌납받은 기념으로 부조를 새겨 건릉에 비치했던 것이다. 이 타조도 익마와 마찬가지로 이후의 역대 황릉 앞에 새겨놓게 되었다.

• 석마(石馬)와 마부: 타조 북쪽 신도 양쪽에 5쌍의 석마와 마부상이 있다. 마부상 역시 돌로 만들어졌는데 현재 8개만 남은 데다 모두 머리가 없어졌다.

• 직각장군(直閣將軍) 석인상(石人像): 진(秦)나라 때 완옹중(阮翁仲)이란 대장이 있었는데 키가 2.99미터나 되고 용감무쌍해서 여러 차례 흉노를 물리쳤다. 그가 죽은 후 진시황은 동(銅)으로 그의 모습 12개를 만들

어 함양궁 사마문(司馬門) 앞에 세워 두었더니 흉노들이 와서 보고는 살아 있다고 느껴 도망갔다고 한다. 직각 장군은 완옹중의 직책 명칭이다. 이 후 역대 제왕들이 완옹중의 동상 또 는 석상을 만들어 무덤을 수호하는 상징물로 세웠다고 한다. 건릉에 있 는 옹중 석상은 좌우로 모두 20개인 데 얼굴 표정이 각각 다르게 표현되 어 있다.

직각장군(直閣將軍) **혹은 옹중**(翁仲)

글자 없는 비석과 머리 없는 석상

신도의 북쪽 서편에 술성기비(述聖紀碑)가 있는데 높이 7.35미터, 무 게 89.6톤의 거대한 비석이다. 이 비석은 고종의 치적을 기리는 내용으 로 되어 있는데 무측천이 짓고 중종(中宗)이 글씨를 썼다. 원래 역대 제 왕의 무덤에는 비석을 세우지 않고 묘지명도 두지 않는 것이 관례다. 황 제의 공덕이 너무나 커서 문자로 기록할 수 없기 때문이라고 한다. 이 관 례를 깨뜨린 것이다. 비문은 거의 마멸되어 지금 판독할 수 있는 글자는 2,011자로 전체의 약 3분의 1 분량으로 추정된다. 이 비석의 비문은 어떤 문헌에도 수록되지 않았고 탁본(拓本)도 없기 때문에 자세한 내용은 알

술성기비(述聖紀碑) 비석 전체가 일곱 개의 석판으로 이루어져 있고 고종의 문치무공(文治武功)을 칭송하는 내용이 담겨 있다.

무자비(無字碑) 글자가 없는 비석으로 무측천의 것이다. 비석에 글자가 없는 이유는 아직 제대로 밝혀지지 않았다.

수 없으나 남아 있는 글자로 추측하건대 고종의 문치무공(文治武功, 문으로 다스리고 무로 공을 세우다)을 칭송하는 내용이다. 이 비석은 일명 '칠절비(七節碑)'라 불리기도 하는데 비 전체가 일곱 개의 석판으로 이루어졌기 때문에 붙여진 명칭이다.

신도 북쪽의 동편에 술성기비와 마주 보며 무자비(無字碑)가 있는데 문자 그대로 글자가 없는 비석이다. 높이 8.03미터, 폭 2.1미터, 무게 약 98.8톤에 달하는 거대한 비석으로 무측천의 비석이다. 비석에 글자가 없는 사연에 관하여는 여러 가지 설이 있다. 첫째, 무측천 자신이 쌓은 공덕이 너무나 크기 때문에 문자로는 표현할 수 없어서 글자로 기록하지 않았다. 둘째, 무측천은 자신이 저지른 죄를 알고 있어서 후인이 자신을 좋게 쓰지 않으리라는 것을 알았기에 문자로 기록하지 말라고 했다. 셋째, 자신의 공덕과 과오를 후인의 판단에 맡긴다는 그녀의 유언에 따른 것이다. 넷째, 무측천 사후에 비문을 쓰려고 했는데 후인들의 평가가 찬반 양론으로 갈려서 결정을 내리지 못했다는 것이다. 다섯째, 황후이면서 황제였던 그녀를 어느 쪽에 맞추어 써야 할지 판단이 서지 않았기 때문이다. 이상의 사연은 모두 후대인들의 추측일 뿐이고 진실은 아무도 모른다. 송, 금, 원, 명, 청을 거치면서 많은 유람객〔遊人〕들이 비석에 낙서처럼 글자를 써놓았는데 그중에는 무측천을 평가한 글도 있으니 이것이야말로 애초에 무측천이 의도한 것이 아닐까?

주작문 앞 동서 양쪽에 61개의 석상(石像)이 서 있다. 동쪽에 29명, 서쪽에 32명의 석상이 있는데 모두 머리가 없어진 모습이다. 이들의 정체가 무엇일까? 한동안은 고종의 장례식에 참석한 각국의 사절로 보았다. 그러나 그렇지 않다는 것이 밝혀졌다. 석상의 등에는 이들의 종족, 관직, 성명 등이 새겨져 있었는데 세월이 흐름에 따라 대부분 마멸되고 일곱 석상에만 흔적이 희미하게나마 남아 있다. 그중에서 한 석상의 등에 '고 아사나미사(故阿史那彌射)'란 글씨가 보이는데 이 사람은 서돌궐(西突厥)의 수령으로 후에 당나라 표기장군(驃騎將軍)으로 봉해지고 622년에 사망했다. 이해는 고종이 서거하기 21년 전이니 그가 고종의 장례식에 참석했을 수 없는 것이다. 또 석상 등에 새겨진 대부분의 성명 앞에 '고(故)' 자가 있는 것으로 보아도 이들이 장례식에 참석한 것이 아님을 알 수 있다. 석상들은 당시의 지방관이나 부족의 수령으로 태종, 고종 대에

육십일번신(六十一藩臣) **석상**　당시의 지방관이나 부족의 수령 61명의 형상을 새긴 석상으로 머리가 없어진 원인은 아직 모른다. 주변 소수민족과의 융화를 나타내기 위해 세운 것으로 보인다.

주변 소수민족과의 융화를 나타내기 위하여 세운 것으로 보인다. 그래서 이를 '육십일번신상(六十一藩臣像)'으로 부른다.

석상의 머리가 없어진 것에 대해서도 여러 가지 설이 있다. 건릉이 있는 이 지역이 군사적 요충지여서 잦은 전쟁으로 파괴되었을 것이라는 설, 1555년 이 지방에서 80만 명의 희생자를 낸 대지진 때 파괴되었을 것이란 설, 또는 당시 유행하던 전염병이 석인(石人) 때문이라 믿은 지방민이 파괴했을 것이라는 설 등이 있다. 그러나 정확한 원인은 아직도 밝혀지지 않고 있다.

배장묘의 벽화

건릉 주위에는 17기의 배장묘(陪葬墓)가 있다. 태자 묘 2기, 공주 묘 4기, 제왕(諸王) 묘 3기, 대신 묘 8기가 그것이다. 이 중 1960년에서 1971년까지 장회태자 묘(章懷太子墓), 의덕태자 묘(懿德太子墓), 영태공주 묘(永泰公主墓), 중서령(中書令) 설원초 묘(薛元超墓), 연국공(燕國公) 이근행 묘(李謹行墓) 등이 발굴되었다. 발굴된 이들 배장묘에서 당삼채(唐三彩, 세 가지 색깔의 유약을 써서 만든 당나라 도자기) 등 4,300여 건의 수장품이 나왔는데 가장 큰 수확은 묘실(墓室) 벽화다. 이 가운데에서 장회태자 묘, 의덕태자 묘, 영태공주 묘의 묘도(墓道)와 묘실에서 다량의 벽화가 발굴되었는데 모두 100여 폭으로 전체 넓이를 합하면 1,200평방미터에 달한다고 한다. 그래서 이들 벽화가 발굴된 지하 묘도를 '성당 회화예술의 지하 화랑(畫廊)'이라 부르기도 한다. 아울러 세 묘의 석곽(石槨)에서 모두 1,500평방미터에 이르는 선각화(線刻畫)도 발굴되었다. 벽화가 가장 많이 발굴된 곳은 장회태자 묘로 50여 폭의 벽화가 발굴되었다. 중요한 몇 점만 소개한다.

• 수렵출행도(狩獵出行圖): 장회태자 묘의 묘도 동쪽 벽에 있는 그림으로 길이가 12미터, 높이가 1.65미터에 달하는 대형 벽화로 말을 타고 사냥을 하는 40여 명의 인물을 그린 것이다.

• 타마구도(打馬球圖): 장회태자 묘의 묘도 서쪽 벽에 있는 그림으로 당나라 때 궁정과 왕공 귀족들 사이에서 유행한 기마격구(騎馬擊球) 놀이를 그린 것이다. 길이 6.75미터로 20여 마리의 말이 등장한다. 기마격구

객사도(客使圖) 혹은 영빈도(迎賓圖)　장회태자 이현(李賢) 무덤의 벽화로, 세 명의 당나라 관원(왼쪽)이 세 명의 외빈(오른쪽)을 맞기 위해 의논하는 모습이다. 오른쪽 첫 번째 외빈은 동로마, 두 번째는 고대 조선(고구려, 백제, 신라 중 하나), 세 번째는 몽골 또는 소수민족의 사절로 추측된다.

는 두 패로 나누어서 각각 말을 타고 내달아 마당 한복판에 놓인 공을 나무 채로 쳐서 자기편의 문에 먼저 집어넣으면 이기는 경기이다.

• 객사도(客使圖): '영빈도(迎賓圖)'로 불리기도 하는데 장회태자 무덤의 묘도 동서 양 벽에 그려졌다. 내용은 3인의 당나라 홍려시(鴻臚寺) 관원이 3인의 외빈을 접대하는 방법을 의논하는 모습으로 보인다. 홍려시는 의례 절차나 외국 사신 접대를 맡은 관서 이름이다. 외빈 3인은 동로마, 고대 조선, 몽고 또는 소수민족의 사절로 추측된다. 고대 조선은 고구려, 신라, 백제 중의 한 나라일 것이다.

• 관조포선도(觀鳥捕蟬圖): 역시 장회태자 묘의 벽화로, 궁녀 3인이

궁녀도 영태공주 무덤의 벽화로 치밀한 구도와 유려하고 부드러운 필치가 돋보인다.

새를 보고 매미를 잡으며 소일하는 적막하고 무료한 생활을 나타내고
있다.

이밖에도 영태공주 묘의 여러 폭의 '궁녀도', 의덕태자 묘의 '궐루도
(闕樓圖) 등이 유명하다. 이들 배장묘의 여러 벽화들은 원래의 위치에 있
지 않고 현재 섬서성역사박물관 전문 창고에 보관되어 특별 전시회를
통하여 일반에 공개하고 있다. 현재 이 벽화들의 복제품을 영태공주 묘
역 안에 있는 건릉박물관에서 전시하고 있다.

1993년 내가 이곳에 처음 왔을 때는 묘도 입구에 들어서자마자 현란

한 색채의 벽화가 눈길을 사로잡았던 기억이 생생하다. 그때까지만 해도 원 벽화가 그대로 보존되어 있었던 것이다. 그리고 그때 본 벽화 속 여인들의 모습이 인상적이었다. 여인들의 체형은 모두 풍만했고 얼굴은 찐빵처럼 뽀얗게 부풀어 있었다. 말하자면 뚱뚱하게 살진 모습이었다. 양귀비의 예에서 보듯 그 당시 미인의 조건이 풍만한 몸매였음을 알 수 있었다. 한(漢)나라 미인 조비연(趙飛燕)은 그리도 날씬했는데 당나라 미인은 이렇게 뚱뚱하다니……

산을 능으로 삼은 당 태종의 소릉

이세민의 '정관지치'

우리는 건릉을 떠나 당 태종 이세민(李世民, 599~649)을 만나기 위해 소릉(昭陵)으로 향했다. 수나라 말기에 태원 태수(太原太守) 이연(李淵)이 진양(晉陽)에서 거병하여 둘째 아들 이세민의 절대적인 도움으로 수나라를 멸하고 618년에 황제에 오르니 이가 곧 당 고조(高祖)이다.

고조에게는 이건성(李建成), 이세민, 이원길(李元吉)의 세 아들이 있었는데 고조는 첫째 아들 이건성을 태자로 책봉했다. 그러나 세 왕자 사이의 세력 다툼 끝에 626년에 이세민이 형과 동생 그리고 조카 10명을 모두 죽이고 황제에 즉위했으니 곧 태종이다. 이를 '현무문(玄武門)의 정변'이라고 한다. 그는 연호를 '정관(貞觀)'으로 정했다.

이렇게 무자비한 살육을 저지르고 등극했지만 태종은 선정(善政)을 펼쳐 국가를 강하게 만들고 민생을 안정시켰다. 무엇보다 그는 출신을 불문하고 훌륭한 인재를 선발했을 뿐만 아니라 이렇게 선발한 신하들의 간언(諫言)을 충분히 받아들였다. 여기에는 지혜로운 장손황후(長孫皇后)의 내조도 크게 작용한 것으로 전해진다. 왕자들의 투쟁 때 이건성의 막료로 이세민을 죽여야 한다고 주장한 위징(魏徵)을 신하로 받아들여 중용한 사실이 그의 인재 등용술을 잘 보여준다. 이리하여 그의 휘하에는 위징을 비롯하여 방현령(房玄齡), 두여회(杜如晦), 저수량(褚遂良), 왕규(王珪) 등의 문신과 이적(李勣), 이정(李靖) 등 무장들이 포진하여 그를 도왔다.

군사적·외교적으로도 그는 사방으로 영토를 넓혀 수나라 때보다 2배나 넓은 영토를 확보했으며 실크로드를 통한 서역과의 무역과 문화 교류에도 힘썼다. 그는 문치(文治)에도 힘써 궁중 도서관 격인 홍문관(弘文館)을 설치하여 광범한 도서를 모으고 우세남(虞世南), 구양순(歐陽詢), 안사고(顏師古) 등의 학자들을 배치하여 학문을 연구하도록 했다.

이렇게 국가의 제도가 정비되고 민생이 안정됨에 따라 태종의 재위 기간 23년은 '정관지치(貞觀之治)'라 하여 태평성대로 불리게 되었다. 즉 '23년 동안에 행상인들이 들판에서 잠을 자더라도 도둑맞을 염려가 없고 감옥은 늘 비어 있으며 소는 들에 놓아 기르고 대문은 수개월씩이나 잠그지 않고 지내며 또한 자주 풍년이 들어 쌀값이 내려갔다'고 할 정도의 평화로운 시대를 구가했다. '야불폐호 도불습유(夜不閉戶 道不拾遺, 밤에도 문을 닫지 않고, 길에 떨어진 남의 물건을 줍지 않는다)'라는 말이 이 시대를 가장 적절히 표현하는 말일 것이다.

천하를 호령하던 태종도 뜻대로 되지 않은 일이 있었으니 바로 고구려 원정이다. 645년의 1차 원정, 647년의 2차 원정 그리고 648년의 3차원정에서 모두 실패했던 것이다. 1차 원정 때 당나라군의 집요한 공격에도 안시성을 함락시키지 못하고 철군하면서 당 태종이 안시성 성주의 애국심을 기려 비단 100필을 선물로 주었다는 이야기가 전한다. 그리고 이 전투에서 당 태종이 안시성 성주 양만춘의 화살에 왼쪽 눈을 맞아 실명했다는 이야기도 전하지만 이것은 정사(正史)에 없는 야사(野史)의 기록이다. 양만춘이라는 이름도 야사에만 나온다.

태종의 치적은『정관정요(貞觀政要)』에 자세히 기록되어 있다. 이 책은 태종 사후 50년경에 오긍(吳兢, 670~749)이 태종 재위 23년간의 정치 요체를 태종과 신하들의 문답 형식의 글로 기록한 것인데 이후 역대 제왕들의 통치 교과서로 널리 읽혔다.

'인산위능'의 선례가 된 소릉

636년에 장손황후가 죽으면서 무덤을 호화롭게 조성하지 말라는 유언에 따라 태종은 황후를 함양의 구종산(九嵕山) 석실(石室)에 안장하고 '소릉(昭陵)'으로 명명했다. 그리고 자신도 죽은 후 황후와 합장하도록 명했다. 소릉은 태종이 황후의 능을 조성할 때부터 자신이 죽을 때까지 13년간 조성되었다.

애초에 태종은 한(漢)나라 고조(高祖)의 장릉(長陵)을 본받아 거대하고

소릉(昭陵) 앞의 당 태종상 태종 이세민은 중국 역대 황제 중에서 명군의 한 명으로 꼽히며, 그의 재위 기간은 '정관지치(貞觀之治)'라 하여 태평성대로 불린다.

호화로운 능을 조성할 생각이었다. 그러나 신하 우세남이 이에 반대 의견을 개진했다. 그의 의견은 이렇다. 장릉과 같은 능원을 조성하려면 백성의 힘을 과도하게 소비하고 또 도굴의 위험이 크다. 그래서 한나라 제왕의 시신이 황야에 버려지기도 했으니 백해무익한 일이다. 마땅히 요(堯)임금처럼 산을 능으로 만들고 무덤 안에는 진귀한 보물을 넣지 말 것이며 무덤 밖에 비(碑)를 세워 이를 설명하는 것이 옳다는 것이다. 우세남이 말한 대로 '산을 능으로 만들면(因山爲陵)' 백성의 힘을 절약하고 도굴을 방지할 수 있다는 것이다. 당 태종은 우세남의 의견을 따라 해발 1,188미터의 구종산을 능으로 삼았다. 이것이 이후의 '인산위능(因山爲陵)'의 선례가 되었다.

소릉은 염입덕(閻立德), 염입본(閻立本) 형제가 설계한 것으로 능원 전체는 궁성(宮城)과 황성(皇城)과 외곽성(外廓城)으로 구성된 장안성의 형태를 본떠서 조성되었다. 그래서 능침(陵寢)도 장안성의 태극궁에 해당하는 능원 제일 북쪽에 위치하고 구종산의 주봉 좌, 우, 남쪽에 193기에 달하는 배장묘가 조성되어 있다. 소릉의 배장묘는 중국의 역대 제왕릉 중에서 규모가 가장 큰 것으로 왕자, 공주, 비빈(妃嬪), 공신, 재상들의 묘소이다.

소릉박물관

소릉에 가기 전 먼저 소릉박물관에 들렀다. 박물관은 소릉에서 남쪽으로 11킬로미터 떨어진 이적(李勣, 594~669)의 묘 앞에 건립되어 있다. 이적은 당나라 초기의 명장으로 원명은 서세적(徐世勣)이고 자는 무공(懋功)인데 황실로부터 이씨(李氏) 성을 하사받은 후 당 태종 이세민(李世民)의 '세(世)' 자를 휘(諱)해서(황제의 이름을 예의상 피해서) '세' 자를 빼고 그냥 이적으로 불렀다.

1978년에 개관한 박물관은 주로 소릉 주위의 배장묘에서 출토된 문물을 전시하고 있는데 크게 소릉 문물 정화전(昭陵文物精華展), 소릉 당묘 벽화전(昭陵唐墓壁畫展), 소릉 비림(昭陵碑林)으로 나누어진다. 문물 정화전에는 200여 건의 문물을 전시하고 있는데, 각종 도자기류와 다양한 무관용(武官俑, 무관 모습의 인형), 육준(六駿, 당 태종이 타던 여섯 필의 준마) 사진, 당나라 때 부녀들이 그린 다양한 눈썹 모양, 부녀들의 화장 순서 등이 전시되어 있다. 당묘 벽화전에는 주위 배장묘에서 출토된 88폭의 벽화를 전시하고 있는데 역사적으로나 예술적으로 가치 있는 벽화가 많다고 한다.

동서 두 개의 진열실에 나뉘어 있는 소릉 비림에는 당 고종 어필로 된 이적비(李勣碑), 저명 서예가 저수량(褚遂良)이 쓴 방현령비(房玄齡碑), 소릉 육준비(昭陵六駿碑)를 비롯해서 허경종(許敬宗), 상관의(上官儀) 등 서예 대가들이 쓴 비석들이 대량 전시되고 있었다.

신라 진덕여왕 석상

소릉박물관을 관람하고 우리는 버스를 타고 소릉으로 이동했다. 매표소를 지나 안으로 들어가면 중앙에 '당 소릉 유지 공원(唐昭陵遺址公園)'이라 쓰인 돌기둥이 세워져 있고 왼쪽에 '14국 군장(君長, 왕) 석상'이 서 있다. 이 석상들은 고종 때 세운 것으로, 태종 재위 기간에 국내 각 민족 간의 단결을 강화하고 이웃 나라와의 우호 관계를 유지했으며 서역을 개척한 공적을 기념하기 위해서 세운 것이다. 석상과 함께 그 기단에 설명문이 새겨져 있다. 여기에는 토번(吐蕃, 티베트)의 송찬간포(松贊干布), 돌궐(突厥)의 힐리(頡利) 등 주변 14개국 왕들의 석상이 서 있다. 1982년에 발굴된 이 석상들은 대부분 파손되어 그 잔편들만 남아 있었기 때문에 여기 세운 14개의 석상은 그 잔편들을 근거로 모두 근래에 만든 것이고 기단의 설명문도 근래에 작성한 것으로 보인다. 이 중에 우리나라 신

돌궐의 힐리 가한 석상　　　　　신라의 진덕여왕 석상

라의 진덕여왕(眞德女王)도 있는데 석상 밑 기단에 '신라 낙랑군왕 김진
덕(新羅樂浪郡王金眞德)'이란 제목 아래에 이런 비문이 쓰여 있다.

　신라는 본래 변한(弁韓)의 후예로 한(漢)나라의 낙랑군 땅에 있다(지
금 한국의 동부). 정관(貞觀) 5년(631년)에 신라왕 김진평(金眞平)이 죽고
아들이 없어 나라 사람들이 그의 딸 김선덕(金善德)을 왕으로 삼으니
정관 9년(635년) 당나라가 김선덕을 주국(柱國), 낙랑군왕, 신라왕으로
책봉했다. 정관 19년(645년)에 당이 고려(高麗, 중국에서는 고구려를 고려
라 표기하기도 했음-인용자)를 공격하니 신라가 병사 5만을 내어 응접했
다. 정관 22년(648년) 김선덕이 죽고 그의 동생 김진덕(金眞德)이 즉위

하니 당이 주국(柱國)의 벼슬을 내리고 낙랑군왕으로 봉했다. 김진덕이 사신을 파견하여 조회(朝會)하니 당의 예우가 매우 두터웠다. 당 고종이 즉위하니 김진덕이 오언시「태평송(太平頌)」을 비단에 써서 바쳤다. 영휘(永徽) 3년(652년)에 죽으니 고종이 애도를 표했다.

진덕여왕은 즉위 후 김춘추를 당나라에 보내어 군사 지원을 요청했고 당 태종은 이를 허락하여 두 나라는 긴밀한 외교 관계를 구축했다. 이어 649년에는 김춘추의 건의로 조정 관리들의 의관을 중국식으로 바꾸고 650년에는 연호도 당 고종의 연호인 영휘(永徽)를 사용하는 등 이른바 '한화정책(漢化政策)'을 펼쳤다. 이 정책이 당나라에 대한 신라의 정치적 예속을 강화시키는 일면도 있었으나 후일 당나라와 연합하여 고구려와 백제를 멸망시키는 계기가 되었다. 양국 간의 이런 사정을 감안하여 당 태종 묘역에 13개국 군장과 함께 진덕여왕의 석상을 세운 것이라 보인다. 비문 속의 '주국(柱國)'은 국가에 공훈이 있는 자에게 내리는 관직명으로 2품의 벼슬이다. 이 비문은 최근에 작성한 듯한데 연대(年代)와 사실관계에 약간의 오류가 있다.

육준 문화광장

'소릉(昭陵)'이라고 쓰인 표지석이 있는 계단을 올라서면 '육준 문화광장(六駿文化廣場)'이라 쓰인 오석(烏石)이 있고 그 뒤에 거대한 당 태종

육준 문화광장 당 태종의 소상 좌우에 원래의 부조를 본떠 입체적으로 만든 여섯 필의 준마 조각상이 진열되어 있다.

의 소상이 서 있다. 그리고 소상 좌우에 ‘소릉 육준’의 석조 조각상이 진열되어 있다. ‘육준(六駿)’은 여섯 마리 준마를 가리키는데 당 태종이 전쟁터에서 타고 다니던 말들이다.

이 여섯 마리 말의 석조상은 원래 소릉 북쪽의 향전(享殿) 앞 동·서 상랑(廂廊)에 각각 세 마리씩 놓여 있었다. 태종은 당나라 건국 과정과 이후의 통일 전쟁에서 자신과 고락을 함께한 말들의 공로를 잊지 못해 636년에 장손황후의 묘역을 조성하면서 그가 총애했던 여섯 마리 말의 석조상을 만들어 묘역에 비치했다. 자신도 죽은 후 이 묘역에 묻힐 것이기 때문이다.

태종은 화가 염입본에게 여섯 마리 말을 그리게 하고 조각가 염입덕으로 하여금 정교하게 조각하게 하여 묘역에 비치했다. 이 조각은 부조

소릉 육준 '삽로자(颯露紫)' 미국 펜실베이니아대학 박물관에 보존된 진품 '삽로자'를 복원하여 서안비림박물관 석각예술실에 비치한 복제품이다.

(浮彫)인데 일반적인 부조와 달리 깊이가 15센티미터에 달하는 '고부조(高浮彫)' 형식으로 조각되어 상당한 정도로 말의 질감을 느낄 수 있다. 그리고 각 부조에는 태종이 말 이름과 함께 '마찬(馬贊, 말의 공덕을 찬미하는 글)'을 짓고 구양순(歐陽詢)으로 하여금 글씨를 써서 새기게 했다. 물론 세월이 흘러 말 이름과 '마찬'은 지금 찾아볼 수 없다.

현재 '육준 광장'에 있는 여섯 마리 말은 원래의 부조를 바탕으로 현대에 이를 본떠 입체적으로 만든 조각품이다. 소릉에 들어가는 초입에 태종의 소상과 함께 '육준' 조각상을 배치하여 이를 '육준 문화광장'이

소릉 육준 '십벌적(什伐赤)' 서안비림박물관 석각예술실에 비치된 진품 '십벌적'이다.

라 한 것은 '육준'이 태종의 기상을 나타내는 상징물로 자리 잡았기 때문일 것이다. 육준 광장에는 여섯 마리 말의 조각과 함께 기단에 각 말과 태종의 인연을 알려주는 말의 '입공 전역(立功戰役, 공을 세운 전쟁)'이 자세히 기록되어 있다.

• 특륵표(特勒驃): 619년 수(隋)나라 말의 농민 반란군 수령 송금강(宋金剛)을 격파할 때 타던 말.

• 청아(靑雅): 620년 낙양(洛陽) 호뢰관(虎牢關) 전투에서 탔던 말.

• 십벌적(什伐赤): 낙양 호뢰관 전투에서 탔던 말.

- 삽로자(颯露紫): 낙양 호뢰관 전투에서 탔던 말.
- 권모왜(拳毛騧): 622년 수나라 말의 농민 반란군 수령 유흑달(劉黑闥)
을 평정할 때 탔던 말.
- 백제오(白蹄烏): 618년 설인고(薛仁杲)와의 전투에서 탔던 말.

석각예술의 걸작 '소릉 육준'

소릉 묘역의 제일 위쪽은 향전(享殿)인데 향전 옆에는 '소릉 육준'의 부조가 전시되어 있다. 물론 이것은 진품이 아니고 후대에 만든 모조품이다. 소릉 육준 중에서 보존 상태가 가장 좋은 '삽로자'와 '권모왜'는 1914년 당지 군벌 손에 들어갔다가 북경의 한 골동품상이 12만 5,000달러를 받고 미국에 판매하여 지금은 펜실베이니아대학 박물관에 보존되어 있다. 나머지 네 개도 1918년에 한 미국인이 외부로 반출하려다가 현지 농민에 의해 저지된 후 섬서성도서관에서 보관했고 이후 1953년에는 섬서성박물관(현 서안비림박물관)으로 옮겨 보관하고 있다. 1961년에 석각 공예가 사대덕(謝大德, 셰다더)이 정밀하게 고증하여 미국으로 간 두 개의 부조를 복제했다. 그래서 현재 비림박물관 '서안 석각예술실'에 여섯 마리 말의 부조가 모두 전시되어 있다. 네 마리는 진품이고 두 마리는 복제한 것이다.

이 '소릉 육준'은 중국 고대 석각예술의 걸작으로 평가받고 있으며 네 개의 진품 부조는 2013년에 '금지출경 전람문물(禁止出境展覽文物)'로 지

350

정되어 해외 전시를 위해서 중국 밖으로 나가는 것이 금지되어 있다.

우리는 육준 문화광장까지만 관람하고 더이상 올라가지 않았다. 우리 일행이 대부분 고령자들이고 연일 강행군으로 지쳐 있었기 때문에 오늘의 답사는 여기서 끝내기로 한 것이다. 이하는 내가 2019년에 가본 바를 바탕으로 그때의 기억을 더듬어 기록한 것이다.

당 태종의 중요 업적 일곱 가지

당 태종 소상 뒤에 '당 태종 소릉(唐太宗昭陵)'이라 쓰인 옛 비석이 있고 양쪽에 '능연각 이십사 공신상(凌煙閣二十四功臣像)'이 보인다. '능연각'은 정관 17년(643년)에 태종이 건립한 건물로 여기에 화가 염입본으로 하여금 장손무기(長孫無忌), 두여회(杜如晦), 위징(魏徵), 방현령(房玄齡), 우세남(虞世南) 등 24명 공신의 화상을 실물과 꼭 같은 크기로 그리게 하여 비치했다. 현재 소릉에는 24명의 공신 초상화와 함께 오석(烏石)에 선각(線刻)으로 공신들의 모습을 새기고 인물을 소개하는 글을 붙여 놓았다.

이십사 공신상을 지나면 '정관 23년 대사기(貞觀二十三年大事記)'가 있고 이곳을 지나면 양쪽에 '배향 공신상(配享功臣像)'이 있다. '배향'이란 종묘(宗廟)나 사원(祠院, 사당과 서원)에 명망 있는 인물의 신주(神主)를 함께 모시는 것으로, 황제의 사당에 배향된다는 것은 신하로서 더할 나위 없는 영광이다. 소릉에는 태종을 도와 공을 세운 7명의 공신을 배향하고 있다. 이 7명은 방현령, 고사렴(高士廉), 굴돌통(屈突通), 위징, 장손무기, 이정(李靖), 두여회인데 이십사 공신상과 마찬가지로 오석에 공신들의 모습이 선각되어 있고 설명문이 붙어 있다.

배향 공신상을 지나면 중앙에 명청산문(明淸山門)이 있고 양쪽에 '당 태종 생평 부조(生平浮彫)'가 진열되어 있다. 태종 평생의 중요 업적 일곱 가지를 택하여 그 내용을 나타내는 형상을 돌에 부조로 새기고 설명문을 곁들인 구조물이다. 일곱 가지 업적은 다음과 같다.

• 장문호자(將門虎子): '장군의 가문에 호랑이 같은 아들'이라는 뜻으로 태종의 선조가 대대로 무장이었고 거기에서 호랑이 같은 아들인 태종이 태어났다는 것.

• 진양기병(晉陽起兵): 618년 아버지 이연(李淵)을 도와 진양에서 기병하여 수나라를 멸망시킨 일.

• 횡소육합(橫掃六合): 천하를 휩쓸다는 뜻으로 618년의 당 건국 이후 626년 태종이 즉위할 때까지 크고 작은 반란군을 토벌한 일.

• 현무지변(玄武之變): 626년 황위 계승을 둘러싼 형제간의 정변 '현무문의 변란'을 통해서 황위에 오른 일.

• 평정번이(平定番夷): 즉위 후에 변방의 이민족들을 평정하여 영토를 넓히고 이들과 화친을 도모한 일.

• 정관지치(貞觀之治): 황제 즉위 후 23년간 펼친 선정(善政).

• 제범교자(帝範敎子): 태종이 사망하기 1년 전(648년)에 『제범(帝範)』 12편을 지어 훗날 고종이 되는 태자 이치(李治)에게 제왕의 도리를 가르친 일.

당 태종의 시 「사소우」

태종이 잠들어 있는 소릉을 떠나면서 문득 그의 시신과 함께 지하에 묻혀 있을지도 모를 왕희지(王羲之)의 「난정집서(蘭亭集序)」가 생각났다. 그는 평소 서예를 매우 좋아했고 그 자신도 글씨에 능해서 특히 예서(隸書)를 잘 썼다고 한다. 그는 왕희지의 글씨를 무척 좋아하여 왕희지의 글씨를 널리 수집했는데 그중에서 「난정집서」를 특히 좋아했다. 그래서 훗날 고종이 되는 아들에게 "천년만년 후까지도 「난정집서」와 함께 있고 싶다"고 말하여 그의 사후 고종은 부친의 무덤인 소릉에 「난정집서」를 함께 묻었다고 한다. 이때 태종이 가지고 있던 왕희지의 다른 글도 모두 부장했다는 설도 있다. 그래서 현전하는 왕희지의 글씨는 진품이 하나도 없다는 말이 나돌았다. 소릉이 지금까지 발굴되지 않았기 때문에 사실 여부를 알 수는 없는데 「난정집서」의 행방과 관련하여 여러 가지 이야기가 전해 내려온다.(이에 관해서는 졸저 『중국 인문 기행』 제2권 282면 이하에 자세하다.)

태종은 문학적인 재능도 있어서 90여 수에 달하는 시를 남기기도 했다. 그중에서 널리 알려진 「사소우(賜蕭瑀, 소우에게 주다)」를 소개한다.

세찬 바람이 불어야 굳센 풀을 알 수 있고
나라가 혼란할 때라야 성실한 신하를 알 수 있네

용감한 자가 어찌 의(義)를 알 수 있으랴

지혜로운 자만이 인(仁)을 품을 수 있도다

疾風知勁草　板蕩識誠臣
勇夫安識義　智者必懷仁

　소우(蕭瑀)는 태종의 신하로, 이세민 삼형제가 왕자 시절에 세력 다툼을 벌일 때부터 줄곧 태종의 편에서 태종을 도운 신하였다. 태종은 황제에 즉위한 후 그를 재상으로 임명했으나 너무나 강직한 성격으로 인하여 방현령, 위징 등과 화합하지 못하자 그를 태자의 태부(太傅)로 임명했는데 그는 성심껏 태자를 위해 봉사했다. 이에 태종은 그를 참예정사(參預政事)로 특진시키고 이 시를 써주었다. 적게는 소우를 칭송한 시이고 크게는 지(智), 용(勇), 의(義), 인(仁)의 상관관계를 설파한 시이다. 이 시 제1, 2구 "세찬 바람이 불어야 굳센 풀을 알 수 있고/나라가 혼란할 때라야 성실한 신하를 알 수 있네"는 인구에 회자되는 유명한 구절이다.

　이렇게 태종은 중국 황제로서는 보기 드물게 문무(文武)를 겸비한 인물이었다. 그의 평소 좌우명은 '수불석권(手不釋卷)'으로 알려져 있다. '손에서 책을 놓지 않는다'는 뜻이다. 그는 전쟁에 나가면서 말 위에서도 글을 읽었을 만큼 책을 가까이했다.

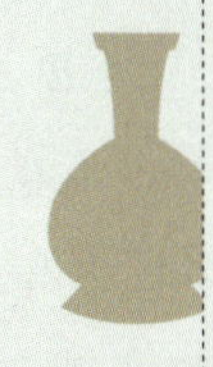

황학루주

황학루주(黃鶴樓酒)는 호북성 무한(武漢, 우한)의 황학루주업유한공사(黃鶴樓酒業有限公司)에서 생산하는 백주(白酒)이다. 이 지방에서는 아주 오래전부터 술을 생산해왔는데, 지금의 황학루주의 전신이라 할 수 있는 술은 청나라 건륭 연간(1736~1795)에 나온 '한분주(漢汾酒)'이다.

한분주의 내력은 이렇다. 명말 청초에 산서성의 상인 집단인 진상(晉商)들이 남쪽으로 내려와 활동하면서 그들이 고향에서 마시던 행화촌의 분주(汾酒)를 못 잊어 그와 비슷한 술을 빚어 마시기 시작했다. 그러다가 청 건륭 연간에 하북인(河北人) 이대유(李大有)가 호북성 한구(漢口)에 '이대유 조방(槽坊, 양조장)'을 개설하고 본격적으로 분주의 양조 공예를 도입하여 술을 생산했으니 이 술이 '한분주'이다. '한구(漢口)에서 생산되는 분주(汾酒)'라는 뜻일 것이다. 한분주는 1915년의 '파나마 태평양 만국박람회'에서 금상을 받았다. 한분주는 분주의 양조 공예를 답습했기 때문에 당연히 청향형 백주에 속한다. 이로부터 북쪽의 분주를 '북파 청향', 남쪽의 한분주를 '남파 청향'이라 불렀다.

신중국 성립 후에는 1952년에 여러 개의 양조장[槽坊]을 통합하여 국

영무한주창(國營武漢酒廠)을 만들어 한분주를 계속 생산했다. 1962년에 기존의 한분주를 개량한 '특제 한분주'를 생산한 후 1984년에는 특제 한분주를 기초로 '특제 황학루주'를 개발하여 제4회 중국평주회에서 중국 명주로 선정되었다. 그리고 이 무렵부터 '한분주'를 '황학루주'로 개명했다. 1989년에는 제5회 중국평주회에서 다시 중국 명주로 선정되어 본격적인 '남루북분(南樓北汾)'의 시대를 열었다. '남쪽의 황학루주, 북쪽의 분주'라는 뜻으로 청향형 백주의 양대 산맥을 이루었다.

황학루주는 1990년대 후반부터 경영 악화로 고전하다가 2000년경에는 거의 파산 지경에 이르렀다. 그래서 2003년에는 유명한 농향형 백주 '국교(國窖) 1573'을 설계한 진가(陳佳)에게 의뢰하여 농향형 백주를 생산하기 시작했다. 그러다가 2016년에는 유명한 농향형 백주 고정공주(古井貢酒)를 생산하는 고정집단(古井集團)에 병합되었다. 그래서 이 회사의 현재 명칭은 '고정집단·황학루주업 유한공사'이다.

고정집단과 합병 후에는 농향형 백주를 계속 생산함과 동시에 분주 양조의 옛 공예를 회복하여 다시 청향형 백주를 생산하기 시작했다. 이것이 이른바 '대청향(大淸香) 백주'이다. 2020년에 75도의 '남파(南派) 대청향 기념주'를 만들었는데 2,020위안(한화 약 40만 원)을 호가했다. 다음 해인 2021에는 '황학루 남파 대청향 20'과 '황학루 남파 대청향 30'을 생산하여 청향형 백주의 시대를 다시 열었다. 2024년부터는 청향형 백주 전략을 본격화하여 '루(樓)' 시리즈를 생산했는데 '루 30'은 1,099위안(한화 약 22만원)에 거래되고 있다.

현재 이 회사의 주력 산품은 크게 4개로 나뉜다. 첫째, 옛날 한분주의 전통을 계승한 '대청향 계열'이고 둘째는 '진향(陳香) 계열'인데 이는 농향형 백주이다. 셋째는 '생태원장(生態原獎) 계열'로 겸향형이며 넷째는

역시 청향형의 '루(樓)' 계열이다. 이렇게 '고정집단·황학루주업 유한공
사'는 청향형, 농향형, 겸향형 백주를 모두 생산하고 있다.

　언제인가 나는 호북성의 황학루를 관람하던 차에 황학루주를 마셔보
았는데 매우 인상적이었던 기억이 남아 있다. 그때 마신 황학루주는 농
향형이었던 것 같다. 다시 황학루를 가면 대청향 계열이나 '루' 계열의
황학루주를 맛보고 싶다.

'제2의 돈황'
수륙암의
채소(彩塑) 불상

진흙으로 만든 채색 불상 조각
유교, 불교, 도교의 융합
'채소'의 작자는 누굴까

진흙으로 만든 채색 불상 조각

여행 6일째, 우리가 먼저 찾은 곳은 수륙암(水陸庵)이다. 수륙암은 옛날 서안시 남전현(藍田縣, 란텐현) 보화진(普化鎭) 옥순산(玉順山) 밑에서 상오진사(上悟眞寺), 하오진사(下悟眞寺)와 함께 일대 사찰군을 이루고 있었던 곳이다. 수나라와 당나라 때는 오진사에 딸린 수륙전(水陸殿)이었는데 당나라 때의 최전성기에는 1,000여 명의 승려가 거주했다고 한다. 송나라와 원나라 때 쇠락하기 시작했으나 명나라 가정(嘉靖) 연간에 진왕(秦王) 주회권(朱懷埢)이 1563년부터 1567년까지 5년간에 걸쳐 중수했다. 이때에 수륙암이 자랑하는 채소(彩塑)가 대량 조성되었다. '채소'는 진흙으로 만든 채색 조각품이다. 지금 수륙암 맞은편 높은 곳에 '하오진사'가 남아 있는데 옛날 하오진사 중의 일부인 듯했다. 이 하오진사에는

수륙암 대문　대전의 벽면과 기둥에 화려한 색채와 정교한 솜씨로 채소(彩塑) 불상이 대량으로 조성되어 있어 '제2의 돈황'으로 불린다.

커다란 와불(臥佛)이 놓여 있다.

　우리가 갔을 때는 마침 수륙암을 수리하는 중이었다. 그래서 대전(大殿)의 입구 쪽 앞면만 볼 수 있었다. 이 앞면은 전체의 5분의 1 정도에 불과하다. 아쉽지만 어쩔 수 없었다. 그래서 내가 2019년에 가본 기억을 더듬어 이곳을 소개한다.

　'채소' 불상들은 수륙암의 대전(大殿) 안 13면 벽과 대들보와 기둥 등에 회화, 부조(浮彫), 투조(透彫) 등의 기법을 결합하여 입체적으로 새겨져 있는데 불상의 수는 모두 3,700여 점이나 된다. 여기에는 석가모니의 탄생에서부터 성불(成佛)하기까지의 일생과 여러 보살들의 사적 그리고 여러 불교 전설, 설화 등 불교와 관련된 모든 것이 조각되어 있다. 대전의

삼세불 좌측은 약사불, 중앙은 석가모니불, 우측은 아미타불. 약사불은 동방 정유리세계를 주관하고, 아미타불은 서방 극락세계를 주관하며, 석가모니불은 중앙 사바세계를 주관한다.

앞부분에서 우선 눈에 띄는 것이 정면의 삼세불(三世佛)이다. 원래 삼세불은 두 종류가 있는데 하나는 시간적 개념의 삼세불로 과거불인 연등불(燃燈佛), 현재불인 석가모니불, 미래불인 미륵불(彌勒佛)을 가리킨다.

또 하나는 공간적 개념의 삼세불로 동방 약사불(藥師佛)과 중앙 석가모니불과 서방 아미타불(阿彌陀佛)을 가리킨다. 약사불은 동방 정유리세계(淨琉璃世界, 약사여래가 다스리는 동방에 있는 정토)를 주관하고, 아미타불(阿彌陀佛)은 서방 극락세계를 주관하며, 석가모니불은 중앙 사바세계(娑婆世界)를 주관한다.

대전의 앞부분 벽면에는 이밖에도 석가모니 일생의 고사(故事)를 연

석가모니불상 삼세불 중앙에 있는 석가모니불상으로, 회화, 부조, 투조 등의 기법을 결합한 정교한 솜씨가 감탄을 자아내게 한다.

보현보살상 대전 뒷면에 놓인 삼보살(문수보살, 관음보살, 보현보살) 중의 하나로, 흰 코끼리 등에 편안히 앉아 있는 모습이다.

환화(連環畵) 형식으로 조각해놓았다. 연환화는 일정한 줄거리를 가진 이야기를 여러 장의 그림으로 잇따라 보여주는 극화(劇畵)이다. 이들 연환화에는 산수(山水)와 폭포를 비롯해 정대누각(亭臺樓閣, 정자나 누각)과 탑 등의 건축물, 불가의 여러 보살, 노자와 공자 등의 인물, 춤추는 봉황과 나는 용, 사자·기린·코끼리·소 등의 동물들이 조각되어 있는데 모두 극히 사실적으로 생동감 있게 묘사되어 있다. 그리고 여러 보살에 얽힌 고사도 연환화 형식으로 조각되어 있고 응신불(應身佛)과 보신불(報身佛), 지장보살(地藏菩薩)과 약왕보살(藥王菩薩) 상도 놓여 있다. 약왕보살 뒷면 벽에는 중국 역대 명의(名醫)와 약왕(藥王) 손사막(孫思邈), 신의(神醫) 화타(華佗) 등의 고사가 조각되어 있다.

대전의 뒷부분 정면 벽에는 수륙암에서 가장 주목을 끄는 삼보살(三菩薩)상이 놓여 있다. 중앙에 관음보살(觀音菩薩)이 앉아 있고 좌측에 푸른 사자를 탄 문수보살(文殊菩薩), 우측에 여섯 개 상아를 가진 흰 코끼리를 탄 보현보살(普賢菩薩)이 있다.

대전에는 이밖에도 불경을 경청하는 천 명의 모습을 그린 천인청경도(千人聽經圖), 바다를 건너는 오백나한을 조각한 오백나한과해(五百羅漢過海), 공작명왕(孔雀明王)상 등이 있다. 공작명왕은 비로자나불(毘盧遮那佛) 또는 석가모니불의 등류신(等流身)이라고 한다. '등류신'은 부처님의 몸이 변화하여 사람, 하늘, 귀신, 짐승과 같은 모양을 나타내는 것을 일컫는다.

공작명왕상(孔雀明王像) 공작이 등으로 받치고 있는 연좌(蓮座)에 가부좌로 앉아 있는 모습이다. 공작명왕은 비로자나불이나 석가모니불이 변화하여 나타나는 형상 중의 하나라고 한다.

유교, 불교, 도교의 융합

수륙암의 채색 조각들은 대부분 불상이나 불교 관련 인물들이지만 여기에는 이밖에도 노자, 공자, 손사막(孫思邈), 황제(黃帝) 등의 소상도 있다. 공자는 유가(儒家)이고, 노자·손사막·황제는 도교 인물이다. 말하자면 유, 불, 도 3교가 융합된 형상이다. 수륙암의 채색 조각품 채소(彩塑)가 만들어진 시기는 명나라 때인데 이때엔 불교가 도교와 유가의 정화(精華)를 받아들여서 세 종교가 합일되는 분위기가 조성되었기 때문인 것으로 평가된다. 삼교 합일의 본보기를 나타내는 것이 묘선공주(妙善公主) 이야기를 조각한 연환화이다.

삼보살 북쪽에는 16개의 팔을 가진 관음보살상이 있고 그 뒷면 벽에는 묘선공주가 자신의 눈알을 파내고 팔을 잘라 부친의 병을 치료한 이야기가 조각되어 있다. 불교 설화 묘선공주 이야기는 이렇다.

옛날 묘장왕(妙莊王)에게 세 딸이 있었는데 첫째와 둘째 딸은 왕의 명령을 따라 시집을 갔으나 셋째 딸 묘선은 시집가기를 완강히 거부하며 출가하여 비구니가 되겠다고 버텼다. 이에 왕이 격노하며 딸을 출궁(出宮)시켰다. 후에 왕이 병을 얻어 위급하게 되자 묘선이 노승(老僧)으로 변하여 왕에게 말하기를 "아주 가까운 식구의 눈과 손을 얻어야 병을 치료할 수 있습니다"라 하여 왕이 첫째, 둘째 딸에게 눈과 손을 달라고 요청했으나 거절당했다. 이에 노승은 향산 선인(香山仙人)에게 요청해보라고 권고하여 그렇게 했더니 선인이 선뜻 자기의 눈과 손을 내어주었다. 선인의 눈과 손을 얻어 병을 치료한 후 왕은 눈과 손이 없는 향산 선인을

벽면에 조성된 채색 조각군(彩繪壁塑群)

보고 미안한 마음이 들어 선
인의 눈과 손이 다시 자라나
기를 천지신명께 빌었다. 그
랬더니 얼마후 선인에게 일
천 개의 눈과 손이 자라났다.
이가 바로 천수천안(千手千眼)
관음보살이다. 후에 왕은 묘
선의 권유로 불가(佛家)에 귀
의했다. 이것은 불교의 교리
를 기본에 깔고 유가의 효(孝)
와 도교의 신선 사상이 가미
된 이야기이다.

천수천안 관음보살상

'채소'의 작자는 누굴까

'제2의 돈황'이라 불리는 수륙암의 거대한 채소(彩塑) 작품을 누가 만
들었을까? 이에 대하여 많은 사람들은 한때 당나라 조소가(彫塑家) 양혜
(楊惠)의 작품이라고 믿었다. 그러다 1900년대 말에 남전현 문관실(文管
室) 주임 번유악(樊維岳)이 대전 앞부분 삼세불 중 석가모니불의 연화좌
(蓮花座)에서 아주 조그마한 글씨를 발견했는데 탁본(拓本)해서 판독한
결과 '불상사교중초등산서사인조(佛像土喬仲超等山西四人造)'의 12자로

밝혀졌다. 즉 '불상은 사, 교, 중, 초 등 산서성의 네 사람이 만들었다'는 것이다. 그러나 이 12자만으로 조소가(彫塑家)의 문제가 모두 밝혀졌다고 볼 수 없다. 사, 교, 중, 초라는 성(姓)을 가진 네 사람인지, 사교와 중초 두 사람을 대표로 내세운 것인지, 이 네 사람이 대전의 '삼세불'만 만들었다는 것인지 등등의 의문이 여전히 남아 있다.

수륙암에 이렇게 엄청난 볼거리가 있음에도 불구하고 사람들이 잘 찾지 않는 곳이어서 내가 마지막으로 온 2019년만 하더라도 이 주위가 한가했다. 그런데 이번에 와보니 동내 사람들이 골목 입구에 임시 검문소를 만들어 차량을 통제하고 있었고 사원 앞에도 기념품 파는 상점들이 많이 들어서 있었다. 사람들도 붐볐다. 가이드의 말에 의하면, '흑신화 오공(黑神話悟空)'이라는 인터넷 게임을 여기서 촬영한 이후에 관람객이 급격히 늘었다고 했다. '흑신화 오공'은 중국의 고전 소설 『서유기』를 모티프로 한 비디오 게임이다. 대대적인 보수를 끝내고 난 후의 수륙암 모습이 어떨지 궁금하다.

법상종의 본산 흥교사와 현장법사

법상종의 원조 흥교사

다음은 흥교사(興敎寺)다. 흥교사는 서안시 장안구(長安區) 소릉원(少陵原)에 있는 절로 '번천 8대 사찰(樊川八大寺)' 중 으뜸으로 꼽힌다. 번천은 서안시 장안구의 소릉원과 신화원(神禾原) 사이에 위치한 평원을 말하는데, 당나라 때 이 지역에 많은 사찰이 있었다. 당 고종 인덕(麟德) 원년(664년)에 현장법사(玄奘法師)가 입적하자 조정에서 장안 동쪽의 백록원(白鹿原)에 안장했는데 669년에는 무측천(武則天)이 장안 남쪽의 소릉원으로 이장하여 사찰을 짓고는 '대당 호국 흥교사(大唐護國興敎寺)'라 이름했다. 후에 숙종(肅宗)이 사찰 안에 있는 현장법사의 사리탑에 '흥교(興敎)' 두 자를 써놓았으니, 이는 '대흥 불교(大興佛敎), 즉 불교를 크게 일으킨다는 뜻이다. 중국 법상종(法相宗)의 창시자인 현장법사를 기념하기

흥교사 대문 중국 법상종의 창시자인 현장법사를 기념하기 위해 지은 사찰이다. 오른쪽에 '세계문화유산 흥교사탑'이라 새겨진 돌이 놓여 있다.

위하여 이 사찰을 지었기 때문에 흥교사를 법상종의 조정(祖庭, 원조, 본산)이라 부른다. 법상종은 현장법사의 유식(唯識) 사상을 기반으로 성립된 불교 종파로 유식종(唯識宗)이라고도 한다.

흥교사는 창건 이래 여러 차례 중수(重修)를 거치다가 청나라 동치(同治) 연간(1862~1874)에 병란(兵亂)으로 현장, 규기(窺基), 원측(圓測) 세 스님의 사리탑을 제외한 모든 건물이 소실되어 1921년까지 황폐한 채 버려져 있었다. 이후 여러 차례의 중수를 거쳐 오늘의 모습을 갖게 되었다. 그러니 현재 세 개의 사리탑을 제외한 모든 건물은 비교적 근래에 지어진 것이다.

신축된 흥교사도 여느 사찰과 마찬가지로 산문(山門), 종고루(鍾鼓樓), 장경루(藏經樓), 대웅보전(大雄寶殿) 등의 건물이 있는데 그 중 대웅보전 안의 불상들과 자은탑원(慈恩塔院)의 세 개의 사리탑이 이채롭다. 대웅보전에는 원(元)나라 때 주조된 석가모니 도금(鍍金) 좌상, 명나라 때 주조된 아미타불 동상, 미얀마에서 보내준 백옥(白玉) 미륵불상, 당나라 때 주조된 관음보살 동상, 명나라 때 만든 목조(木彫) 지장보살상이 전시되어 있다.

흥교사탑과 현장법사의 두 제자

흥교사의 자은탑원에는 현장법사, 원측, 규기의 사리탑 세 개가 '품(品)' 자 형으로 모셔져 있다. 이 세 탑을 '흥교사탑'이라 부른다. 이 탑은 유네스코 세계문화유산에 등재되어 있다. 가운데가 현장법사의 사리탑이다. 높이 21미터의 5층 누각식(樓閣式) 전탑(磚塔)으로 1층 외벽에 '당삼장탑(唐三藏塔)'이라 새겨져 있고 감실(龕室)에는 현장의 소상이 안치되어 있다. 그리고 1층 북면에 당나라 문종(文宗)이 839년에 전서(篆書)로 쓴 '대편각법사 탑명(大遍覺法師塔銘)'이 새겨져 있다.

현장탑(당삼장탑) 서쪽(좌측)에 있는 것이 현장의 제자 규기(窺基, 632~682)의 사리탑인데 높이 6.76미터의 3층으로 된 누각식 전탑이다. 2층 외벽에 '기사탑(基師塔)'이라 새겨져 있고 1층 감실에 규기의 소상이 놓여 있으며 북벽에 '대자은사 대법사 기공 탑명 병서(大慈恩寺大法師基公

홍교사탑　중앙의 삼장탑(三藏塔), 좌측의 규기탑(窺基塔), 우측의 원측탑(圓測塔), 이 세 탑을 아울러 홍교사탑이라 부른다.

塔銘幷序)'가 새겨져 있다. 현장이 역경 사업을 도와줄 제자를 찾던 중 미목이 수려한 한 청년을 발견하고서는 648년 17세의 그 청년을 제자로 삼아 규기란 법명을 내렸다. 속성(俗姓)은 위지(尉遲)이고 자(字)는 홍도(洪道)이다.

　현장탑 동쪽에 있는 것이 현장의 제자 원측(圓測, 613~696)의 사리탑이다. 이 탑은 규기탑(기사탑)과 비슷하여 높이 7.10미터의 삼층 전탑이다.

2층 외벽에 '측사탑(測師塔)'이라 새겨져 있고 1층 감실에 원측의 소상이 있으며 북쪽 벽에 '대주 서명사 고 대덕 원측 법사 불사리 탑명 병서(大周西明寺故大德圓測法師佛舍利塔銘幷序)'가 새겨져 있다. '서명사'는 658년에 창건되어 원측이 주지로 있었던 사찰이다.

원측은 신라의 왕손(王孫)으로 속명은 문아(文雅)이다. 3세에 출가하고 15세에 견당사(遣唐使)를 따라 당나라에 가서 법상(法常), 승변(僧辨) 두 스승으로부터 가르침을 받았다. 그는 산스크리트어, 한어 등 6개 국어에 능통하여 현장법사가 귀국한 후에는 그를 도와 많은 불경을 번역했을 뿐만 아니라 현장이 강론한 유식학(唯識學)을 정립시켜 유식종(唯識宗), 즉 법상종(法相宗)을 성립시키는 데에 커다란 공헌을 했다. 당 태종은 그에게 도첩(度牒, 나라에서 승려에게 공인해주던 신분증명서)을 내려 원법사(元法寺)에 머

기사탑(基師塔, 규기탑)

측사탑(測師塔, 원측탑)

물게 했으며 측천무후는 그를 살아 있는 부처님처럼 존경하여 신라의 신문왕(神文王)이 그의 귀국을 수차례 요청했음에도 완곡히 거절했다고 한다. 결국 원측은 당나라에서 일생을 마쳤다. 그는 죽은 후 스승 현장의 곁에 묻히기를 바랐으나 낙양의 용문 향산사(香山寺)에 매장되었다가 1115년에야 이곳 흥교사 현장탑 좌측에 이장되었다.

규기와 원측의 흥미로운 일화

규기에 관해서는 이런 이야기가 전한다. 현장이 규기를 제자로 삼으려 하자 규기는 격렬히 반대했다. 현장은 하는 수 없이 당 태종에게 도움을 요청했다. 규기는 당나라 개국 공신 위지공(尉遲恭)의 조카였기 때문에 태종은 위지공에게 규기를 출가시켜 현장의 제자가 되게 하라고 명령했다. 이에 규기는 직접 태종을 만나 세 가지 조건을 내걸었다. 수레 세대에 각각 술과 고기와 여자를 싣고 가게 하면 태종의 청을 들어주겠다고 했다. 아마 거절할 것을 예상한 요청이었을 것이다. 그런데도 태종이 이를 허락했다. 과연 그는 출가할 때 세 대의 수레에 술과 고기와 여자를 싣고 현장법사를 찾아갔는데 현장은 풍악을 울리면서 그를 성대히 맞이했다. 이를 보고 규기는 자신의 잘못을 크게 뉘우치고 불교 공부에 정진하여 현장법사의 뛰어난 제자로 법상종의 계승자가 되었다고 한다. 그래서 한때는 그를 '삼거법사(三車法師)' 또는 '삼거화상(三車和尙)'으로 부르기도 했던 것인데 어디까지가 사실인지 확인할 길이 없다. 그가 현장의 뒤를 이어 역경 사업에 정진하다가 682년(51세)에 입멸하자 이 탑을 세운 것이다.

『송고승전(宋高僧傳)』에는 원측에 관한 다음과 같은 기록이 전한다. 원측은 당나라에 간 후 현장법사의 제자가 되어 가르침을 받고 싶었는데 현장이 그를 거두어주지 않을 것 같아 현장이 강론하고 있는 대자은사의 출입을 관장하는 스님을 돈으로 매수하여 창밖에서 현장법사의 강론을 몰래 도청했다.

그러다가 한 번은 현장의 유식학 강론을 도청하다가 규기에게 발각되었다. 원측은 무릎을 꿇고 현장에게 제자로 받아들여줄 것을 간청했다. 규기는 이미 불교계에 이름이 나 있는 원측이 현장의 문하에 들어오면 자기의 위치가 흔들릴 것이 두려워, 원측에게 '도청한 유식론을 강론해 보라'고 했다. 만약 현장의 강론과 조금이라도 틀림이 있으면 트집을 잡아 그를 내칠 심산이었다. 이에 원측은 한 치의 어김도 없이 도청한 유식론을 강론했다. 이를 보고 현장은 만족하여 원측을 제자로 받아들였다고 한다. 이 이야기도 사실 여부를 명확히 알 수는 없다.

왕유의 시로 더 유명해진 향적사

정토종의 원조 향적사

서안시 장안구(長安區)에 위치한 향적사(香積寺)는 중국 불교 8대 종파의 하나인 정토종(淨土宗)의 조정(祖庭, 원조, 본산)이며 당나라 때 저명한 '번천 8대 사찰(樊川八大寺)'의 하나이다. 향적사가 건립된 시기에 관해서는 두 가지 기록이 엇갈린다. 첫째는 당 고종 개요(開耀) 1년(681년)에 정토종의 창시자 선도대사(善導大師)가 입적한 후에 그 제자인 회운(懷惲)이 스승을 기리기 위하여 선도대사 공양탑(供養塔)과 향적사를 건립했다는 것이고, 둘째는 당 중종 신룡(神龍) 2년(706년)에 회운이 선도대사를 이곳에 이장(移葬)한 후 탑을 세우고 이어서 향적사를 건립했다는 것이다. 그래서 지금 향적사 입구에는 커다란 석조 패방 앞면에 조박초(趙樸初, 자오푸추)의 글씨로 '향적 고찰(香積古刹)'이라 쓰여 있고 패방 뒷면

향적사 산문 앞의 저자

에는 '정토조정(淨土祖庭)'이라 쓰여 있어 이곳이 정토종의 본거지임을 알리고 있다.

757년 안사(安史)의 난 때 반란 진압의 책임자 곽자의(郭子儀)와 반란군이 이곳에서 30만 병력을 투입한 큰 전투를 벌였는데 8시간의 전투 끝에 반란군 6만여 명이 사망했다고 한다. 이를 '향적사 전투'라 한다. 이 전투에서 관군이 승리함으로써 장안을 수복할 결정적 단초를 마련했지만 전투로 말미암아 향적사는 크게 훼손되었다. 이후 송, 명, 청나라 때 여러 차례의 중수를 거치고 청나라 동치 연간(1862~1874)에 병란으로 크게 파괴된 이후 몇몇 건물과 탑을 제외하고는 옛 모습을 볼 수 없었다.

청말 민국 초에는 승려 1명만 남아 빈 절을 지키고 사원 소유의 땅은 촌민들이 경작했다고 한다. 신중국 성립 후에는 승려 8명이 28무(畝)의 토지를 분배받아 경작했으며 1963년에는 승려가 19명으로 늘어났으나 문화대혁명 중에 승려들이 뿔뿔이 흩어졌다. 문혁이 끝난 1979년에 대대적인 정비를 했고 1987년 불교협회 회장 조박초(趙樸初)가 다녀간 후 중앙 정부에 건의하여 대대적으로 중수하여 면모를 일신했다. 이때 재정비된 모습이 오늘까지 이어지고 있다.

선도대사와 선도탑

선도대사(善導大師, 613~681)는 산동성 출신으로 10세에 출가하여 수행하다가 29세 때 산서성 현중사(玄中寺)의 도작대사(道綽大師, 562~645)로부터 정토교(淨土敎)를 배운 후 평생 이를 널리 전파하는 데에 힘썼기 때문에 그를 '정토종 제2의 조사(祖師)'라 부른다. 정토종의 기원은 동진(東晉)의 혜원대사(慧遠大師, 334~416)에까지 거슬러 올라간다. 혜원대사는 강서성의 동림사(東林寺)에서 당시 명망 있는 인사 18명과 함께 백련결사(白蓮結社)를 결성하고 극락세계인 서방정토(西方淨土)에 왕생하자는 결의를 다졌는데 후세에 이를 정토종(淨土宗)이라 불렀다. 그러므로 엄밀하게 말하자면 정토종의 창시자는 혜원대사인 셈이다(동림사와 혜원대사와 백련결사에 관해서는 졸저『중국 인문기행』제1권 32면 이하에 자세하다). 따

378

대웅전의 선도대사 소상　1980년 선도대사 서거 1300주년을 맞아 일본 정토종에서 향적사에 기증한 것이다. 선도대사는 중국 불교의 주요 종파의 하나인 정토종의 실질적인 창시자이다.

라서 선도대사를 정토종 '제2의 조사(祖師)'라 칭한다. 그러나 중국 불교 8대 종파의 하나로 조직체계를 갖춘 것은 선도대사 이후이기 때문에 선도대사를 실질적인 창시자로 본다.

선도대사는 주로 오진사(悟眞寺)에서 거주하다가 만년에 장안의 실제사(實際寺)에 주석(駐錫)하면서 포교에 힘써 사람들은 그를 '아미타불(阿彌陀佛)의 화신'이라 불렀다. 그는 음악, 글씨, 회화 등 예술에도 재능이 있어 많은 작품을 남겼는데 대표적인 것이 용문석굴(龍門石窟)의 노사나

대불(盧舍那大佛)이다. 당 고종은 672년에 선도대사를 검교승(檢校僧, 승려들의 행동 규범과 수행 상황을 감찰하는 직책)으로 임명하여 용문석굴의 노사나대불을 조성하는 총책임을 맡겼다. 이때 무측천이 거액을 희사했는데 당시의 곡식값으로 환산하면 지금의 600만 위안 이상에 상당한다고 한다.

용문석굴 최대의 불상인 이 노사나대불은 정교하게 조각되어 중국 불교 조소(彫塑)의 걸작으로 꼽힌다. 특히 불상의 신비로운 미소로 해서 흔히 '동방의 모나리자'라 불리기도 한다. 그리고 전하는 말에 의하면 고종이 화공을 시켜 무측천의 초상을 그리게 하여 불상의 모습을 초상과 꼭 같이 만들라고 지시했다고 한다. 그래서 불상이 무측천을 닮았을 뿐만 아니라 '노사나'의 뜻도 무측천의 이름과 비슷하다고 한다. '노사나(盧舍那)'는 '광명보조(光明普照)' 즉 '광명이 널리 비친다'는 뜻인데 무측천의 이름인 '조(曌)'와 뜻이 같다. '조(曌)'는 무측천이 만든 열아홉 개의 이른바 '측천 문자' 중의 하나로 '해와 달이 공중에 떠 있다'는 뜻으로 '노사나'와 의미가 비슷하다.

선도탑은 앞에서 언급한 바와 같이 선도대사 입적 후 그의 제자인 회운(懷惲)이 주도하여 만든 탑으로 일명 '숭령탑(崇靈塔)'이라고도 한다. 탑은 누각식(樓閣式) 전탑(塼塔)으로 원래는 18층이었는데 지금은 11층만 남아 있다. 현재의 높이는 33미터이다. 탑의 1층 남면(南面)에 건륭 33년(1768년)에 새긴 '열반성사(涅槃盛事)' 네 글자가 보이고 탑의 네 면에는 해서(楷書)로 금강경(金剛經)이 새겨져 있다. 한때는 천문 관측용으로도 사용되었다고 한다.

선도탑 전경   선도대사 입적 후에 제자들이 그를 기리기 위해 681년에 세운 누각식 전탑(塼塔)이다. 원래는 18층이었는데 지금은 11층(33미터)만 남아 있다. 정토종의 본산인 향적사의 상징적인 건축물이다.

선도대사의 저서인 『관무량수불경소(觀無量壽佛經疏)』 일명 『관경사첩소(觀經四帖疏)』가 8세기경 일본에 전해진 후 일본 승려 법연(法然, 1133~1212)이 이 저서에 의거하여 일본 정토종을 창립했다. 그래서 일본에서는 향적사를 일본 정토종의 조정(祖庭)으로 여겼으며 그런 인연으로 왕유(王維)의 시 「과향적사(過香積寺)」가 한때 일본의 '소학 과본(課本, 교과서)'에도 실렸다고 한다. 1980년에는 중국과 일본의 관련 인사 200여 명이 향적사에 모여 선도대사 서거 1300주년 기념 법회를 개최했다고 한다. 또 대웅전에는 일본에서 보내온 선도대사 소상(塑像)이 안치되어 있고 대웅전 앞에도 일본이 보낸 석등(石燈)이 있다.

왕유와 그의 명시 「과향적사」

향적사는 중국 정토종의 조정(祖庭)으로 유명하며 향적사의 랜드마크라 할 수 있는 선도탑으로 더욱 유명하지만, 그보다는 성당(盛唐)의 시인 왕유의 걸작 「과향적사(過香積寺, 향적사를 찾아서)」로 더 유명하다.

왕유(王維, 701~759)는 이백, 두보와 함께 당시(唐詩)가 가장 융성했던 성당을 대표하는 시인이다. 그는 독실한 불교 신자로 30세에 상처(喪妻)하고 평생 독신으로 살면서 고기를 먹지 않고 색깔 있는 옷을 입지 않았다고 한다. 불경 유마힐경(維摩詰經)의 '유(維)'를 자기 이름으로 삼고, '마힐(摩詰)'을 호로 삼았을 만큼 불교에 독실했다.

중년 이후에는 생의 반은 관리로, 반은 은자로 사는 반관반은(半官半

隱)의 생활을 하면서 종남산의 별장 망천별서(輞川別墅)에서 시우(詩友) 배적(裵迪)과 시를 주고받으며 살았다. 그의 마지막 벼슬이 상서우승(尙 書右丞, 중앙의 문관 고위직)이었기 때문에 그를 '왕우승(王右丞)'으로 부른 다. 또 맹호연(孟浩然)과 함께 중국의 산수 전원시를 대표하는 시인이기 도 하다. 그는 음악과 미술에도 조예가 깊어 그를 '남종 산수화의 조종 (祖宗)'으로 부른다. 송나라의 소식(蘇軾)은 그를 평하여,

마힐의 시를 음미하면 시 가운데에 그림이 있고
마힐의 그림을 보면 그림 가운데에 시가 있다

味摩詰之詩　詩中有畫
觀摩詰之畫　畫中有詩

라 말했을 정도로 시와 그림에 뛰어난 재능을 발휘한 예술가이다.
　이제 왕유의 시「향적사를 찾아서」를 감상하기로 한다.

향적사가 어딘지 알지 못한 채
몇 리를 걸으니 구름 봉우리에 들었네

고목 우거진 오솔길엔 사람 없는데
깊은 산 어디선가 종소리 들려오네

시냇물은 높은 바위에서 목메어 울고
햇볕은 푸른 솔에 싸늘하구나

초저녁 텅 빈 연못가에서
참선(參禪)하며 독룡(毒龍)을 제압하도다

不知香積寺　数里入雲峰
古木無人徑　深山何處鐘
泉聲咽危石　日色冷靑松
薄暮空潭曲　安禪制毒龍

시인은 향적사를 찾아가면서도 "어딘지 모른다"고 했다. 그래서 무턱대고 몇 리를 걸어가니 자신은 구름이 걸려 있는 높은 산 속에 와 있다. 고목이 우거졌고 오솔길엔 사람도 다니지 않는 고요하고 깊은 산속이다. 이미 깊은 산속에 왔음에도 향적사는 보이지 않는데 어디선가 종소리가 들려 향적사가 있음을 비로소 알게 된다. 그런데 이 종소리는 "어디선가" 들려오는 종소리다(何處鍾). 그러니 아직도 향적사가 어디 있는지 분명히 모르고 있다. 이 말은 제1구의 "향적사가 어딘지 모른다"는 묘사의 연장선상에 있다.

그래도 시인은 계속해서 향적사를 찾아간다. 제5, 6구는 찾아가는 도중의 산중 풍경을 묘사하고 있다. 제5구는 청각적 묘사이고 제6구는 시각적 묘사이다. 시냇물이 "목메어 우는" 것은 높고 뾰족한 바위를 뚫고

물이 흐르기 때문이다. 이렇게 시냇물이 바위에 부딪치며 흐르는 소리를 "목메어 운다"고 표현했다. 목메어 우는 것은 소리를 죽여 흐느끼는 것이다. 폭포 소리를 대성통곡에 비유할 수 있다면 산골짝의 시냇물 소리는 흐느끼는 소리에 비유될 수 있겠다. 숨죽이고 흐느끼는 이 시냇물 소리는 깊고 그윽한 산중 분위기와 절묘한 조화를 이룬다. 제6구의 표현 또한 범상치 않다. 햇볕은 원래 따뜻한 것인데 여기에서는 "싸늘하다"고 했다. 빽빽하게 들어선 푸른 소나무 사이로 비치는 햇볕이 싸늘한 느낌을 주는 것이다. 따뜻한 햇볕도 싸늘하게 느낄 만큼 숲속 분위기가 맑고 고요하다는 표현이다. 햇볕이 싸늘하다는 것은 또 그때가 해 질 무렵이라는 것을 암시하고 있다. 이는 제7구의 "초저녁"과 연결된다. 제5, 6구의 대련(對聯)은 너무나 유명하여 중국 각지의 경치 좋은 곳에 이 대련이 새겨져 있는 것을 종종 볼 수 있다.

시인은 드디어 해 질 무렵 황혼 녘에 향적사에 도착한다. 그리고 향적사 앞 연못가에서 모든 세속적 욕망으로부터 벗어난 선(禪)의 경지에 든다. 왕유가 향적사를 찾았을 당시 절 앞에 연못이 있었는지 없었는지 알 수는 없다. 아마 있었을 것이다. 그런데 연못이 "텅 비었다(空)"고 했다. "텅 비었다"는 것은 연못의 물이 비었다는 말이 아니다. 직접적으로는 연못과 관련하여 "참선하며 독룡(毒龍)을 제압했기" 때문에 연못의 독룡이 사라져 없어졌음을 나타낸다. 독룡과 관련하여 『법원주림(法苑珠林)』에 이런 얘기가 전한다. 서방의 한 연못에 독기를 뿜는 용이 살고 있었다. 어느 날 500명의 상인이 연못가에 숙박하고 있었는데 용이 노하여 상인을 모두 잡아먹었다. 이에 한 노승이 용에게 주문(呪文)을 외니 용

왕유 초상 성당을 대표하는 시인이자 독실한 불교 신자이며 그림에도 뛰어난 재능을 보인 예술가였다.

이 잘못을 뉘우치고 물러갔다고 한다. 불교에서는 '독룡'을 '마음속의 망령된 생각'이나 '세속적 욕망'에 비유한다. 그러므로 "독룡을 제압했다"는 것은 마음속의 망령된 생각을 물리쳤다는 것을 의미한다. 이 '공(空)'을 더 넓게 해석하면 '공즉시색 색즉시공(空卽是色 色卽是空)'의 '공(空)'이라 말할 수도 있겠다.

향적사 앞에 실제 연못이 없었더라도 상관없다. 향적사에 도착한 시인은, 불법(佛法)의 힘으로 독룡을 제압한 이야기를 상기하면서 자신이 그런 경지에 이르렀음을 나타낸다고 볼 수 있다. 마지막 제7구와 8구는 시인 자신의 청정(淸靜)한 마음을 나타낸 것이기도 하고, 향적사 스님들의 수행(修行)을 암시하는 것이기도 하다.

이 시는 전 8구 중에서 6개 구가 풍경에 대한 묘사로 이루어져 있다. 그렇다고 이 시를 사경시(寫景詩)로 보는 것은 잘못이다. 풍경 묘사는 세속의 티끌이 묻지 않은 맑고 깨끗한 향적사를 그리기 위한 보조 수단의 역할을 할 뿐이다. 향적사에 관한 직접적인 묘사가 한 마디도 없지만 그 속에 향적사가 지니고 있는 불법(佛法)의 묘리(妙理)를 함축하고 있다. 그리고 마지막 제7, 8구는 이 점에 대한 화룡점정이다. 그러므로 이 시는 독실한 불교 신자인 왕유의 '선리시(禪理詩)'로 봐야 한다.

향적사에 관한 의문

향적사는 현재 서안시 도심으로부터 약 17.5킬로미터 떨어져 있는 서안시 장안구(長安區)에 위치하고 있는데 나는 2018년에 처음으로 향적사를 관람하고 나서 적지 않게 당황했다. 향적사 가는 길이 왕유의 시에 묘사된 것과 너무도 달랐기 때문이었다. 왕유 시에 묘사된 구름 걸린 봉우리며 깊은 산속 고목들의 흔적을 전혀 찾을 수 없었다. 높은 산은커녕 조그마한 언덕도 없었다. 비록 왕유의 시대로부터 1400여 년의 긴 세월이 흐르긴 했지만 이렇게까지 변할 수는 없다. 상전(桑田)이 벽해(碧海)가 되지 않고서는 이렇게 바뀔 수 없는 일이다. 여러 차례의 중수를 거치면서 원래 위치에서 이곳으로 옮긴 것이 아닐까 하는 생각도 들었으나, 향적사의 상징적인 구조물인 선도탑(先導塔)이 고색창연한 모습으로 서 있는 것을 보면 여기가 옛날의 향적사 터임은 분명한 것 같았다. 그래서 어떤 연구자는 왕유 시의 향적사는 서안에 있는 향적사가 아니고 사천성 부성현(涪城縣)에 있는 향적사일 것이라는 의견을 제시하기도 했다. 향적사는 장안 말고도 절강성 항주시(杭州市), 하남성 여주시(汝州市), 광동성 박라현(博羅縣), 사천성 부성현에도 있다.

향적사 경내에서 마침 지나가는 한 노승에게 연못이 있었느냐고 물었더니 이렇게 대답했다. 향적사의 경내가 원래는 지금의 10배나 되어 말

향적사 풍경　　서안시 장안구에 위치한 지금의 향적사와 그 주위의 풍경은 왕유의 시에 묘사된 당나라 때의 분위기와 너무도 달라져 있다.

을 타고 다닐 정도였는데 그후 축소하는 과정에서 연못도 없어진 것 같다고 했다. 기록에 의하면 향적사가 넓어서 '기마관산문(騎馬關山門, 말을 타고 가서 대문을 닫는다)'이라고 했으니 '경내가 지금의 10배나 되어 말을 타고 다녔다'는 말은 사실인 듯했다. 그래도 왕유의 시로 인해 유명한 연못인데 없어진 것이 아쉽기만 했다. 2019년에 다시 찾은 향적사에서 어느 스님에게 또 물었더니, 연못이 있었는데 문화대혁명 때 파괴되었다는 답이 돌아왔다. 왕유의 시에 그려진 향적사와 지금의 향적사가 너무나 다른 것에 대한 의문은 아직도 풀리지 않고 있다.

향적사 관람을 마치고 우리는 서안에 있는 '삼성 반도체' 공장을 견학했다. 이번 일은 우리 일행 중의 한 명인 신성호 교수가 주선한 것이다. 신 교수는 중앙일보의 사회부장으로 있다가 성균관대학교 언론정보학과 교수로 근무하고 지금은 정년퇴직한 분이다. 마침 사회부장으로 있을 때 부하 직원 한 명이 현재 서울의 삼성 반도체 책임자로 있어서 그에게 부탁하여 서안 삼성 반도체 공장 견학을 허락받은 것이다. 매우 까다로운 절차를 거쳐 공장 내부를 견학했는데, 우리를 안내하는 직원의 설명을 나 같은 '먹물'이 이해하기는 힘들었다. 그 넓은 공간에서 복잡한 기계 시설이 계속해서 작동하고 있는데도 사람은 보이지 않는 것이 신기했다. 그만큼 기계의 운용이 자동화되어 사람의 수작업이 거의 필요치 않은 것이다.

흥경궁에서 떠오른
이백의
「청평조사」

현종이 양귀비와 지내던 흥경궁
「청평조사」에 얽힌 일화

현종이 양귀비와 지내던 흥경궁

다음 행선지 흥경궁(興慶宮)은 당 현종이 황제에 즉위하기 전인 왕자 시절에 네 명의 형제들과 함께 거주하던 집으로 '오왕택(五王宅)'으로 불렸던 곳이다. 왕(王)은 황제의 아들에게 내리는 관직이다. 황제가 된 후 현종은 714년에 옛집을 흥경궁으로 개조·확장한 후 대명궁(大明宮)으로부터 이곳으로 옮겨 30여 년을 거주했다.

흥경궁은 서내(西內, 서쪽 궁궐) 태극궁(太極宮), 동내(東內, 동쪽 궁궐) 대명궁과 함께 장안의 '삼대내(三大內)'의 하나인 남내(南內, 남쪽 궁궐)로 불리는데, 현종 재위 기간인 개원(開元), 천보(天寶) 연간에는 흥경궁이 당나라 정치의 중심지 역할을 했다. 특히 현종이 양귀비와 사랑을 꽃피웠던 곳으로 유명하다.

홍경궁은 안사의 난 이후에는 황위에서 물러난 태상황(太上皇)이나 태후(太后)가 한가하게 지내던 곳으로 이용되었다. 현종도 안사의 난으로 서촉(西蜀)으로 피난 갔다가 돌아온 후 이곳에서 거의 유폐 생활을 하며 여생을 보냈다. 홍경궁은 당나라 말의 전란으로 건물들이 크게 훼손된 채 황폐하게 방치되다가 금(金)나라 때 장중부(張仲孚)란 관리가 이곳에 중락당(衆樂堂), 유배정(流杯亭) 등의 건물을 지어 일시적으로 유람의 장소로 삼았으나 17세기 청나라 초기 즈음에는 홍경궁의 상징적인 연못인 용지(龍池)의 물도 말라 폐허가 되어버렸다.

1958년에 고고학적 조사를 통하여 여기서 17곳의 건물 유지(遺址)를 발굴했는데 홍경궁 유지는 동서의 길이가 1,080미터, 남북의 길이가 1,250미터, 면적이 2,016무(畝)에 달했다. 정부에서는 여기에 침향정(沈香亭), 화악상휘루(華萼相輝樓), 장경헌(長慶軒) 등의 건물을 복원하여 '홍경궁 유지 공원'을 건립하고 대외에 무료로 개방했다. 그래서 지금은 공원으로 서안 시민들의 휴식처가 되었다.

「청평조사」에 얽힌 일화

홍경궁에서 가장 유명한 건물은 침향정이고, 침향정에는 현종과 양귀비와 이백의 고사(故事)가 얽혀 전설처럼 내려온다. 고사의 내용은 대략 이러하다. 개원 연간에 현종이 네 가지 색깔의 모란을 얻어 침향정 앞에 심도록 했다. 꽃이 막 피어나는 어느 달 밝은 밤에 현종은 양귀비와 함께

침향정(沈香亭)**과 그 주변의 모란꽃** 침향정에는 현종과 양귀비와 이백과 모란꽃이 한데 얽혀 있는 고사가 전설처럼 내려온다.

침향정에 올랐다. 이들을 수행한 이원(梨園, 당나라 궁중 예술학교)의 제자 중에서 노래를 잘하는 이귀년(李龜年)이 노래를 부르려 하자 현종이 말하기를 "이름난 꽃(모란)을 감상하고 비(妃)를 마주하고 있는데 그대는 어찌 옛 곡조의 노래를 하려는가"라 하고는 이귀년으로 하여금 하사한 금화전(金花牋, 화려하게 장식한 종이로 여기에 시문 등을 썼다)을 한림학사 이백에게 가지고 가서 「청평조사(淸平調詞)」 3수를 지어 바치게 했다. 술이 덜 깬 이백은 즉석에서 시를 지어 바쳤는데 3수 모두 양귀비의 아름다움을 칭송하는 내용이었다. 그중 제2수를 읽어본다.

한 가지 붉은 꽃, 이슬에 향기 어려
무산(巫山)의 운우지정(雲雨之情)에 공연히 애태웠네

묻노니 한(漢)나라 궁전엔 누가 이와 같을까?
아름다운 비연(飛燕)도 새 단장 해야 하리

一枝紅艶露凝香　雲雨巫山枉斷腸
借問漢宮誰得似　可憐飛燕倚新妝

제2구의 뜻은 이렇다. 무산(巫山)의 신녀(神女)가 초(楚)나라 회왕(懷王)과 하룻밤을 보내고 떠나면서 "저는 무산의 신녀인데 아침에는 아침 구름이 되고 저녁에는 비가 되어 내립니다. 아침이면 아침마다 저녁이면 저녁마다 양대의 밑에 있을 것입니다(旦爲朝雲 暮爲行雨 朝朝暮暮 陽臺之

이백취와상(李白醉卧像) 흥경궁 공원 채운각(彩雲閣) 앞에 '술에 취해 누워 있는 이백상'이 놓여 있다. 이백은 술에 취한 상태에서도 단숨에 「청평조사」를 지어 현종에게 바쳤다.

下)"라 했다. 이로부터 남녀 간의 짙은 사랑의 행위를 '운우지정'이라 한다. 이백의 시에서는, 회왕이 아침 구름과 저녁 비를 보며 신녀를 그리워하는 것은 이루어질 수 없는 꿈이지만 현종은 지금 "이슬에 향기 어린 붉은 꽃" 같은 양귀비를 앞에 두고 있어 회왕보다 훨씬 더 행복하다는 것이다.

비연(飛燕)은 한나라 성제(成帝)의 비(妃)인 조비연(趙飛燕)을 가리킨다. 이 시에서는 절세미인 조비연도 새로 화장을 고쳐야 양귀비에 견줄 수 있다고 말한 것이다. 양귀비가 조비연보다 훨씬 더 아름답다는 말인데 이 구절이 빌미가 되어 이백은 궁중에서 쫓겨난다. 그 사연은 이렇다.

이백의 「청평조사」를 현종에게 바치니 현종은 이귀년으로 하여금 이를 노래로 부르게 했다. 노래를 들은 현종과 양귀비가 무척 흡족해했다. 그후 양귀비가 이 노래를 다시 읊조리자 환관 고력사(高力士)가 말하기를 "이제야 말씀드립니다만 비(妃)께서는 이백을 뼛속까지 원망하셔야 하는데 어찌하여 이와 같이 좋아하십니까?"라 했다. 조비연은 미천한 출신으로 한나라 성제의 총애를 받아 황후가 되고 그 동생 합덕(合德)도 후궁이 되어 10여 년간 영화를 누렸으나 성제 사후 합덕은 자살하고 서인(庶人)으로 강등된 비연도 자살했다. 이백이 양귀비를 이러한 조비연에 비겼으니 실은 이백이 양귀비를 비하했다고 고력사가 말한 것이다. 당시 무소불위의 권력을 휘두른 고력사가 황제 앞에서 술 취한 이백의 신발을 벗겨야 했던 모욕을 당한 적이 있기 때문에 그 앙갚음으로 이백을 모함한 것이다. 고력사의 말을 들은 양귀비가 이백을 멀리했고 드디어는 이백의 벼슬을 박탈하고 궁중에서 쫓아내었다.

이러한 이야기를 아는지 모르는지 침향정은 오늘도 말없이 제자리를 지키고 있다. 물론 지금의 침향정은 옛날의 침향정이 아니고 새로 복원된 건물이지만. 침향정의 위치는 옛 침향정이 있던 그 자리라고 한다. 그리고 침향정을 받치고 있는 4각형의 기단(基壇)에는 여러 가지 내용의 선각화(線刻畵)가 그려져 있다. 그중 한 곳에는 '예상우의무도(霓裳羽衣舞圖)'란 제목에 양귀비가 춤추고 현종인 듯한 이가 피리를 부는 모습이 그려져 있고, 또 다른 면에는 백거이의 「장한가」 중 "후궁에 미인이 삼천 명인데/삼천 명 총애가 한 몸에 있게 되어//금옥(金屋)에서 단장하고 교태 가득 밤새 모시니/옥루(玉樓) 잔치 끝나자 봄과 취기 어우러졌네(後宮

침향정 벽화　우측 상단에 「청평조사」 제3수를 새기고 그 내용을 그림으로 그린 것이다.

佳麗三千人 三千寵愛在一身金 屋妝成嬌侍夜 玉樓宴罷醉和春)"라는 구절을 새겨 놓고 그에 걸맞은 선각화를 그려 넣었다. 또 다른 면에는 이백의「청평 조사」제3수를 써놓고 그림을 그린 곳도 있었다.「청평조사」제3수는 이 렇다.

이름난 꽃과 절세미인이 둘이 서로 기뻐하니
군왕은 항상 웃음 띠고 바라보네

봄바람의 무한한 한을 풀어버리고

침향정 북쪽 난간에 기대어 있네

名花傾國兩相歡　常得君王帶笑看

解釋春風無限恨　沈香亭北倚欄干

이 시의 제3구는 뜻이 다소 애매하여 평자에 따라 해석이 엇갈리는 구절이다.

중화 민족의 뿌리,
화산

여행 7일째, 아침 8시에 호텔을 출발해서 9시 25분에 화산 주차장에 도착했다. 내일은 비행기 타고 가는 일만 남아 있으니 오늘이 사실상 이번 여행의 마지막 날이다. 날씨는 여전히 좋다. 약간 더웠지만 이 정도 더위는 견딜 만했다. 화산에 대해 알아본다.

화산(華山)은 중국 '오악(五岳)' 중의 하나이다. 오악은 다음과 같다.

동악(東岳): 산동성 태산(泰山) —— 태산여좌(泰山如坐, 앉아 있는 것 같다)

서악(西岳): 섬서성 화산(華山) —— 화산여립(華山如立, 서 있는 것 같다)

남악(南岳): 호남성 형산(衡山) —— 형산여비(衡山如飛, 나는 것 같다)

북악(北岳): 산서성 항산(恒山) —— 항산여행(恒山如行, 걷는 것 같다)

중악(中岳): 하남성 숭산(嵩山) —— 숭산여와(嵩山如臥, 누운 것 같다)

화산 '멀리서 바라보면 마치 꽃 모양 같다'고 해서 붙여진 명칭이고, 중국을 지칭하는 중화(中華)의 '화' 자가 화산에서 유래되었다고 한다.

오악 중 가장 수려한 화산

화산은 산서성, 하남성, 섬서성 3성이 맞닿아 있는 곳에 있다. 중국을 지칭하는 중화(中華), 화하(華夏)의 '화(華)' 자가 화산에서 유래되었다고 한다. 그래서 화산을 '화하의 뿌리(華夏之根)'라고 한다.

화산의 명칭에 관해서는 『수경(水經)』에 화산을 "멀리서 바라보면 마치 꽃 모양 같다"고 한 데에서 유래되었다고 한다. '華'는 '花'와 같은 뜻이다. 실제로 멀리서 보면 화산 3봉(동봉, 서봉, 남봉)이 꽃술처럼 솟아 있고 주위의 산들이 꽃잎처럼 둘러싸고 있어서 화산 전체가 공중을 향해 피어 있는 연꽃과 같다.

화산은 '화산여립(華山如立)'이란 말에서 알 수 있듯이 깎아지른 듯한 수많은 봉우리들이 우뚝 서 있어서 산세가 험준하기 짝이 없다. 그래서 명나라 이전에는 소수의 도사(道士)들과 나뭇꾼들 이외에는 산에 오는 사람이 드물었다고 한다. 그러나 산이 험한 만큼 풍광이 수려하다. 나는 오악을 다 가보았는데 화산의 풍광이 가장 아름다웠다. 화산은 크게 5개의 봉우리와 주위의 70여 봉우리로 이루어져 있다. 5봉은 다음과 같다.

동봉: 조양봉(朝陽峰, 2090미터)

서봉: 연화봉(蓮花峯, 2082미터)

남봉: 낙안봉(落雁峰, 2160미터)

북봉: 운대봉(雲臺峰, 1614미터)

중봉: 옥녀봉(玉女峰, 2042미터)

이 중에서 조양봉, 연화봉, 낙안봉을 '화산 3봉'이라 한다.

화산을 오르는 방법은 여러 가지가 있다. 일반 관광객이 가장 보편적으로 등산하는 방법은 케이블카를 이용하는 것이다. 화산에는 북봉 케이블카와 서봉 케이블카 두 곳에서 케이블카가 운행되고 있다. 어느 곳을 택하더라도 화산의 웅장한 모습을 실컷 즐길 수 있다.

나는 지난 몇 번은 북봉 케이블카를 타고 올라갔는데 이번에는 서봉 쪽을 택해서 올라갔다. 화산 주차장에서 내려 셔틀버스를 타고 40여 분 달려 '태화승경(太華勝景)'이라 쓰인 거대한 돌 패방(牌坊)이 있는 광장에

아름답고 험하기로 이름난 창룡령(蒼龍嶺)

아슬아슬한 절벽의 장공잔도(長空棧道)

도착한 후 400여 계단을 올라가야 케이블카를 탈 수 있는데, 계단을 오르기 어려운 분들이 많았던 우리 일행은 계단 대신 '활도(滑道)'라 불리는 모노레일을 이용했다. 약 5분간 모노레일을 탄 후 내려서 케이블카를 이용했다.

북봉으로 가든, 남봉으로 가든 5개의 봉우리가 서로 연결되어 있어서 화산 전체를 다 볼 수는 있지만 그렇게 하려면 시간과 체력이 뒷받침되어야 한다. 화산에는 장공잔도(長空棧道), 운제(雲梯), 창룡령(蒼龍嶺), 백척협(百尺峽), 천척당(千尺幢), 노군여구(老君犁溝), 찰이애(擦耳崖), 앙천지(仰天池) 등이 명소로 유명하다. 이 중 몇 군데를 소개한다.

당나라 문호 한유가 유서를 던진 곳

중봉과 북봉 사이에 있는 창룡령은 화산에서 험하기로 이름난 곳이다. 이름난 만큼 풍광이 아름답기도 하다. 마치 용의 등뼈와 같다고 해서 붙여진 이름인데 폭이 1미터도 채 되지 않는 칼날 같은 길이 이어진다고 한다. 여기에는 다음과 같은 이야기가 전한다.

당나라의 문호 한유(韓愈)가 지인 몇 명과 창룡령을 오르다가 뒤를 돌아다보니 좁은 길만 보이고 옆으로는 천 길 낭떠러지라 순간적으로 정신이 아득하고 다리에 힘이 빠져 더이상 오를 수 없게 되었다. 그렇다고 도로 내려갈 수도 없어 그야말로 진퇴양난의 상황에 처했다. 그는 '여기서 죽는구나'라 생각하고 통곡을 하며 집으로 보내는 유서를 써서 절

한유 투서처 당나라 문호 한유가 유서를 써
서 던졌다는 곳.

벽 밑으로 던졌다. 한유를 여기에 두고 먼저 산을 내려간 지인들이 화음 현령(華陰縣令)에게 알려서 사람을 보내어 구조했다는 것이다. 혹은 절벽 밑에서 유서를 본 사람들이 화음 현령에게 알려서 구조했다고도 한다. 이 이야기가 어디까지 사실인지는 알 수 없다. 지금 그곳에는 바위에 '한퇴지 투서처(韓退之投書處, 한유가 유서를 던진 곳)'란 글씨가 새겨져 있다. '퇴지'는 한유의 자(字)이다.

전설은 여기서 끝나지 않는다. 청나라 때 산서성 무향(武鄕) 사람인 조문비(趙文備)가 100세에 창룡령에 올라, 이곳에서 통곡하고 유서를 던진 한유를 비웃었다고 한다. 그래서 후대인이 그곳 바위에 '진무향 조문비 선생 백세 소한처(晉武鄕趙文備先生百歲笑韓處)'란 글귀를 새겨놓은 것이 지금도 남아 있다. '무향 사람 조문비 선생이 100세에 한유를 비웃은 곳'이란 뜻이다. 또 그 후에 청나라 때 이백(李柏)이란 자가 여기에 올라 다음과 같은 글귀를 남겼다고 한다.

험준한 화산, 봉우리 허리쯤에

404

한유 노인은 통곡하고 조문비 노인은 비웃어

한 번 통곡하고 한 번 비웃은 두 가지 일 전하는데

나 이백은 통곡도 않고 비웃지도 않고

봉우리에 홀로 서서 긴 휘파람만 불 뿐이로다

華之險嶺之要　韓老哭趙老笑

一哭一笑傳二妙　李柏不哭而不笑

獨立嶺上但長嘯

도교 전진파의 성지

화산은 20개의 도관(道觀, 도교 사원)을 가진 도교(道敎)의 산으로 유명하다. 특히 도교의 주류인 전진파(全眞派)의 성지로 꼽힌다. 그래서 노자(老子)와 관련된 장소가 많다. 낙안봉 서북쪽의 효자봉에는 노자가 수련했다는 연단지(煉丹地)가 있다. 여기에는 연단로(煉丹爐)와 팔괘지(八卦池) 등의 유적이 있다고 한다.

또한 북봉 남쪽 석벽(石壁)에는 하나의 도랑 모양의 길이 산꼭대기로 나 있는데 이를 '노군여구(老君犁溝)'라 한다. 여기에 얽힌 설화는 이렇다. 노자가 푸른 소를 타고 화산을 지나다가 사람들이 산을 깎아 길을 만드느라 고생하는 것을 보고는 이를 측은히 여겨 소를 타고 쟁기를 끌어 길을 만들어주었다. 작업을 끝내고 소를 쉬게 하고는 쟁기를 석벽에 걸어두고 구름을 타고 가버렸다. 후에 이 길을 '노군여구'라 했다. '노군, 즉 노자가 쟁기〔犁〕를 끌어 만든 도랑〔溝〕'이라는 뜻이다. 지금도 노자가 쟁기를 걸어두었던 곳이 표시되어 있으며, 근처 소 모양의 바위를 '와우석(臥牛石)'이라 부르는데 노자의 '푸른 소'가 변한 것이라 한다.

화산에서의 추억

문득 내가 처음으로 화산에 갔던 1993년의 일이 떠오른다. 나는 그때 북경의 북경사범대학교에 연구교수로 있었는데 틈을 내어 마침 북경에 온 아내와 함께 서안을 들러서 화산을 가게 되었다. 그때는 중국이 매우 낙후한 형편이어서 화산에 제대로 된 관광시설이 갖추어지지 않았다. 케이블카는 물론 없었고 관광객을 위한 등산로도 따로 없었다. 화산이 얼마나 높고 얼마나 험한지도 모르고 아내와 나 그리고 안내하는 조선족 학생 이렇게 셋이서 오후 3시경에 무작정 산을 오르기 시작했다.

그러나 나의 만용은 2시간도 되지 않아 꺾여버렸다. 지치기도 했고 저녁때가 되어 더이상 올라가는 것이 무리라고 판단하여 하산하고 말았다. 산을 내려와 식당에서 저녁 식사를 하는데 다리가 아파서 의자 위에 양반다리를 하고 앉았더니, 식당 주인이 "화산에 올라가면 도사들이 그렇게 앉는다"며 웃었다. 중국 사람들은 의자 생활을 하기 때문에 양반다리를 하고 앉을 수 없으니까 하는 말이다. 화산의 도교를 이야기하다가 문득 그때 화산 식당의 주인 말이 떠올랐던 것이다.

궁전 건축의
전범이 된 대명궁

가장 크고 화려한 당나라 정궁

화산을 둘러보고 우리는 다시 서안 시내로 들어와 대명궁(大明宮) 터
〔遺址〕로 향했다. 대명궁은 장안성의 3대내(三大內) 중에서 규모가 가장
큰 궁전이다. 2014년 유네스코 세계문화유산에 등재된 왕궁 유적이다.
대명궁의 연혁에 관해서는 앞에서 '당나라 장안성 변천사'를 서술하는
대목에서 잠시 언급한 바 있다. 대명궁은 동서의 길이가 1.5킬로미터, 남
북의 길이가 2.5킬로미터, 성벽의 둘레가 7.6킬로미터나 되는 거대한 궁
성으로 면적이 북경 자금성(紫禁城)의 네 배에 달한다. 이 궁성은 당나라
궁성 중 가장 크고 화려한 정궁으로 200여 년 이상 당나라 정치의 중심
이었고, 궁전 건축의 전범이 되어 후세 각국의 궁전은 이를 모방해서 지
은 것이 많다. 904년 절도사 주온(朱溫)에 의해 철저히 파괴된 채 1000년

위에서 내려다본 대명궁 터 대명궁은 장안성의 3대 궁궐 중에서 규모가 가장 큰 궁전이었다. 현재 '대명궁 국가 유지 공원'으로 재탄생했고, 정문 '단봉문'이 실물 크기로 복원되어 있다.

가까이 폐허로 남아 있다가 2010년에 '대명궁 국가 유지 공원(大明宮國家遺址公園)'으로 재탄생했다. 지금 옛날의 화려했던 모습은 볼 수 없지만 그 유지(遺址)는 뚜렷이 확인할 수 있다. 그래서 각종 문헌과 발굴품 등을 참고해서 복원한 대명궁의 모형이 15분의 1로 축소되어 이곳에 전시되고 있다.

대명궁의 건물 배치

대명궁은 사방에 11개의 성문이 있었고 40여 개의 전(殿), 대(臺), 누(樓), 정(亭) 등의 건물이 있었다고 한다. 궁의 정문은 남쪽의 단봉문(丹鳳門)이다. 궁은 크게 전조(前朝)와 내정(內廷)으로 나뉘는데, 전조는 함원전(含元殿), 선정전(宣政殿), 자신전(紫宸殿)의 이른바 '전조 3전(前朝三殿)'으로 이루어져 있다.

함원전은 대명궁의 정전으로, '성당 제일 문'으로 일컬어지는 단봉문에서 북쪽으로 약 600미터 떨어진 곳에 위치해 있고, 평지로부터 약 15미터 높이에 세워졌다. 여기에서 국가의 중대한 의식과 각종 절일(節日)의 경축이 이루어지고 조회 때는 황제가 신하들을 접견했다. 함원전으로부터 북쪽으로 약 300미터 떨어진 곳에 선정전이 있었다. 선정전에서 황제의 즉위식과 태자의 책봉식이 거행되고 변방 사신들을 접견하는 장소로도 쓰였다. 선정전 좌우에는 문하성(門下省), 중서성(中書省), 홍문관(弘文館) 등 중요 행정부서가 자리 잡고 있었다. 선정전으로부터 북

함원전(含元殿) **모형** 대명궁의 정전으로, 평지로부터 약 15미터 높이에 세워졌다. 여기에서 국가의 중대한 의식과 각종 경축 행사가 이루어지고 황제가 신하들을 접견했다.

쪽으로 약 95미터 지점에 자신전이 있었다. 자신전은 황제가 일상의 정무를 처리하던 곳으로 황제의 편전(便殿)이다. 이들 3전 중 함원전을 외조(外朝), 선정전을 중조(中朝), 자신전을 내조(內朝)라 불렀다. 그리고 이 전조 3전은 후세 궁전 건축의 모범이 되었다. 북경 자금성의 태화전(太和殿), 중화전(中和殿), 보화전(保和殿)은 이를 본뜬 것이다.

전조 3전의 북쪽은 황제의 생활 구역인 '내정(內廷)'이다. 내정의 주요 건물은 대명궁 서북부에 있는 인덕전(麟德殿)이다. 여기서 황제는 궁정 연회를 열고 각종 연희(演戱)를 관람했으며 외국 사신들을 접대하기도 했다. 내정에는 삼청전(三淸殿), 대각관(大角觀) 등의 도교 사원과 노자(老子)를 모시는 사당인 현원황제묘(玄元皇帝廟)가 있다. 이는 당나라 황제의 성(姓)이 노자 이담(李聃)의 성과 같다고 해서 역대 황제들이 노자의 후손임을 자처하고 건국 이래 도교를 숭상했기 때문이다. 내정에는 또 태액지(太液地)라는 거대한 호수가 있고 그 동남쪽에 황제 비빈(妃嬪)들의 침전(寢殿)이 있었다. 태액지는 당나라 말 이후 평지가 되었는데 현재는 호수를 복원했다.

대명궁 유지 박물관

지금 대명궁 터에 옛 건물은 하나도 남아 있지 않고 현대에 만들어놓은 조형물들이 군데군데 눈에 띈다. 예를 들어 자신전 터에는 추상적 구조물이 들어서 있고, 인덕전 터에는 여러 필의 말 조각상이 놓여 있으며, 궁중 예술학원이라 할 수 있는 이원(梨園) 옛터에는 여러 예인들이 악기를 연주하고 춤추는 조각상이 만들어져 있다.

화려했던 대명궁의 전모와 당나라 문화를 살필 수 있는 곳이 2010년에 개관한 '대명궁 유지 박물관'이다. 이 박물관은 당나라와 대명궁에 관련된 문물 267건을 소장하고 있는데 그중 진귀한 문물이 79건이나 된다. 박물관은 크게 천궁지궁(千宮之宮, 일천 궁전 중 으뜸가는 궁전), 여일지승(如日之升, 태양이 떠오르는 듯하다), 만국래조(萬國來朝, 만국이 와서 조회하다), 수망휘황(守望輝煌, 찬란함을 지키고 바라보다)의 네 개 주제로 문물을 전시하고 있다. 이 네 개의 청(廳)에는 대명궁 유지에서 출토된 문물 및 당나라 황실에서 사용하던 각종 기물들이 전시되어 있다. 여기서 우리는 다

만국래조(萬國來朝) **모습**　각국 사신들이 당나라 황제에게 조회하는 장면을 도용(陶俑)으로 재현
해놓은 것이다.

양한 종류의 당삼채(唐三彩), 도기(陶器), 청동기와 비단, 서화 등을 볼 수
있다. 그리고 대명궁 건축 역사를 살필 수 있다. 대명궁에서 집무한 황제
17명의 전신상 그림도 볼 수 있다.

'만국래조' 청에는 각국 사신들이 황제에게 조회하는 모습을 도용(陶
俑)으로 재현해놓았다. 중앙의 높은 곳에 황제가 앉아 있고 그 앞 왼쪽에
문관, 오른쪽에 무관, 그리고 중앙에 만국의 사절들이 서 있는 장면이다.
'수망휘황' 청에는 1957년 처음 인덕전 유지를 발굴한 이래 현재까지

60여 년의 과정을 사진과 문자와 도표로 보여주고, 대명궁 터에 지어졌던 민가가 철거되기 전의 모습과 그 생활상이 사진으로 전시되어 있다. 또 당나라 때 제작된 '대명궁도(大明宮圖)'도 볼 수 있다. 이밖에 박물관 서청(序廳)에는 대형 대명궁 유지 모형이 관람객을 맞이한다.

대명궁을 읊은 왕유의 시

대명궁을 읊은 시 중에서 인구에 회자되는 왕유(王維)의 「화가사인조조대명궁지작(和賈舍人早朝大明宮之作, 가사인의 '대명궁의 새벽 조회'에 화답하다)」이 있다.

붉은 두건 쓴 계인(鷄人)이 새벽 시간 알리자
상의(尙衣)는 바로 수놓은 갖옷을 바친다

구중궁궐 정문이 활짝 열리고
만국의 사신들이 황제를 배알하네

햇살이 막 비치자 선장(仙掌)이 움직이고
향기로운 연기가 곤룡포(袞龍袍) 옆에 피어오른다

조회가 끝나고 오색조(五色詔) 써야 하기에

패옥(珮玉) 소리 울리며 봉황지(鳳凰池)로 돌아가네

絳幘鷄人送曉籌　尙衣方進翠雲裘
九天閶闔開宮殿　萬國衣冠拜冕旒
日色纔臨仙掌動　香煙欲傍袞龍浮
朝罷須裁五色詔　珮聲歸向鳳池頭

758년, 왕유가 만년에 쓴 작품이다. '계인(鷄人)'은 궁중에서 새벽임을 알리는 관원인데 머리에 붉은 두건을 쓰고 수탉의 흉내를 냈다고 한다. '상의(尙衣)'는 궁중에서 천자의 옷을 관장하는 벼슬이고, '선장(仙掌)'은 황제의 행차 때 햇빛을 가리기 위한 일산(日傘)이다. '오색조(五色詔)'는 오색 용지에 쓰인 천자의 조서(詔書)인데, 천자의 조서는 오색지에 썼다. '봉황지(鳳凰池)'는 대궐 안 중서성(中書省)의 별칭이다. 이 시는 조회 전, 조회 중, 조회 후의 장면을 묘사한 것인데 장엄한 조회 장면과 천자의 존귀함을 나타내고 있다. 왕유는 평생을 벼슬살이하면서 대명궁을 드나들었기 때문에 이런 시를 쓸 수 있었을 것으로 보인다.

대당 불야성
거리에서

대명궁 터를 둘러보고 저녁 식사를 마친 후 우리는 지친 몸을 이끌고 '대당 불야성(大唐不夜城)'으로 향했다. 대당 불야성은 당나라 역사 중에서 가장 융성했던 태종(太宗)과 현종(玄宗) 대를 배경으로 한 대형 건축군이 들어서 있는 보행가(步行街)이다. 2002년에 건설을 시작해서 2009년에 1기 건설을 마치고 일반에 개방했고 2018년에 전면적으로 개조하여 오늘에 이르고 있다. 남북의 길이가 2,100미터, 동서 폭이 500미터, 넓이가 총 936만 평방미터에 달하는 이 지역은 관광, 레저, 오락, 음식, 공연 등 다채로운 체험을 할 수 있는 복합 문화공간이다. 휘황찬란한 네온사인의 불빛으로 대낮처럼 밝은 곳이다. 이곳은 태종의 연호를 딴 정관광장, 현종의 연호를 딴 개원광장, 그리고 대안탑 남광장 세 구역으로 나뉘어 있다.

• 정관광장(貞觀廣場): 대당 불야성의 핵심 광장으로, 서안 대극원(大

위에서 내려다본 대당 불야성 거리 서안의 명소 중 하나로, 당나라 역사 중에서 가장 융성했던 태종과 현종 시대를 배경으로 한 대형 건축군이 들어서 있는 보행가이다.

劇院), 서안 음악청, 곡강 미술관, 곡강 태평양 영성(影城, 영화관) 등이 들어서 있고 불야성의 랜드마크 격인 17.95미터의 '정관 기념비'가 우뚝 자리하고 있다. 이 정관 기념비 상단에는 당 태종 이세민의 기마상(騎馬像)이 조각되어 있고 그 아래에 24인의 의장대(儀仗隊)와 2인의 고수(鼓手), 문관과 무관 각 3인의 모습이 조각되어 있다. 기념비 정면에는 '정관지치(貞觀之治)'라 쓰여 있고 후면에는 『정관정요(貞觀政要)』의 구절이 발췌되어 새겨져 있다. 『정관정요』는 앞의 글(「산을 능으로 삼은 당 태종의 소릉」)에서 설명했듯이 태종 사후에 오긍(吳兢)이 태종 재위 23년간의 정치 요체를 기록한 것이다.

• 개원광장(開元廣場): 남북 161미터, 동서 78미터에 이르는 이 광장에는 당 현종의 소상 주위에 여섯 명의 중신(重臣)과 20명의 변방국 사절(使節) 그리고 악기를 연주하는 42명의 악공들의 모습이 보인다. 그리고 12.95미터에 달하는 '개원성세(開元盛世)'를 주제로 한 대형 조소(彫塑)를 볼 수 있다.

• 대안탑 남광장: 대자은사의 현장법사 동상이 있는 구역으로 '현장광장'이라고도 한다.

이상 3개의 주 광장 주변에 다양한 조각상들이 보인다. 주요한 몇 가지만 소개한다.

• 무후행종 조소(武后行從彫塑): 정관광장과 개원광장 사이에 있다. 당나라 여류 화가 장훤(張萱)의 '무후행종도'를 바탕으로 한 조각으로 일산(日傘)을 쓴 무측천의 행차를 조각한 것인데 특이한 것은 이 행차의 시종

정관 기념비와 당 태종의 기마상　우뚝한 '정관 기념비' 상단에는 당 태종 이세민의 기마상이 놓여 있고 그 아래에는 의장대의 모습이 조각되어 있다.

들이 모두 남장을 하고 있다는 점이다.

• 당 역사문화 부조(浮彫) 기둥: '무후행종도' 옆에 있는데 24개의 기둥에 당나라 시대 48개 중요 문화 사건을 부조해놓았다. 여기에는 곡강유연(曲江遊宴), 사주지로(絲綢之路, 실크로드), 상원상등(上元賞燈, 정월 보름날 등불 구경) 등의 사항이 새겨져 있다.

• 만국래조 조소(萬國來朝彫塑): 주변의 여러 나라에서 사신을 보내 당 황실에 조회하는 광경인데 당시 세계 제국 당나라의 위엄을 과시하고 있다.

방모두단(房謀杜斷) 조각상　당 태종이 늘 국사를 의논한 좌상 방현령(房玄齡)과 우상 두여회(杜如晦)의 모습을 형상화한 것이다.

• 방모두단 소조(房謀杜斷彫塑): 당 태종은 항상 좌상 방현령(房玄齡)과 국사를 의논했는데 방현령은 뛰어난 기획 능력으로 좋은 계획안을 제출했으나 마지막 결정을 내리는 데에 소극적이었다. 이때 당 태종은 반드시 우상 두여회(杜如晦)에게 일을 맡겼는데 두여회는 방현령의 의도를 객관적으로 파악해서 신속한 결정을 내렸다고 한다. 이를 '방모두단' 즉 '방현령이 계획을 짜고 두여회가 결단을 내린다'는 뜻이다. 두 사람의 이러한 모습을 조각한 것이다.

장안에서
두보를 그리며

이제 서안에서의 모든 일정이 끝났다. 내일이면 서안을 떠나 귀국할 예정이다. 서안을 떠난다는 생각을 하니 두보(杜甫)가 다시 떠올랐다. 756년 두보가 장안에 유폐되었을 당시에 곡강을 둘러보고 쓴 시「애강두(哀江頭)」를 앞에서 살펴보았거니와 그의 장안 유폐 시절의 걸작인「춘망(春望)」을 다시 읽지 않을 수 없다.

서울이 부서져도 산하(山河)는 남아 있고
장안성(長安城)에 봄이 드니 초목이 우거졌네

시국을 생각하니 꽃을 봐도 눈물이 나고
이별이 한스러워 새소리에도 놀라는 마음

봉홧불 석 달이나 이어지고 있으니

집안의 편지는 만금(萬金)의 값어치

흰머리 긁을수록 더욱 성글어

비녀도 이기지 못할 듯하네

國破山河在　城春草木深

感時花濺淚　恨別鳥驚心

烽火連三月　家書抵萬金

白頭搔更短　渾欲不勝簪

　이 시도 「애강두」와 마찬가지로 그가 안녹산 반란군의 포위망을 뚫고 장안을 탈출하기 직전인 46세에 쓴 시로 두보의 대표작이라 할 만하다.

　제1연은 반란군이 점령한 장안에서 봄날에 바라본 풍경을 그리고 있다. 이 부분은 두 가지로 해석할 수 있다. 먼저, 장안이 파괴되어 '산하만' 남아 있다고 말함으로써 산과 시내 이외에는 모조리 파괴되었음을 암시한다. 따라서 장안성에 봄이 와도 '초목만' 우거졌을 뿐이다. 평상시 장안의 봄날에는 봄놀이하는 사람들로 붐볐을 터인데 반란군이 점령한 장안에 사람들은 보이지 않고 초목만 무성하다는 것이다. 이 구절을 다르게 해석하여, 장안이 파괴되었어도 산하는 그대로 남아 있다고 볼 수도 있다. 반란군이 아무리 철저히 장안을 파괴했어도 산하만은 파괴할 수 없다. 산하가 파괴되지 않았다는 것은 산하만은 점령당하지 않았다는

두보 초상

것이고 따라서 장안을 다시 회복할 수 있다는 희망을 나타낸 것이다. 이렇게 보면 초목이 우거졌다는 것도 앞으로의 기대와 희망을 상징한다고 말할 수 있다.

제2연은 인구에 회자되는 만고의 절창이다. 이 역시 두 가지로 해석할 수 있다. 꽃은 사람의 마음을 즐겁게 해준다. 그러나 시국에 마음 아파하는 두보는 꽃을 보아도 눈물이 흐를 뿐이다. 새소리도 평상시에는 아름다운 노래로 들려 사람을 즐겁게 해준다. 그러나 가족과 헤어져 있는 그는 새소리만 들어도 깜짝깜짝 놀란다, 혹시 떨어져 있는 가족으로부터 불길한 소식이 온 것이나 아닌가 해서. 꽃과 새를 의인화한 것으로 보는 것이 또 다른 해석이다. 즉 꽃도 시국을 아파해서 눈물을 흘리고, 새도 둥지를 떠나 있기 때문에 가슴을 놀랜다는 것이다. 이렇게 1연과 2연은 다양한 해석의 길을 열어놓고 있는 함축적인 표현이다.

제3연에는 가족들과 헤어져 생활하고 있는 자신의 절박한 심정이 드러나 있다. 전란이 계속되기 때문에 가족들의 소식을 알 길이 없다. "집안의 편지가 만금의 값어치"라 말할 만큼 애타게 소식을 기다리는 그의 심경을 읽을 수 있다. 이 시를 쓸 당시 그의 나이가 46세이니 머리가 백발일 리는 없었을 것이다. 그런데도 "흰머리"라 한 것은, 머리가 하얗게

422

될 만큼 수심에 싸여 있다는 표현일 것이다. 머리를 긁는 것은 수심을 달래기 위해서이다. 그러나 긁어도 긁어도 수심은 없어지지 않는다. 오히려 긁을수록 머리만 빠질 뿐이다. 그래서 드디어 비녀도 꽂지 못할 정도로 머리가 성글어졌다. 머리털이 성글어진 정도는 그의 수심의 깊이를 말해준다.

국가의 운명을 걱정하고 가족과의 이별을 슬퍼하는 참담한 심경을 나타낸 두보의 걸작임에 틀림없다. 또한 개인적인 불행만을 노래하지 않고 개인의 불행을 국가의 운명과 연계시킨 점에서 대시인(大詩人) 두보의 면모가 여실히 드러나 있다. 「춘망」을 썼던 두보를 생각하며 나는 어설픈 시 한 수를 써보았다. 제목은 「장안 회두보(長安懷杜甫, 장안에서 두보를 그리며)」이다.

李白桃紅滿目春　長安草木被胡塵
少陵濺淚驚心處　懷舊傷魂遠客人

흰 오얏, 붉은 복사, 눈에 가득 봄인데
장안의 초목은 오랑캐 먼지에 뒤덮였지

소릉 눈물 흘리고 마음 놀란 그곳에서
옛 생각에 혼이 상한 멀리서 온 나그네

「춘망」을 쓴 두보를 생각하며 써본 시이다. 제1, 2구는 두보가 유폐당

한 장안의 옛 모습을 떠올린 것이고 제3구의 '천루(濺淚)' '경심(驚心)'은
두보의 시 「춘망」에서 따온 구절이며, 마지막 구의 '멀리서 온 나그네'는
나 자신을 가리킨다.

차(茶)의 사계절

차의 종류가 다양한 만큼 계절마다 차를 달리한다면 시기적절한 차향을 즐길 수 있다. 각 계절에 어울리는 차가 정해져 있는 것은 아니지만 이왕이면 정서적으로나 육체적으로 우리 몸에 좀더 어울리는 차를 찾아보고 그 마시는 방법을 소개하고자 한다. 봄에는 단정하면서도 화사한 녹차와 백차류가 잘 어울리고, 여름에는 청량하고 산뜻한 향을 지닌 청차류가 제격이다. 가을에는 우아하고 깊이 있는 암차와 홍차류가 좋고, 겨울엔 몸을 따뜻하게 해주는 발효차류가 제격이다. 사계절의 기운에 어울리는 차를 찾아보고 그중에서 내 몸과 마음에 맞는 차 한 잔을 음미해보자. 차향으로 가득한 나날이 우리를 기다리고 있다.

1. 봄을 노래하는 맑은 차

봄이 다가오면 어린 찻잎들이 피어오르며 우리를 설레게 한다. 중국에서 6대 다류(茶類) 중 음다(飮茶) 순위 1위의 자리를 확고부동히 차지하는 녹차는 동아시아 차 문화의 중심에 서 있다. 강렬하고 화려한 차들이 많지만 물리지 않는 담박한 차를 이기기는 어려운 법인가 보다. 햇 찻잎으로 만드는 녹차라 하더라도 지역에 따라, 제다 공정에 따라 결이 다른 녹차로 태어난다. 봄날의 백차는 또 어떠한가. 백차는 단순한 제다 공정으로 가장 자연에 가까운 상태를 유지하며 만들어지고 있어 어쩌면 찻잎 본연의 향미를 가장 잘 뿜어내는 차가 아닐까 싶다. 봄을 노래하는 그리고 봄에 마시기 좋은 차들을 살펴보자.

백호은침

막 피어오르는 싹에 하얀 솜털이 가득하다. 백차인 백호은침(白毫銀針)에는 유난히 폭신거리는 은빛 잔털들이 반짝거린다. 이름은 생김새 그대로다. 흰 솜털인 백호(白毫), 뾰족한 은빛 침 모양인 은침(銀針). 백

호은침은 위조(萎凋, 시들게 하기), 건조(말리기), 선별(고르기) 공정을 거쳐 만들어진다. 백차에는 백호은침 외에 백목단(白牡丹), 공미(貢眉), 수미(壽眉)도 잘 알려져 있다. 녹차나 청차처럼 열처리를 하거나 잎을 흔들거나 비벼서 향을 내지 않는다. 가장 단순한 제다, 어쩌면 가장 순수한 공정 속에서 태어나는 향미이기 때문에 만들기가 더 어려운 차일지도 모르겠다. 그래서일까. 백차가 6대 다류 중 하나라고는 하지만 중국 차 생산량의 1.3퍼센트에 불과할 정도로 소량 생산되고 있다. 그나마 최근 들어 유럽, 미국 등지에서 백차에 대한 관심이 커져 이 정도로 늘어난 것이다.

이 차의 핵심은 여린 흰털에 있기 때문에 차를 만드는 과정에서 백호가 떨어져나가지 않도록 조심해야 한다. 최대한 원형이 유지될 수 있도록 세심한 손길이 요구된다. 채엽(採葉)한 어린잎은 대나무 채반에 조심스럽게 널어 햇볕 아래서 시들게 한다. 이 과정에서 쓴맛과 떫은맛은 줄어들고, 단백질이 분해되어 아미노산 함량이 증가하여 감칠맛이 더하게

된다. 물론 향기로운 꽃 향과 달콤한 향도 형성된다. 햇볕과의 적절한 교 감을 통해 향미를 잡아내야 하기 때문에 햇볕과 실내를 오가며 최상의 상태를 유지하면서 시들게 한다. 녹차는 뜨거운 솥에 덖으면서 향을 발 산하지만, 백차는 볕 아래에서 시들면서 향기를 흩날린다.

백호은침을 우려내면 맑고 연한 수색(水色)을 띠며, 떫은맛은 거의 없 고 부드럽고 달콤한 뒷맛이 특징이다. 강렬하지는 않지만 담박한 기품을 지닌다. 금방 만들어진 백호은침은 한결 풋풋하고 봄의 기운이 완연하며, 세월이 지난 백호은침은 안정적이고 부드럽고 향미가 깊다.

백호은침의 마른 찻잎은 상처가 거의 없고 자연 그대로의 모습을 지니 고 있다. 높은 열을 가하지 않았기에 푸름을 그대로 간직한다. 상처가 없 다는 것은 달리 말하면 천천히 우러난다는 말이기도 하다. 그렇다고 해 서 뜨거운 물에 오래 우리면 제맛이 나지 않는다. 여린 잎이라는 것을 염 두에 두고, 끓는 물을 식혀 섭씨 80도 전후의 물에 3~4분 정도 길게 우려 야 제맛이 나온다. 백호은침의 향미는 직관적이지 않다. 그래서 천천히 오래 음미해야 향미를 알 수 있다. 요즘은 그런 백호은침의 매력을 알아 보는 이들이 많아져서 인기가 높아졌다. 중국에서만 생산되었던 백호은 침이 이제는 인도의 다르질링·아삼·닐기리, 케냐 등에서도 생산되고 있 다. 투명한 유리 다관 안에서 유영(游泳)하는 어여쁜 백호은침을 보고 있 노라면 푸른 봄을 만끽하는 느낌이 든다. 눈도 즐겁고 마음도 즐거운 백 호은침을 음미하며 차와 함께하는 시간이 여유롭기만 하다.

죽엽청

중국 최고의 시인이라 불리는 이백(李白)이 극찬한 산이 있으니 바로 사천성(四川省)의 아미산(峨眉山)이다. 그는 "촉국(蜀國)에 선산(仙山)이 많으나, 아미에 필적할 만한 것이 없다" 하였고, "아미는 천하에 수려하다" "아미를 유람하지 않고서는 사천성을 유람했다 말할 수 없다"라고 하였다. 대시인의 눈에 아미산이 얼마나 수려하고 아름다웠기에 칭찬 일색일까. 아미산은 중국 불교 4대 명산 중 하나로, '보현보살(普賢菩薩)'의 도량으로 알려져 있다. 중국 최초의 불교 사원이 세워진 이래 수많은 스님과 순례자들이 이 산을 오르내렸다. 산 곳곳에 자리한 사찰과 불탑은 그 자체로 하나의 영적인 풍경이다. 해발 3,099미터 정상에 우뚝 솟은 화장사(華藏寺)와 그 앞의 금빛 보현보살상은 마치 하늘과 인간을 잇는 거대한 불심의 다리처럼 느껴진다. 차분한 목탁 소리, 낮게 깔린 안개 속에서 순례자가 된 듯하다. 이처럼 불교의 숨결이 깃든 성스러운 아미산에서는 특별한 녹차가 만들어진다. 대나무 숲이 우거진 언덕에서 만들어지는 죽엽청(竹葉靑)이다. 이름처럼 댓잎을 닮은 찻잎은 가늘고 길게 뻗은 형태이며, 크기는 작지만 시원한 푸른빛과 단단함이 인상적이다.

봄철 새싹이 올라올 무렵, 이슬 맺힌 싱그러운 찻잎을 손으로 세심하게 하나하나 채엽해 만든다. 죽엽청은 가장 어린 새싹과 첫 번째 잎만을 취해서 만든다. 찻잎은 고온의 솥에서 가볍게 덖어내며, 찻잎의 수분을 증발시키고 산화를 막는 과정에서 은은한 고소함과 청량한 향을 동시에 품게 된다. 이후 찻잎은 손끝의 섬세한 움직임을 통해 가늘고 곧은 모양으로, 마치 댓잎이 바람에 흔들리듯이 우아한 형태로 완성된다.

죽엽청의 아름다움은 찻잎을 우릴 때 더욱 뚜렷하게 나타난다. 80도 전후의 따뜻한 물이 찻잎을 만나면, 투명하고 맑은 연녹색의 찻물이 천천히 우러나며 눈을 즐겁게 한다. 첫 모금에서 느껴지는 맛은 신선하고 청량하며, 풋풋한 풀 향기와 대나무 숲의 맑은 기운이 함께 전해진다. 입 안에서 퍼지는 부드러운 감칠맛은 오래도록 여운을 남기며, 마치 봄의 정원을 천천히 걷고 있는 듯한 기분을 선사한다.

죽엽청은 그 이름처럼 대나무의 맑고 곧은 성정을 닮았다. 차 한 잔을 통해 번잡한 마음을 가라앉히고, 고요함과 맑음을 음미하게 해준다. 찻잔을 들어 한 모금 음미하면 일상의 번잡함은 어느새 사라지고, 오직 대나무 숲의 청정한 공기와 고요한 자연의 순간만이 곁에 머문다. 역시 나른한 봄 오후에 잘 어울리는 향기이다.

노산녹차

산동성(山東省) 청도(青島)의 해안선을 따라 솟아오른 노산(崂山)은 맑고 시원한 해풍과 짙은 안개가 어우러져 차를 재배하기에 더없이 좋은 환경이다. 노산의 산자락 청정 지역에서 녹차가 생산되는데, 산 이름을 붙여 노산녹차(崂山綠茶)라 부른다. 이곳 녹차는 뛰어난 품질과 독특한 향미로 중국 내에서 높은 평가를 받고 있다. 청도 지역은 차 재배의 북방 한계선에 위치하여 겨울철의 낮은 온도와 해안가의 해풍이 만들어내는 독특한 기후로 인해 노산녹차만의 특유한 풍미가 만들어진다. 이는 노산녹차를 다른 녹차와 차별화하는 가장 큰 요소다. 북한에서도 이런 유사한 기후 조건에서 녹차를 만들고 있는데, 이는 1982년 김일성이 중국 산동성을 방문한 뒤 북한에 차 재배를 지시하여 시작되었다. 추위 탓에 번번이 실패하다가 2008년에 황해남도 강령에서 차 재배에 성공하여 지금까지 차 생산을 해오고 있다. 그러니 북한 차는 노산녹차에서 시작되었다고 해도 무방할 것이다.

노산녹차는 일반적으로 4월 초 청명(淸明) 전후의 새싹만을 손으로 세심하게 따내어 만든다. 다른 지역에 비해서 채엽 시기가 상당히 늦은 편이다. 채취한 찻잎은 신속하게 솥에서 덖어냄으로써 산화를 방지하고 찻잎

고유의 색과 향을 보존한다. 전통적인 솥 덖음 방식 덕분에 노산녹차는 고소한 향과 함께 옥수수, 견과류를 떠올리게 하는 독특한 풍미를 지닌다.

맑고 밝은 연녹색으로 우러난 찻물의 빛깔을 보며 한 모금 머금으면 노산의 청정한 바다 내음과 은은한 미네랄 향이 퍼진다. 신선한 맛과 미세한 떫음, 그리고 그 끝에 오는 고소한 단맛이 어우러져 풍부한 여운을 남긴다. 짧게 여러 번 반복하여 우려내는 방식이 노산녹차의 향미를 가장 잘 끌어낸다. 물 온도는 70~80도가 적당하며, 처음 우림은 약 30초 이내로 가볍게 우리고, 이후 몇 차례 더 반복하여 그 변화된 맛을 즐기는 것이 좋다.

노산녹차 한 잔을 머금는 것은 노산의 바람과 안개, 바다의 향기를 함께 음미하는 일이다. 이 차를 마시는 순간 도시의 번잡함을 떠나 잠시나마 자연과 하나 되는 특별한 여유를 선물받게 된다.

황산모봉

우리가 중국의 산을 떠올릴 때 가장 먼저 생각나는 산은 아무래도 황산(黃山)이다. 중국 남부의 안휘성 동쪽에 자리 잡은 이곳은 그 명성만큼이나 아름답고 수려한 산세로 사람들의 마음을 사로잡는다. 중국의 옛 시인들은 황산을 칭송하면서 '황산을 보고 나면 그 어떤 곳도 눈에 차지 않는다'라고 했을 정도다.

명나라 지리학자 서하객(徐霞客)은 일생 동안 중국 천하를 다녀본 후 "오악(五岳, 태산·화산·형산·항산·숭산)을 보고 나면 다른 산이 보이지 않고, 황산을 보고 나면 오악이 보이지 않는다"라고 칭송하였으니 황산이 얼마나 절경을 이루고 있는지 상상할 만하다.

황산의 차밭

이런 곳에서 생산되는 황산모봉(黃山毛峰)은 1959년 국가급 품평에서 선정된 '중국 10대 명차' 가운데 하나로 널리 알려져 있다. 안개가 짙은 황산에서는 잎이 톡톡하고 도톰한 모봉차(毛峰茶)가 생산되는데 일명 운무엽(雲霧葉)이라고 한다. 좋은 차밭이 운곡사(雲谷寺)와 양산사(羊山寺) 주변에 많다. 찻잎을 따는 최적기는 들꽃이 막 다투어 피기 시작할 무렵이라고 한다. 그 이유는 그때가 찻잎에 꽃향기가 배어나는 시기라는, 믿기지는 않지만 그런 낭만적인 데서 찾는다.

황산모봉과 관련해 흥미로운 이야기가 전한다. 명나라 때 안휘성 이현(黟縣) 지사(知事)인 웅개원(熊开元)이 하루는 황산의 운곡사에서 법요식을 끝내고 후원에서 주지 스님을 만나고 있었다. 동자승이 손님에게 차를 내왔고, 찻잔에 뜨거운 물을 붓자마자 연꽃 모양의 하얀 김이 피어오르다가 이내 흩어지며 방 안 가득 향기를 채웠다. 웅개원은 많은 명차를 맛보았지만 이런 차는 처음인지라 어떤 차인지 물었다. 주지 스님은 운곡사 부근에서 자라는 모봉차라고 알려주었다. 차를 마시는 동안 웅 지사가 끊임없이 차에 대한 칭찬을 아끼지 않자 주지 스님은 그가 산을 내려갈 때 두 포의 모봉차와 운곡사의 샘물을 담은 호리병 두 병을 선물로 주었다. 이에 웅 지사가 물었다.

"이 모봉차는 다른 물로 우려내면 안 됩니까?"

주지 스님은 고개를 끄덕이며 꼭 이 샘물을 써야 한다고 했다. 며칠 후, 태평현(太平縣) 지사인 옛 동창이 도성으로 간다는 소식을 접한 웅개원은 황산모봉차로 그를 대접했는데, 그가 이 차를 맛보고는 놀라며 차를 사서 도성에 가져가고 싶다고 했다. 그러자 웅 지사가 말했다.

"이는 운곡사에서만 나는 찻잎이라 아마 살 수 없을 것이네. 자네가 원한다면 나에게 아직 개봉하지 않은 차 한 포가 있으니 그걸 선물로 주겠네."

좋은 차를 얻게 된 태평현 지사는 가는 길이 내내 기뻤다. 그리고 이 모봉차 덕분에 희종(熹宗) 황제의 칭찬을 듣게 될지 모른다는 희망도 품게 되었다. 도성에 도착한 후 그는 희종의 환관을 통해 황산모봉을 황제에게 바치면서 차 우릴 때 나타나는 현상을 생생하게 소개했다. 명차만 해도 헤아릴 수 없을 만큼 마셔보았던 황제는 공물로 바쳐진 차에 흥미를 느끼지 못하는 듯했다. 그가 가져온 모봉차를 우리는데 그의 설명처럼 연꽃 모양의 김이 피어오르지 않자 황제는 크게 화를 냈다. 그러고는 그와 함께 이 차를 그에게 소개해준 웅개원도 벌을 받으라고 했다.

이 소식에 놀란 웅개원은 운곡사의 샘물을 가져다 황제에게 친히 차를 우려 내놓았는데, 이 과정에서 이전처럼 연꽃이 피어오르는 장면이 연출되었다. 태평현 지사가 물에 대해서 소홀히 생각하여 생긴 일이었다. 황제는 피어오르는 신비한 연꽃 모양에 도취되어 매우 기뻐했고, 웅개원을 강남(江南) 순무(巡撫)로 임명하라는 어명을 내렸다. 그러나 웅개원은 어명을 받들지 않고 그저 감사한 마음만 표한 후, 도리어 무릎을 꿇고 아뢰었다.

"신은 이제 늙고 쇠약하여 중임을 맡기에는 적당하지 않습니다. 청컨대 이만 고향으로 돌아갈 수 있도록 윤허하여 주십시오."

수백 번의 애원 끝에 황제는 웅개원의 청을 마지못해 허락했지만 늙어 퇴직할 때까지 순무 직위에 해당하는 봉록을 받도록 명했다. 하지만 웅개원은 이마저도 관심을 갖지 않았다. 마치 황산의 모봉차처럼 고결하게 살고자 하였다. 이후 그는 황산 운곡사에서 삭발하고 출가하여 정지(正志)라는 법명을 받게 되었고, 성불하여 운곡사 부근에 묻혔다고 한다. 황제도 감동한 황산모봉, 지금은 황실이 아닌 우리네 집에서 마실 수 있으니 얼마나 좋은가.

2. 시원하고 청량한 여름을 위한 차

무더운 여름날, 열기를 피할 곳을 찾아 헤매는 대신 차 한 잔으로 몸과 마음을 식힐 수 있다면 어떨까. 여름철에는 차가운 물 한 잔도 반가운 법이지만, 은은한 향과 깊은 맛을 지닌 차는 갈증 해소를 넘어 일상의 무게를 덜어주는 특별한 위안을 선사한다. 쩡하게 찬 음료는 건강에 무리를 줄 수 있으니, 체온과 비슷하거나 따뜻한 차를 천천히 마신다면 갈증도

해결해주고 건강을 유지하는 데도 도움이 될 것이다.

태평후괴

태평후괴(太平猴魁)는 다른 녹차와는 차원이 
다르게 생김새가 상당히 독특하다. 푸르고 길고
납작한 것이 마치 바닷속에서 춤추는 미역, 다
시마가 연상된다. 어떤 공정으로 만들어지기에
이런 특별한 모습이 된 것일까? 잎의 크기는 상
당히 큰 편인데 마시는 방법은 또 어떨까. 외형
만으로도 상당한 궁금증을 유발하는 신기한 녹
차 태평후괴.

'태평(太平)'은 중국 안휘성 황산 북쪽, 옛 태평현(太平縣, 지금의 황산시
황산구) 일대의 지명에서 유래하였다. 원숭이〔猴〕를 이용해 찻잎을 따는
데 으뜸〔魁〕 되는 차. 찻잎을 따기 위해 키 큰 차나무에 머리 좋은 원숭이
들이 직접 올라갔을지, 아니면 원숭이처럼 날렵한 사람이 올라갔을지는
알 수 없다. 전설은 어디까지 전설이므로.

태평후괴는 안휘성 황산시 황산구 신명향(新明鄕) 후갱(猴坑) 지역에서
생산된다. 이곳의 차나무 품종은 대부분 시대차(柿大茶)로, 이 품종은 가
지가 작으면서 마디가 짧고, 잎이 크면서 색이 푸르고, 털이 많은 것이 특
징이다. 완제품의 찻잎이 편편하고 잘생긴 외형을 갖추기 위해서는 제다
공정에서 세심한 노하우가 필요하다. 우선 채엽 과정에서는 차싹과 함께
찻잎을 3~4개 정도 같이 따서 모양을 가지런하게 다듬는다. 어느 정도
햇볕과 그늘에서 시들린 후에 녹차 제다에서 중요한 과정인 솥 덖음을
하게 된다. 그리고 일반적인 녹차 제다 과정의 하나인 유념(揉捻) 작업이

생략된다. 덖은 찻잎을 촘촘한 그물망이 있는 정사각형 틀 위로 옮긴다. 여기에 찻잎 하나하나를 엄지와 검지로 비틀어주면서 가지런히 놓는다. 찻잎마다 일일이 손길이 미친다는 점을 생각하면 정성이 대단하다. 가지런히 줄을 맞춘 찻잎들을 롤러로 강하게 누르면 길쭉하고도 편평한 모양이 된다. 이렇게 형태가 잡힌 차를 온도를 달리하며 여러 차례 건조하면 드디어 차가 완성된다.

태평후괴를 투명한 유리잔에 넣어 물을 부으면 찻잎이 푸른 물결을 일으키며 춤을 춘다. 맛은 달고 시원하며, 탕색은 맑고 깨끗하다. 난화향(蘭花香)이 뚜렷하다면 최고의 품질이라 할 수 있다.

유리잔의 물결을 따라 살랑거리는 찻잎에서 시원한 여름 바다 내음이 저절로 느껴진다. 눈으로 여름을 마시고 싶다면 태평후괴를 우려보자.

철관음

철관음(鐵觀音)은 복건성 안계현(安溪縣) 서평진(西坪鎭)의 대표적인 청차(오룡차)로 입안 가득 싱그러움과 청량함이 여름 차로 잘 어울린다. 철관음은 차나무의 품종명이면서 상품명이기도 한데, '철(鐵)'은 잎의 외형과 단단한 질감을 표현한 것이며, '관음(觀音)'은 관음보살에서 유래되어 자비로운 품격과 깊은 향기를 은유적으로 드러낸 것이다.

철관음의 마른 찻잎의 외형은 일반적인 차들하고는 확연히 다른 모습을 보인다. 동글동글하고도 단단하게 말려 있는 모습이 특별하게 느껴진다. 철관음의 찻잎은 작고 촘촘하게 말려 있고, 진한 녹색을 띠고 있는데, 이는 철관음의 독특한 제다 과정 때문이다. 채엽 후 햇볕 아래에서 시들림(위조) 과정을 거치고, 실내에서 여러 차례 흔들어주는 주청(做靑)을 통해 독특한 향기가 생성된다. 철관음의 꽃 향, 과일 향 등은 이때 형성된다. 이후 뜨겁게 가열된 솥에서 덖고(초청炒靑), 포(包)에 넣어서 공 굴리듯이 둥글게 말아주고 풀어주는 유념(揉捻)의 공정(이 과정을 포유包揉라 한다)을 여러 번 반복하면 작은 구슬 형태로 촘촘히 말리게 된다. 마지막으로 미세한 불로 천천히 볶아내는 공정을 거치면 철관음 특유의 향미가 완성된다.

철관음의 향기는 크게 '청향(淸香)'과 '농향(濃香)'으로 구분된다. 청향은 경발효(輕醱酵)시킨 차이고, 농향은 불의 열기를 입히는 탄배(炭焙) 과정을 거쳐 진하게 중발효(重醱酵)시킨 차이다. 청향형은 시원한 난화향의 청아한 매력을 지니며, 농향형은 달콤한 꿀 향의 중후한 매력을 발산한다. 철관음은 확실히 향기에 매력이 있다. 뜨거운 물을 부으면 작고 단단한 찻잎들이 천천히 피어나며 독특한 난화향이 주변으로 부드럽게 퍼진다. 철관음을 우릴 때는 개완(蓋碗, 뚜껑 있는 찻잔)을 쓰는 것이 좋다. 뜨거운 물(약 95도)을 붓고 처음에는 10초 정도 짧게 우려서 첫 번째 탕은 비운다. 두 번째 탕부터 본격적으로 음미하는데, 금빛을 띤 맑은 탕색의 첫 잔을 한 모금 머금으면 입안 가득 퍼지는 난화향과 달콤한 여운이 깊고 길게 이어진다. 철관음은 여러 번 우려도 향미를 유지하며, 우릴 때마다 미묘하게 변하는 맛과 향을 음미하는 즐거움이 있다.

철관음은 하나의 예술 작품과 같다. 그 깊고 맑은 향기, 부드럽고 달콤한 뒷맛은 마시는 이의 마음을 진정시키고 휴식을 선사한다. 최근 들어 철관음은 중국 국내뿐만 아니라 세계 각지에서도 높은 평가를 받고 있는 가운데, 안계현의 농가들은 더 정교한 기술을 통해 최고의 품질을 유지하고 있다. 철관음을 천천히 음미하면 마치 고요한 사찰에서 관음보살의

미소를 바라보는 듯한 평화로움이 느껴진다.

장평수선

장평수선(漳平水仙)은 중국 복건성 장평
시(漳平市)에서 유래한 독특한 모양의 청차
이다. 일단은 차의 모양에서부터 호기심을
자극하게 된다. 특이하게도 정사각형(긴압
사방형緊壓四方形)으로 압축되어 있으며, 정
교하게 포장된 모습은 차라기보다는 아름
다운 작은 공예품을 연상시킨다. 청차 중

에서 유일하게 사각으로 긴압하여 만들어진다. 독특한 난화향과 감칠맛,
그리고 장쾌함이 더위를 물러가게 하니 여름 차로 적합하다. 장평수선은
철관음과 함께 민남 우롱(閩南烏龍)을 대표한다. 하지만 철관음과 비교하
여 여러 가지 다른 특징들을 가지고 있다. 발효도가 높아 잎에 붉은빛이
보이고, 강한 꽃향기가 난다. 청향형 철관음과도 비슷한 결을 가지지만,
싱그러운 풀 향으로 시작되어 뒤로 갈수록 꽃향기가 올라온다.

장평수선은 주로 '수선(水仙)'이라는 품종의 찻잎으로 만들어진다. 이
품종의 잎은 크고 두꺼워서 향기가 풍부하고 깊은 맛을 잘 간직한다. 엄
선해서 채엽한 뒤에 시들림(위조)과 흔들기(요청搖靑)를 반복하여 향을 극
대화한다. 그런 뒤 솥이나 살청기(殺靑機)를 통해 열처리를 한다. 이후 가
볍게 비비고(유념), 네모난 나무틀에 찻잎을 넣고 압축하여 형태를 잡는
다. 그후 일정한 온도에서 천천히 건조되는데, 이러한 과정에서 장평수선
특유의 농후하면서도 우아한 향기가 형성된다.

장평수선의 가장 큰 특징은 바로 그 압축된 형태가 차의 향미에 영향

을 미친다는 것이다. 찻잎의 압축된 형태로 인해 향과 맛이 오래도록 유지되며, 숙성될수록 깊은 향미가 발현된다. 마른 찻잎은 짙은 녹색을 띠며, 압축된 모양이 정교하고 단정하다. 마지막 최종 건조까지 잘 말려야 좋은 향기를 유지할 수 있다. 차를 우릴 때는 뜨거운 물을 부어 압축된 찻잎이 서서히 풀리면서 피어나는 과정을 보는 것도 큰 즐거움이다. 장평수선을 우려낸 탕색은 금빛으로 맑고 투명하고, 한 모금 마시면 우아한 난화향이 입안 가득 퍼지며, 부드럽고 감미로운 맛과 함께 길게 이어지는 향의 여운이 인상적이다. 첫 번째 탕부터 세 번째 탕까지 향이 가장 강렬하게 느껴지며, 이후에도 향미가 은은하게 지속된다. 장평수선은 여러 번 우려도 그 품격을 잃지 않는다는 점에서 매력적이다.

봉황단총

예로부터 용(龍)은 천명(天命)과 제왕(帝王)의 상징으로 중국 전통사회에서 황제의 권위와 하늘의 뜻을 나타내는 존재로 여겨졌고, 봉황(鳳凰)은 모든 새를 주관하는 조류의 으뜸으로서, 이상적인 치세와 조화로운  정치를 이룬 시대에 나타나는 길조(吉兆)로 인식되었다. 봉황은 오색찬란한 깃털을 지녔으며, 사람의 마음을 맑게 하고 악령을 쫓는 울음소리를 낸다고 하였다. 악기 중에 생황(笙簧) 소리가 봉황의 울음소리와 닮았다고 하는데, 이는 생황 소리가 세상 어디에도 없는 신비롭고 조화로운 음색을 지녔기에, 아마도 봉황 소리도 그럴 것이라는 믿음이리라. 그렇다면 봉황의 이름을 가진 차는 어떠할까? 광동성 조주시(潮州市) 봉황진(鳳凰

鎭) 봉황산은 봉황단총으로 이름이 나 있다. 이 일대에서 생산하는 오룡차, 즉 청차를 총칭하여 봉황수선이라 한다.

봉황수선의 등급을 나눌 때, 가장 우수한 것이 단총(單叢)이고, 그다음이 낭채(浪菜), 수선(水仙), 설편(雪片) 등이다. 오동산은 해발 800~1300미터의 고산 지대로, 안개와 큰 일교차가 특징이다. 대개 수백 년 이상 된 고목에서 채엽하는데, 나무마다 개성 있는 특유의 향미를 강조하게 된다. 단총 중에서도 가장 등급이 높은 것은 송종(宋種)이다. 송나라 때 발견한 차나무에서 비롯되어 1000년의 역사를 가지고 있다. 송종에 관한 이야기는 다음과 같다.

남송 말년에 마지막 황제 조병(趙昺, 재위 1278~1279)이 1278년 적에게 쫓겨 오동산으로 도피하였는데, 물도 없어 매우 갈증이 나던 때 마침 차를 잘 아는 시종이 있어 그가 이곳의 신선한 차나무 잎을 황제에게 바쳤다. 황제가 이를 씹어 먹었더니 목마름이 사라지고 정신이 상쾌해졌다. 이후 황제가 먹었던 차나무 잎은 송차(宋茶)로 불리게 되었다. (『이십오사(二十五史)』「송사(宋史)·본기(本紀)」)

산 깊은 계곡에서 바람과 안개를 먹고 자란 찻잎에는 맑고 우아한 기운이 깃들어 있다. 100여 가지의 신비한 맛과 아름다운 향을 자랑하지만 그중에서 대표적인 향은 이렇다. 밀란향(蜜蘭香, 꿀과 난초처럼 달콤하고 은은한 향), 지란향(芝蘭香, 지초와 난초의 향), 옥란향(玉蘭香, 희고 귀한 난초의 향), 황지향(黃枝香, 치자꽃처럼 달콤한 향), 강화향(薑花香, 시원하고 깔끔한 향), 육계향(肉桂香, 계피나무 껍질 향), 계화향(桂花香, 금목서와 꿀 향), 행인향(杏仁香, 살구씨의 고소하고 상큼한 향), 야래향(夜來香, 밤이 되면 피어나 향기를 내는 야래향의 꽃 향). 이름만으로도 아름다운 향들이 춤을 춘다.

봉황단총을 만드는 일은 해 뜨기 전 이른 새벽부터 시작된다. 이슬 맺힌 여린 잎을 정성껏 따내어, 햇빛 아래서 천천히 시들게 하며 향기의 첫 숨을 깨운다. 이후 흔들고 비비는 정교한 손길이 더해져 잎의 세포벽을 깨뜨리고 효소작용을 일으켜 은은한 꽃 향과 달콤한 과일 향을 이끌어낸다. 이 향을 살리기 위해 살청 과정에서의 가열 온도와 시간까지 세심히 조절하고, 마지막으로 저온에서 정성스럽게 건조한다. 이 모든 과정을 거쳐 완성된 봉황단총의 건조된 찻잎은 가늘고 곧게 뻗은 아름다운 모습을 지니게 된다.

찻잎을 뜨거운 물에 우려내면, 차의 탕색이 밝고 투명한 황금빛을 띠고 맑고 고운 향이 천천히 피어난다. 향은 꽃의 달콤함, 과일의 신선함, 꿀의 부드러움을 담고 있다. 마시고 나면 처음엔 우아한 꽃 향이 입안을 채우고, 뒤이어 달콤한 과일 향이 밀려온다. 향기는 혀끝에서부터 목 깊숙이 내려가며 오랜 여운을 남긴다. 떫은맛은 거의 느껴지지 않으며, 찻잎이 가진 순수한 자연의 맛과 향이 그대로 전해져온다.

봉황단총은 섬세한 차다. 물 온도는 90도 내외가 적당하고, 짧은 시간(20~30초) 안에 여러 번 우려내는 방식을 통해 향기를 깊이 음미할 수 있다. 천천히 한 모금씩 마시며 차가 지닌 고귀한 품격과 향미의 다채로움을 음미해야만 비로소 봉황단총 본연의 매력을 온전히 느낄 수 있다.

봉황산의 맑은 공기와 안개, 고목의 오랜 기억을 품은 봉황단총은 마시는 이에게 차 한 잔을 넘어 자연과 교감하는 특별한 시간을 선사한다. 이 아름다운 향을 마시며 우리는 봉황산 깊은 곳의 신비로운 자연을 고스란히 담아내는 듯한 기쁨을 맛보게 된다.

『부생육기』의 연향차

『부생육기(浮生六記)』는 청나라 때의 문인 심
복(沈復)이 아내 진운(陳芸)과 함께한 소소하
고 평범한 일상을 기록한 산문이다. 그중에서
도「한정기취(閒情記趣)」편에는 연꽃의 향을 품
은 특별한 차, 연향차(蓮香茶)에 관한 이야기가
섬세하게 묘사되어 있다. 연향차는 여름날 아
침, 이슬이 마르기 전에 정원 연못의 연꽃 속에
마른 찻잎을 넣어 만드는 정성스러운 차이다.

저녁 무렵 연꽃이 꽃잎을 오므릴 즈음 미리 준비한 찻잎 주머니를 연꽃
의 꽃술 사이에 조심스레 넣는다. 밤새 자연의 기운을 머금도록 두었다
가, 이튿날 아침 해가 오르기 전에 그 찻잎을 꺼내어 음미한다. 찻잎은 밤
새 연꽃의 맑고 우아한 향기를 고스란히 간직한다. 가난한 부부가 차로
호사를 누릴 수 있는 가장 지혜로운 방법이다. 연꽃은 동양에서 진흙 속
에서도 맑고 깨끗한 꽃을 피워내는 군자의 상징으로 여겨져왔다. 이러한
연꽃의 정화된 기운과 우아함이 깃든 연향차는 세속의 번거로움을 잠시
잊고 자연과 하나 되는 순간을 마주하게 한다. 심복과 진운은 일상의 사
소한 기쁨을 귀하게 여기며, 연향차 한 잔으로도 삶의 아름다움을 깊이
누렸다.

연향차의 포다법(泡茶法, 차를 우리는 방법)은 간단하지만 세심한 주의가
필요하다. 너무 높은 온도의 물을 피하고, 80도 전후의 부드러운 물로 우
려내야 연꽃의 은은한 향이 살아난다. 맑고 투명한 찻잔에 우려낸 연향차
는 부드럽고 은은한 연꽃 향이 천천히 퍼지고, 탕색은 맑고 옅은 금빛을
띤다. 찻잔을 가까이하면 연꽃 향이 코끝을 간질이며 마음을 차분히 가라

앉히고, 부드럽고 달콤한 맛이 입안을 가득 채우며 깊은 여운을 남긴다.

『부생육기』의 연향차에는 심복과 진운의 삶의 태도가 담겨 있다. 이들이 차를 마시며 나눈 대화, 함께한 고요한 시간 속에는 일상에서의 작은 행복을 소중히 여기는 그들의 삶의 철학이 담겨 있다. 연꽃이 피어나는 여름에만 만날 수 있는 연향차. 우리는 연꽃처럼 맑고 깨끗한 삶을 지향하는 이들의 마음을 엿보고, 세상을 바라보는 따스한 시선을 느끼게 된다.

3. 그윽한 매력, 깊은 향미를 자랑하는 가을 차

무더위가 물러나고 서늘한 바람이 살결을 스칠 때, 자연은 한층 더 고요해지고 인간의 마음 또한 내면으로 향한다. 수확의 계절이자 사색의 계절인 가을에는 깊고 풍부한 향과 맛을 지닌 차가 어울린다. 단순한 갈증 해소를 넘어, 마음 깊숙이 스며드는 온기와 정서적 위로가 필요한 때이기도 하다.

가을에 마시는 차는 마치 낙엽처럼 다채롭고 바람처럼 잔잔하며, 저무는 노을처럼 따뜻하다. 가을의 정서와 깊은 맛을 담아내는 차를 알아보도록 하자. 가을에 어울리는 고혹적인 향에 여운이 깊은 차로는 무엇이 있을까.

기문홍차

중국 안휘성 남쪽의 황산 기슭에는 아침저녁으로 안개가 피고, 물안개와 구름이 산등성이를 어루만지듯 흘러가는 작은 마을이 있다. 이곳 안휘성 기문현(祁門縣)은 바로 세계적인 명성을 지닌 기문홍차(祁門紅茶)의 고향이다. 기문홍차는 청나라 광서 원년(1875년)부터 만들어지기 시작한 차로, 오래도록 녹차를 생산하던 안휘의 차밭에서 태어났다. 인도의 다르질링, 스리랑카의 우바와 함께 세계 3대 홍차라고 알려져 있으며, 간단히 줄여서 '기홍(祁紅)'이라고도 한다.

찻잎은 섬세한 장인의 손길을 거쳐 깊고 정갈한 향기를 품게 된다. 봄철 안개가 촉촉이 내린 아침에 채엽하여 조심스럽게 말리고, 가볍게 비벼서 천천히 산화시킨 찻잎은 특별한 향을 빚어낸다. 이를 '기문향(祁門香)'이라 하니, 마치 잘 익은 사과와 청살구 열매, 은은한 장미꽃이 어우러진 듯 달콤하면서도 우아한 향취이다.

중국 홍차는 싹과 어린잎 위주로 가공하는 것이 특징이다. 어리고 부드러운 싹은 만드는 과정에서도 조심스럽게 다뤄진다. 비비는 과정인 유념도 약하게 하고, 찻잎에 상처를 입히는 것도 최소한으로 한다. 여러 번 우려 마시는 차이기에 가능한 일이다. 우유와 설탕을 넣어 마시는 영국식 홍차는 강한 유념을 통해 한 번에 진한 차 맛을 얻어야 하기에 그에 맞는 제다법을 사용한다.

최근에는 소비자의 취향에 맞추어 선보인 홍향라(紅香螺)가 인기 있다. 홍향라 제다에서는 최종 건조 전에 손으로 비비면서 나선형 모양을 만들어 주는 과정이 추가된다. 완성된 홍향라는 동정 벽라춘의 모양과 비슷하다.

차를 우려내면 붉고 투명한 빛깔이 아름답다. 첫 모금을 넘기면 부드러운 꿀 향기와 함께 카카오의 깊은 여운이 혀끝에 감돈다. 한 잔을 마신 후에도 입안에서 길게 맴도는 기문홍차의 달콤하고 부드러운 맛은 가을바람이 스칠 때 딱 어울리는 향미다.

무이암차 백계관

무이암차(武夷岩茶)는 복건성 무이산 일대에서 생산되는 청차류를 통칭하는 말이다. '암차(岩茶)'라는 이름은 무이산의 거대한 바위 틈새에서 자라는 특이한 재배환경에서 비롯된다. 평균 해발 650~700미터, 연평균 기온 17.5도, 강우량 2,000밀리미터 이상, 안개와 습도가 연중 80퍼센트를 유지하는 조건이 암차의 독특한 '암향(岩香)'을 형성하는 데 결정적 역할을 한다. 무이산의 화강암 기반의 토양, 안개 긴 기후, 높은 습도는 차나무가 독특한 미네랄 풍미를 깊게 흡수하게 한다.

무이암차 가운데 최고의 품종으로 꼽히는 '무이명총(武夷名叢)'에는 대홍포(大紅袍), 철라한(鐵羅漢), 백계관(白鷄冠), 수금귀(水金龜)가 있다. 특별히 무이암차를 좋아하고 찾는 이들이 많은 이유는 차향이 단순히 꽃 향이나 과일 향뿐만 아니라, 깊이감과 무게감, 입안에 가득 찬 암골화향(岩骨花香)이 매력적이기 때문일 것이다. 암골화향이란 차를 마셨을 때 느껴지는 '암석의 뼈 같은 단단함'과 '부드러운 꽃 향'이 동시에 공존하는 맛과 향을 의미한다.

그중 백계관은 무이암차의 4대 명차 중 하나로, '흰닭의 볏'이라는 특이한 이름을 가지고 있다. 전설에 따르면, 무이산의 한 스님이 기르던 흰닭이 매에게 공격당해 절벽 아래로 떨어졌는데 새끼들을 지키기 위해 끝까지 싸우다 죽었다고 한다. 이를 지켜보고 감동한 스님은 어느 날 닭이 떨어진 자리에서 차나무를 발견하고서는 그 잎으로 차를 만들어 '백계관(白鷄冠)'이라 이름 붙였다고 전해진다. 또 다른 설화에서는 실제로 이 차나무의 새싹은 가장자리가 붉고 가운데는 흰빛을 띠어 마치 흰닭의 볏처럼 보였다는 데서 유래했다고도 한다. 이름만큼이나 향미도 독특해서 무이암차를 잘 아는 사람들 사이에서도 매우 개성적인 차로 꼽힌다. 백계관은 암차 중에서도 밝고 가벼운 성향의 차로, 그만큼 차별화된 개성을 가지고 있다. 찻잎은 다른 암차보다 연한 황록색을 띠며, 차를 우린 후

찻잎을 살펴보면 가장자리
는 붉고 안쪽은 옅은 노란
빛을 띠어 전설 속의 '닭볏'
이 떠오르기도 한다. '암향
속의 변치 않는 맛'으로 일
컬어지며, 무이산의 풍부한
광물질 토양의 미네랄 향과
탄배(炭焙, 로스팅) 과정에서
생겨나는 은은한 불 향의
여운이 섬세하게 조화를 이
루는 차로 평가받는다.

　무이산의 차들은 잎이 흑
록색이고, 돋아나는 싹은
꼿꼿하며, 솜털이 없고 깔
끔한 편이다. 그러나 백계

무이산의 차밭

관은 새싹이 연한 녹황색에 비단처럼 연하면서 부드럽고, 잎은 짙은 녹
색에 솜털이 분명하게 나타나 묵은 잎과 선명하게 색의 층을 이룬다.

　차를 우리면 투명한 등황색의 탕색 속에 은근한 불 향과 황금빛 단내
가 어우러지고, 마신 뒤에도 암향의 여운이 길게 이어져 물성 있는 산의
기운과 바위(암반)의 기품을 오롯이 전해준다. 무이산의 촉촉한 공기, 수
백 년간 바위틈을 뚫은 차나무의 생명력, 그리고 오랜 시간 이어진 제다
장인의 손끝 등이 만나 자연과 인간의 교감을 보여준다. 계절이 바뀌어
옷깃이 세워지는 깊은 가을날에 잘 어울리는 무이암차 백계관이다.

운남홍차 전홍

운남(雲南)은 사천과 더불어 세계에서 가장 오래된 차엽(茶葉)의 발원지로 꼽히며, 전설적인 교역로인 차마고도(茶馬古道)  의 시작점 가운데 하나이기도 하다. 이 지역은 사천, 귀주와 함께 수백 년에서 길게는 수천 년 된 거대한 야생 고차수(古茶樹)들이 널리 분포된 곳으로 알려져 있다. 물론 보이차의 고향으로 유명하지만, 특별한 맛을 지닌 홍차의 산지로도 손꼽히고 있다. 운남의 전홍(滇紅)은 이 지역에서 생산되는 대표적인 고급 홍차이다. '전(滇)'은 운남성의 옛 이름이고, '홍(紅)'은 홍차를 뜻하므로 전홍은 '운남의 홍차'라는 의미를 가진다.

전홍의 탄생 배경이 독특하다. 1937년 중일전쟁을 일으킨 일본이 중국 남동부의 모든 항구를 점령하면서 차를 수출할 수 있는 통로가 없어졌다. 다행히 보이차 생산으로 유명한 운남성에는 미얀마로 연결되는 도로, 즉 버마로드(Burma Road)가 있었다. 국민당은 전쟁 비용을 조달할 목적으로 1939년부터 운남 홍차를 생산하여 버마도로를 통해 차를 수출하기 시작하였다. 새로 만들어진 전홍은 맛이 달콤하고 매력적이었다. 당시 홍콩을 통해 영국으로 수출되었는데 상당히 반응이 좋았다. 굵고 탄력 있는 찻잎, 반짝이는 금색 솜털〔金毫〕은 사람들의 이목을 집중시켰다. 바디감 있고 다소 무거운 듯하면서도 섬세한 맛을 가진 전홍은 기문홍차와는 또 다른 매력이 있었다.

봄철 일찍 대엽종의 어린잎을 전통 채엽하여 위조와 유념 그리고 발효·건조 과정을 거쳐 만들어진다. 이러한 방식은 대엽종 특유의 진한 단맛과 묵직한 바디감을 유지하게 한다.

차의 탕색은 대부분 짙은 호박색이나 적갈색을 띠며, 홍차 본연의 부드러우면서도 화려한 향미를 지닌다. 80~85도의 물로 우리면 감미롭고 온화한 맛을, 90~95도에서는 화려한 향을 진하게 느낄 수 있어 우리는 온도에 따라 색다른 향미를 즐기게 된다. 특히 진득한 꿀 향, 고구마 향, 건과일 향은 몸도 마음도 편안하게 만들어준다. 따로 우유가 들어가지 않아도 충분히 감미롭고 부드럽다. 차를 우린 빛깔도, 차의 온화한 느낌도 낙엽이 지는 가을과 닮아 있다.

노백차 월광백

백차는 가장 단순하고 자연적인 방식으로 제다한 차이다. 매우 은은하고 자연에 가장 가까운 향미를 지니며, 상쾌한 풀 향과 싱그러운 꽃 향이 조화를 이룬다. 백차는 채엽 후 살청이나 덖음 없이 자연환경에서 시들게 했다가 건조

하여 생산한다. 이 과정에서 찻잎의 하얀 솜털, 즉 백호(白毫)가 살아남아 이름에 걸맞은 고유의 흰빛을 띤다. 앞서 소개했듯이 어린잎으로 만드는 백호은침, 좀더 자란 잎으로 만드는 백목단(白牡丹), 수미(壽眉)가 있다.

백차 중에서도 요즘 많은 관심을 받는 월광백(月光白)은 운남성 경곡(景谷)의 대엽종 고차수(古茶樹)의 찻잎을 원료로 한다. 햇빛이 직접 닿지 않도록 그늘이나 실내에서 서서히 말리는 독특한 방법으로 만들어진다. 이 공정 덕분에 찻잎 겉면은 거의 검은빛을 띠고, 뒷면과 백호만이 은백색이 되어 마치 밤하늘의 달빛을 담은 듯한 강렬한 시각적 대비를 이루며, 찻잎 자체가 '달빛 아래 춤추는 초승달'을 연상시킨다. 그래서 '월광

(月光)'이라는 이름이 붙은 것이다.

월광백은 고차수 찻잎 특유의 부드러우면서도 진한 단맛을 지니며, 숙성되면서 아카시아꿀과 닮은 농밀한 달콤함이 매력적이다. 깔끔하고 맑은 차탕의 청량감, 여러 번 우려내도 흐트러지지 않는 견고한 맛을 자랑한다.

노백차(老白茶)는 여러 해 묵은 백차를 이르는 말이다. 백차 특유의 순하고 은은한 단맛이 세월의 흐름 속에 깊이 응축되어 '백차의 생기와 노차(老茶)가 되어가는 과정에서 생겨나는 풍요로운 맛과 백차 특유의 향'이 하나로 어우러지는 다층적 경험을 선사한다. 월광백차는 보이차와 같이 둥근 병차(餠茶) 형태로 긴압하는 경우가 많은데, 오랜 시간을 보낸다는 면에서 보이차와 결을 같이하기도 한다.

월광백차의 첫 번째 우림에서는 연한 꽃 향이 피어나고, 두 번째, 세 번째 우림에서 향과 맛이 절정에 달한다. 이후로는 단맛 위주의 깔끔한 맛이 지속된다. 차향을 방해하지 않는 견과류나 무화과, 부드러운 치즈와 잘 어울린다. 부드러운 맛을 증폭하고 싶다면 무향에 가까운 아카시아꿀 한 방울을 마지막 잔에 더하는 것도 새로운 시도이다.

예로부터 중국인들은 오래된 백차를 약으로 여겼기에 노백차는 약성과 풍미라는 두 마리 토끼를 모두 잡을 수 있다. 노백차 월광백은 '세월의 약(藥) 같기도 하고, 누룩 향이 가볍게 깃든 풍요로운 보물차' 같기도 하다.

4. 눈 내리는 날에 따스한 차 한 잔의 여유

겨울은 내면으로 깊이 침잠하는 계절이다. 잎을 떨군 나무들은 겨울잠에 들고, 동물들도 동면의 시간을 보낸다. 대지는 얼어붙는다. 대자연이 정지한 듯한 고요한 시간이다. 그 고요함 속엔 다음 계절을 준비하는 생명들의 숨결이 살아 있다. 차 또한 이와 다르지 않다. 겨우내 대지의 영양분을 저장하고, 차디찬 기운을 이겨낸 뒤 푸른 잎으로 피어올라 고맙게도 우리 곁으로 온다. 이 겨울 따듯하게 마시는 차는 체온을 올려 면역력을 증강시키는 것은 물론 허전한 마음을 달래주기도 한다. 깊고 그윽한 겨울에 어울리는 차를 소개한다.

천량차

천량차(千兩茶)는 이름부터가 남다르다. 천(千), 곧 무게가 천 냥이라는 이 차는 외관의 모습도 중후하다. 대략 길이 160센티미터에 무게 36.25킬로그램으로 원기둥 모양을 하고 있다. 이만한 크기의 천량차를 집 안의 보기 좋은 곳에 기둥처럼 세워놓으면 마시는 차라고 감히 상상하기 어렵다. 이것은 차라기보다는 하나의 상징 같고, 덩어리진 역사 같다. 천 근의 무게 안에는 차가 태어난 지역의 노동, 기후, 문화, 그리고 시장의 논리가 압축되어 있다.

호남(湖南) 지역에서 시작된 이 대형차는 처음에는 무게가 100량인 백량차(百兩茶)로 만들어지다가 청나라 동치 연간(1862~1874)에 댓살(대나무)로 엮은 채롱(바구니)에 넣은 천량차가 탄생했다. 당시 상인들은 말이나 나귀의 양 옆구리에 기다란 채롱을 달았는데, 한 번에 운송하는 중량이 채롱 하나당 1000냥이었다고 한다. 보통 대나무 껍질과 얇은 종이, 황마천으로 차를 감싸고, 다시 댓살로 단단히 묶은 뒤, 한쪽 끝은 굽고 다른 한쪽은 둥글게 다듬어 이동 중에도 상하지 않도록 했다. 이렇게 하면 보

관과 운반에 편리할 뿐만 아니라 차를 숙성시키는 데도 좋다. 수년, 수십 년이 지나면 지날수록 그 향미는 더욱 깊어진다.

천량차를 제조하는 데는 다른 차와는 달리 특별히 여러 사람의 힘을 필요로 한다. 크고 단단한 원기둥 형태로 만들기 위해서는 장정 대여섯 명의 협업이 필요하다. 흑차로 유명한 안화(安化)의 일부 마을에서는 천량차를 만드는 과정이 전통문화를 계승하는 축제처럼 이어지고 있다. 우선 살청 과정을 거친 찻잎을 증숙하고 건조해 발효시키며, 수차례 눌러 쌓는 과정을 거친다. 이후 고온의 증기로 가열하면서 차의 조직을 유연하게 하고, 미생물의 활동을 활성화하며, 차 내부의 발효를 안정화시킨다.

잘 만들어진 천량차에서는 시간이 지남에 따라 흑차 특유의 진중한 향기가 배어난다. 숙성된 천량차에서는 목질 향, 약초 향, 흙내음, 때로는 나무 창고 속의 오래된 책 향이 그윽하게 피어난다. 처음 마시는 이들에게는 이런 향들이 낯설지도 모르지만 마시면 마실수록 마음이 안정되고 편안해진다. 목 넘김 뒤에 올라오는 단맛과 편안함은 마치 오래된 친구를 만난 듯하다.

천량차는 문화유산이기도 하다. 2008년 안화 천량차 제작기술은 '중국 국가 비물질 문화유산 보호목록'에 포함되었으며, 중국 차 문화의 국보가 되었다.

천량차는 특히 겨울이라는 계절과 아주 잘 어울린다. 대나무 죽대 안에 감춰진 단단한 차는 암석처럼 거칠고 단단해 보이지만, 안으로는 따뜻하고 포근한 속살을 품고 있다. 찬바람 부는 날, 주전자나 탕관에 팔팔

끓여서 천천히 오랫동안 마시다 보면 그 진가를 알 수 있다.

유목의 땅에서 얼어붙은 손으로 천량차를 마시던 사람들에게는 이 차가 생존의 중요한 동반자였을 것이다. 오늘날 우리에게 천량차가 특별한 것은 비단 차의 고유성이나 깊은 향기 때문만이 아니라, 그 차를 만들고 나르고 마셨던 사람들의 역사와 정신까지 함께 품고 있기 때문이다. 찻물에 담긴 겨울의 정서, 침묵 속에 깃든 뜨거운 기운, 한 잔의 무게로 느껴지는 천 냥의 시간.

복전차

네모진 복전차(茯磚茶)를 가르면 그 속에 금빛 가루가 가득하다. 마치 활짝 핀 계수나무꽃이 물결을 이루는 듯하다. 그러나 차 속에 피어난 꽃은 식물의 꽃이 아니다. 노랗게 피어오른 그것은 일종의 곰팡이다. 곰팡이라니, 세상에! 하지만 이 곰팡이는 오히려 복전차에서 빠질 수 없는 주인공이다. 바로 '관돌산낭균(冠突散囊菌, Eurotium Cristatum)'이라는 미생물이다. 다른 차에서는 있을 수 없는, 오직 복전차를 중심으로 한 흑차에서만 보이는 특별한 현상이다. 복전차는 호남성 안화(安化) 지역에서 생산되는 전통 흑차로, '벽돌 차'라 불릴 만큼 단단하게 긴압되어 있지만 그 속에는 생명체가 살아 숨쉰다. 다른 흑차들과 달리 복전차의 숙성 과정은 미생물의 인위적 배양과 제어가 중요하다. 특히 이 관돌산낭균은 온도와 습도, 통기성과 시간이라는 조건이 절묘하게 맞을 때에만 균사체를 형성한다. 이 균은 인체에 무해하며 오히려 유익균으로 작용하는데, 소화 촉진과 장내 환경 개선에 효과가 있다.

전통적으로 이 차는 티베트, 내몽골, 신강 등 유목민 지역에 수출되어 '변차(邊茶)'로 기능했는데, 고지대의 육류 위주의 식생활에서 복전차는 사실상 생리적 균형을 유지하기 위해 꼭 필요했다.

차 속에 어떻게 관돌산낭균이라는 노란 금화(金花)가 피는 게 가능할까? 여름철 장마 때나 가을철 해풍이 불어올 무렵, 전통적인 복전차 창고에서는 자연 발효가 일어나고, '복화(茯花)'라 불리는 하얀 균사체가 차 표면을 덮는다. 이때의 향은 매우 특별하여, 곰팡이 특유의 취기(臭氣)보다는 곡물 발효의 고소한 맛과 유목의 가죽 향이 어우러진다. 복전차의 이러한 향미는 흔히 '균향(菌香)'이라 불리며, 차 속에 금화가 가득 피어 있는 것을 더 선호한다. 복전차의 품질은 균의 균일성과 밀도에 달려 있으며, 일정한 온도에서 일정한 시간 이상 잘 숙성되었을 때 비로소 복화가 아름답게 피어난다.

한 번 만들어진 복전차는 해를 거듭할수록 그 향이 무르익는다. 내포된 효소는 계속해서 차 속 성분을 분해하고 재배열한다. 붉은 진갈색으로 우러난 차는 진하면서도 부드럽고, 여러 번 우려도 변함이 없다. 복전차는 이왕이면 끓여 마시는 것을 추천한다. 우려 마실 때보다 깊이감이 더하기 때문이다. 대부분의 흑차들이 그러하다. 물론 우려 마셔도 상관은 없다.

복전차는 그 자체가 겨울의 축복이다. 몸을 따뜻하게 하고, 위장을 편안하게 하며, 차분히 앉아 삶을 반추하도록 돕는다. 정지된 겨울의 풍경 안에서 균과 공생하였던 차 한 잔을 마시는 일은 마치 잠든 땅속에서 봄을 준비하는 뿌리의 기운을 음미하는 것과도 같다. 복전차의 금화는 겨울에 피는 겨울 차의 꽃이다.

육보차

육보차(六堡茶)는 광서(廣西) 자치구의 창오현(蒼梧縣)에 있는 육보진(六堡鎭)에서 만드는 차이다. 이 지역은 날씨가 덥고 습하며, 바람도 잘 불어 차

가 발효되기에 아주 좋은 환경을 가지고 있다. 육보차는 특별한 향과 맛으로 유명한데, 그 비밀은 숙성 환경에 있다. 보관하는 장소의 습도, 온도, 통풍 등이 차의 맛을 결정한다. 육보차는 특별히 두 번의 발효과정을 거치는데, 1차 인공 발효와 2차 자연 발효이다. 인공 발효는 다른 흑차류나 보이차 숙차를 만들 때 쓰이는 악퇴(渥堆) 방식과 유사하지만 완성 후 바로 출시하지 않고 자연 발효의 시간을 통해 육보차만의 특색을 갖추게 된다. 육보차의 자연 발효 공간은 진화창고(陳化倉庫)와 삼나무 목판건창(杉木板乾倉)이다.

진화창고는 고온다습한 조건을 유지하여 자연적인 미생물 발효를 유도하는 전통 저장 방식이다. 차를 넣은 대나무 바구니를 통풍이 가능한 벽돌이나 토석 구조의 창고 속에 층층이 쌓아 보관한다. 미생물이 찻잎과 상호작용하며 숙성·발효시킨다. 이 과정에서 진향(陳香, 묵은 향), 약한 흙내음, 균계(菌界, 효모, 곰팡이 따위) 향기가 형성된다. 저장 기간은 최소 6개월에서 수년 이상이며, 숙성 정도에 따라 '신 육보' '노 육보'로 나뉜다. '신 육보차'는 제조 후 1~3년 이내의 비교적 나이가 어린 차로, 곡물 향이나 볏짚 향, 약간의 떫은맛이 남아 있으며, 발효 중 형성된 퇴미(堆味)가 일부 남아 있는 것이 특징이다. 반면 '노 육보차'는 10년 이상 건창(乾倉, 통풍이 잘되고 습하지 않은 환경의 창고)에서 숙성된 차로, 퇴미가 사라지고 약재 향, 감초 향 등의 복합적인 숙성 향이 나타나며, 맛은 더욱 부

드럽고 진하며 단맛과 감칠맛이 풍부하다. 이렇듯 신·구 육보차가 맛이 다른 것은 저장 연한뿐 아니라, 숙성 과정에서의 화학성분 변화와 미생물 활동에 따른 향미 차이에서 기인한다.

삼나무 목판건창은 삼나무로 만든 벽체와 선반을 이용한 건창에 차를 보관하는 건식(乾式) 저장법이다. 삼나무는 자체적으로 발산하는 향과 항균 성분을 통해 잡내 제거, 방습, 방충 효과를 가져다준다. 진화창고에서 숙성된 차를 2차 건조하거나 차의 향미를 정제하기 위해 목판건창으로 옮기는 경우가 많다. 이는 차의 향과 수분을 안정시키는 과정으로서, 특히 삼나무의 은은한 청향(淸香)이 찻잎에 흡착되어 특유의 맑은 목향을 남긴다. 진화창고가 생명을 불어넣는 창고라면, 삼나무 목판건창은 그 생명을 안정화시키는 공간이라 할 수 있다.

육보차 향미의 특징은 다음과 같이 네 글자로 정리할 수 있다.

홍(紅): 탕색은 진한 붉은빛이며 투명하고 밝다.

농(濃): 탕색뿐만 아니라 맛 역시 깊다.

진(陳): 순수한 진향과 빈랑향(빈랑열매 향)이 난다.

순(醇): 맛이 달고 깔끔하며 상쾌하고 부드럽다.

더운 지방에서는 찬 음식으로 인해 배탈이 나기 쉬운데, 육보차는 몸을 따뜻하게 하고 습기를 없애는 데 도움이 된다. 그래서 옛날에는 생활 속의 약차로 쓰였다. 겨울철에 마시는 육보차는 몸을 덥혀줄 뿐만 아니라 몸과 마음의 묵은 기운을 씻어내주는 역할도 한다. 건강한 겨울을 위해 육보차를 은근하게 끓여 진하게 마시는 방법을 권한다.

보이차고

차고(茶膏)는 단단한 고체로 새로 태어난 차의 결정(結晶)이다. 고대 중

국의 차고는 청나라 건륭 연간을 정점
으로 하여 국가적 차 공납(貢納)의 일환
으로 제작되었다. 차고의 제작은 복잡
하고 정밀한 공정 그리고 지난한 시간
을 필요로 한다. 양질의 보이차를 대량
으로 달여 탕을 추출하고 그것을 계속

해서 졸인다. 수차례의 반복된 전탕(煎湯) 과정을 통해 수액을 뽑아내어
천천히 졸이고 농축시킨다. 여기에 일부는 생강즙이나 약재를 혼합하여
약성을 더 좋게 하기도 한다. 이렇게 하여 만들어진 고(膏)는 흑색의 연고
처럼 끈적이며, 완전히 굳으면 고체의 덩어리가 된다. 조금씩 잘라내어
뜨거운 물에 녹여 마시면 되는데, 요즘은 마시기 편하도록 환(丸)이나 조
각 형태로 작게 만든다.

차고는 특히 겨울과 인연이 깊다. 북방으로 갈수록 고온에서 달여낸
진한 차를 더 선호했고, 차고는 운반이 용이하면서도 숙성된 차의 탕 맛
을 그대로 제공해줄 수 있는 이상적인 형태였다. 말 위에 짐처럼 싣기 쉬
웠고, 보관도 수월했으며, 무게 대비 효용성이 높아 국경무역의 핵심 물
품으로 자리 잡았다. 청나라 때 국가에서 이러한 차고의 전략적 가치를
인식하여, 운남성 차 산지에서 차고 전문 제작을 명하고, 이를 제도권 안
에서 통제하며 국고를 관리하였다.

보이차고는 바쁜 도시인의 생활 양식과 음용 방식에 어울리는 차로 재
조명되고 있다. 차고의 가장 큰 장점은 마시기 편리하다는 점이다. 티백
이나 잎차에 비해 훨씬 간편한 차 생활을 가능하게 한다. 따뜻한 물이 담
긴 보온병과 작고 검은 보이차고 한 조각이면 야외에서도 차를 쉽게 마
실 수 있다. 입안 가득 퍼지는 강한 발효의 향과 묵직하고 풍부한 맛은 누

구라도 편안하게 마실 수 있다. 그뿐만 아니라 고온다습한 환경에서 발효된 미생물 효소와 폴리페놀, 갈산 등의 성분이 체지방 분해와 소화 촉진, 당 대사 조절에 기여한다는 점이 다수의 연구에서 보고되었다. 따뜻한 성질의 발효차는 속을 편안하게 해주며, 냉증이나 만성 피로를 겪는 현대인에게 적합하다. 차고는 차를 우려야 한다는 고정관념에서 벗어나 커피보다 더 편리하고 건강하게 마실 수 있으니 애용할 만하다.

사계절의 흐름 속에서 차는 단지 갈증을 푸는 음료를 넘어, 계절을 함께 즐기며 우리 몸의 리듬을 조율하는 지혜로운 동반자이다. 봄에는 새싹처럼 맑고 부드러운 차로 기운을 깨우고, 여름에는 덥고 습한 기운을 씻어내는 청량한 차로 심신을 식힌다. 가을엔 깊어진 풍미로 사색을 더하고, 겨울에는 따뜻한 기운이 스며든 숙차나 후발효차로 속을 덥힌다. 이렇게 차는 계절의 기후와 인체의 변화에 맞추어 삶의 속도와 감각을 섬세하게 다듬어준다. 우리 손안의 차 한 잔을 음미하는 일은 곧 자연과 인간의 조화로운 공존을 실천하는 작고 깊은 생활철학이다.

김세리

김세리 철학박사, 성균관대학교 초빙교수, 차문화콘텐츠 연구원 원장. 저서로 『차의 시간을 걷다』(공저), 『길 위의 우리 철학』(공저), 『영화, 차를 말하다(1, 2)』(공저) 등이 있다.